RANIERO CANTALAMESSA

MARIA
UM ESPELHO PARA A IGREJA

EDITORA
SANTUÁRIO

DIREÇÃO EDITORIAL: Pe. Marcelo C. Araújo, C.Ss.R.
COORDENAÇÃO EDITORIAL: Ana Lúcia de Castro Leite
COPIDESQUE: Luana Galvão
REVISÃO: Leila Cristina Dinis Fernandes
DIAGRAMAÇÃO E CAPA: Mauricio Pereira
FOTO DE CAPA: Mário Carlos

Título original: Maria, uno specchio per la Chiesa
Editrice Àncora Milano
2ª edição, junho de 1990
ISBN 88-7610-290-6

Tradução de Lino Rampazzo
Revisão final de Pe. Flávio Cavalca de Castro, C.Ss.R.

Capa:
Grande Panaghia ou "Toda Santa" (séc. XIII)
Galeria Tretjakov, Moscou. (Particular)

Dados Internacionais de Catalogação na Publicação (CIP)
(Câmara Brasileira do Livro, SP, Brasil)

Cantalamessa, Raniero
    Maria, um espelho para a Igreja / Raniero Cantalamessa. – Aparecida, SP: Editora Santuário, 1992.

    ISBN 85-7200-119-0

    1. Maria, Virgem, Santa 2. Virgem Santa – Culto I. Título.

92-2558   CDD-232.91

Índices para catálogo sistemático:

1. Maria, Mãe de Jesus: Teologia dogmática cristã 232.91
2. Mariologia: Teologia dogmática cristã 232.91

17ª impressão

Todos os direitos em língua portuguesa reservados à **EDITORA SANTUÁRIO** – 2022

Rua Pe. Claro Monteiro, 342 – 12570-000 – Aparecida-SP
Tel.: 12 3104-2000 – Televendas: 0800 - 0 16 00 04
www.editorasantuario.com.br
vendas@editorasantuario.com.br

"Como bons dispenseiros das graças de Deus, cada um de vós ponha à disposição dos outros o dom que recebeu."
(1 Pd 4,10)

Aos irmãos protestantes dos quais muitos recebi também escrevendo este livro sobre Nossa Senhora.

Introdução

MARIA, CARTA ESCRITA PELA MÃO DO DEUS VIVO

Este meu livro sobre Nossa Senhora está relacionado com o anterior, intitulado *A Vida no Senhorio de Cristo*, e de certo modo é seu complemento. Ali procurei delinear um caminho de renovação espiritual e de reevangelização, seguindo o roteiro da carta de São Paulo aos Romanos. Mas é o mesmo apóstolo Paulo que nos revela a existência de uma carta de tipo diverso: uma carta – ele diz – "escrita não com tinta, mas com o Espírito de Deus vivo, não em tábuas de pedra, mas em tábuas de carne". Esta carta "conhecida e lida por todos os homens" é a própria comunidade de Corinto, isto é, a Igreja, enquanto acolheu e vive a Palavra de Deus (cf. 2Cor 3,2-3).

Nesse sentido, também Maria é carta de Deus, pelo fato de ela pertencer à Igreja. Aliás, ela é carta de Deus num sentido especial e único, porque não é só um membro da Igreja como os outros, mas é a figura mesma da Igreja, ou a Igreja em seu desabrochar. Ela é verdadeiramente uma carta escrita não com tinta, mas com o Espírito de Deus vivo, não em tábuas de pedra, como a antiga lei, nem em pergaminho ou papiro, mas em tábua de carne que é seu coração de crente e de mãe. Uma carta que todos podem ler e entender, doutos e incultos. A Tradição recolheu este pensamento, falando de Maria como de "uma tabuazinha encerada" sobre a qual Deus pôde escrever livremente tudo aquilo que quis (Orígenes); como de "um livro grande e novo", no qual só o Espírito Santo escreveu (Santo Epifânio), ou como "o volume, no qual o Pai escreveu o seu Verbo" (Liturgia bizantina).

Nós gostaríamos de ler esta carta de Deus com um objetivo prático e "edificante": o de traçar um caminho de santificação todo modelado na Mãe de Deus. Não se trata, pois, nem de um tratado de Mariologia, nem de conferências sobre Maria, mas de um caminho de escuta e de obediência à Palavra de Deus seguindo as pegadas da

Mãe de Deus. Cremos, de fato, que Maria possa dizer a todos nós aquilo que o Apóstolo dizia a seus fiéis de Corinto: *Sede meus imitadores, como eu o sou de Cristo* (1Cor 11,1).

Não se fala com muita frequência de Maria no Novo Testamento. Todavia, se prestamos atenção, percebemos que ela não está ausente de nenhum dos três momentos constitutivos do mistério cristão: Encarnação, Mistério Pascal e Pentecostes. A Encarnação, quando se constituiu a pessoa mesma do Redentor, Deus e homem; o Mistério Pascal, quando essa pessoa levou a termo a obra da nossa redenção, destruindo o pecado e renovando a vida; Pentecostes, quando é doado o Espírito Santo que tornará operante e atual essa salvação na Igreja. Maria esteve presente – eu dizia – em cada um desses três momentos. Esteve presente na Encarnação, porque esta aconteceu nela; seu regaço – diziam os Padres da Igreja – foi o "tear" ou a "oficina", onde o Espírito Santo teceu ao Verbo sua veste humana, o "tálamo" no qual Deus se uniu ao homem. Esteve presente no Mistério Pascal, porque está escrito que: "Junto da cruz de Jesus, estava Maria sua mãe" (cf. Jo 19,25). E esteve presente no Pentecostes, porque está escrito que os apóstolos, "unânimes, perseveravam na oração com Maria, a mãe de Jesus" (cf. At 1,14). Seguindo Maria em cada uma dessas três etapas fundamentais, somos ajudados a nos colocar na sequela de Cristo de maneira concreta e resoluta, para reviver todo o seu mistério.

Fazendo isso, somos necessariamente levados a tocar em quase todos os principais problemas teológicos e exegéticos que se levantam a respeito de Maria, e é bom explicar já quais são os critérios com os quais faço isso neste livro. As linhas mestras são aquelas traçadas pelo Concílio Vaticano II com o tratado sobre Maria da *Lumen Gentium*. Neste texto fala-se de Maria com duas categorias fundamentais, a de mãe e a de tipo: Maria, mãe de Cristo e tipo da Igreja. Essa perspectiva que insere Maria no discurso sobre a Igreja está aqui integrada com uma outra, que procura ler o acontecimento de Maria também à luz do que o Concílio diz a respeito da Palavra de Deus na *Dei Verbum*. Maria é, antes de tudo, um capítulo da Palavra de Deus. Fala-se dela nos livros canônicos do Novo Testamento; seu lugar primordial é a revelação, isto é, a

Escritura. O Concílio lança luz sobre um princípio bem conhecido quando se fala da revelação: que ela "se concretiza através de palavras e acontecimentos".[1] Deus – dizia São Gregório Magno – "às vezes nos admoesta com palavras, outras vezes com fatos".[2] Já nos profetas há ações simbólicas sem palavras, carregadas de profundo significado para a história da salvação: há também na Bíblia vidas e pessoas que, em sua totalidade, por si mesmas, são proféticas e exemplares como, por exemplo, Abraão. Têm importância pelo que fazem e são, e não só por aquilo que dizem. Dessa maneira o profeta torna-se sinal premonitor do que acontecerá ao povo, ou tipo e modelo do que o povo deverá fazer: "Ezequiel será para vós um sinal: fareis como ele fez" (Ez 24,24). Maria participa dessa característica. Ela é palavra de Deus não só pelo que diz na Escritura ou pelo que se diz dela, mas também por aquilo que ela faz e é. O simples fato de estar junto da cruz é um sinal: e quão denso de significado!

Há uma notável vantagem em considerar Maria assim, nesta sua primordial colocação, ou *Sitz im Leben*, que é a Escritura, e dela partir, guiados pela Tradição, para qualquer aprofundamento ulterior. De fato, chegou o momento de não mais fazer de Maria um motivo de discussão e divisão entre os cristãos, mas sim uma ocasião de unidade e fraternidade entre eles. Maria aparece-nos como o sinal de uma Igreja ainda não dividida, nem mesmo em Igreja dos judeus e em Igreja dos gentios, sendo por isso mesmo o mais forte apelo para a unidade. Tal perspectiva ecumênica, que gostaríamos de perseguir nestas páginas, é grandemente favorecida quando se considera Maria mais a partir da Bíblia do que a partir de princípios formais, de teses teológicas ou dos próprios dogmas. Os dogmas nasceram para explicar a Bíblia, e não vice-versa. São o expoente, não a base. Quando o dogma é a base e a Escritura o expoente, põe-se no começo a afirmação dogmática e procura-se, depois, demonstrá-la com frases tiradas da Bíblia, frequentemente desligadas do contexto e com uma função subordinada, como prova "ex Scriptura". Quando

---

[1] Constituição Dogmática sobre a Revelação Divina do Concílio Ecumênico Vaticano II *Dei verbum*, 2.
[2] SÃO GREGÓRIO MAGNO, *Homilias sobre o Evangelho*, XVII, 1 (PL 76,1139).

a Escritura é a base, parte-se da Palavra de Deus e, explicando seu significado, chega-se ao dogma como interpretação autêntica dada pela Igreja. Segue-se o caminho que a própria verdade seguiu para chegar até nós, não o caminho contrário.

Uma das suspeitas – não sempre injustificadas – que manteve longe de Maria os irmãos protestantes foi que, falando dela e exaltando sua função, a Igreja, na realidade, estivesse falando de si mesma e exaltando a si mesma. Mas, quando lemos a vida de Maria à luz da Palavra de Deus, esta suspeita não tem mais razão de existir: falando de Maria, não é a Igreja que fala de si mesma, mas é Deus que fala à Igreja. Esta é a convicção com a qual enfrentamos o nosso itinerário de conversão e de santificação no seguimento de Maria: através de Maria Deus fala à Igreja e a cada um de nós. Ela é uma palavra de Deus e uma palavra grávida. De Maria – e somente dela – pode-se dizer, num sentido real e não só figurado, que está "grávida da Palavra". Ela é uma palavra de Deus grávida também, porque as poucas palavras e os poucos trechos que dela nos falam nos evangelhos são extraordinariamente densos de significado e carregados de ressonâncias. Poder-se-ia aplicar a ela, em sentido analógico, a categoria de "palavra que se vê" *(verbum visibile)*, que Santo Agostinho usa para o sinal sacramental: uma palavra encarnada. Exatamente por isso, como veremos, é guia tão prática e tão próxima de nossa vida. Pode-se dizer dela o que se lê da Palavra de Deus em geral: "Não está no céu, para que digas: 'Quem subirá por nós ao céu e no-la irá buscar...' Não está tampouco do outro lado do mar. Não, ela está muito perto de ti" (cf. Dt 30,12-14).

O critério com o qual se procura esclarecer a pessoa e o lugar de Maria na história da salvação é o que chamamos de *analogia a partir de baixo*. Isso consiste em procurar definir o lugar de Maria, não partindo do alto – das pessoas da Trindade ou de Cristo –, para depois aplicar tudo isso a Maria *por redução*, mas, pelo contrário, partindo de baixo – de acontecimentos e tipos da história da salvação e das realidades que fazem parte da Igreja para aplicar depois tudo isso, *com maior razão*, a Maria. Este princípio, porém, ficará mais claro depois que for concretamente aplicado durante nosso itinerário.

Passando das considerações sobre Maria àquelas sobre a Igreja, servir-nos-á o conceito segundo o qual Maria é "tipo da Igreja". Tal conceito, já usado pelos Santos Padres e retomado pelo Concílio Vaticano II, indica essencialmente duas realidades: algo que está *atrás* de nós, como início e primícias, ou também arquétipo da Igreja, e, ao mesmo tempo, algo que está *em frente* de nós, como modelo e exemplar perfeito a ser imitado. Trata-se de uma categoria não desconhecida no mundo protestante, e que apresenta, pois, um notável valor ecumênico. Comentando Lucas 2,19 ("Maria conservava todas estas coisas, ponderando-as em seu coração"), Lutero escreve o seguinte num sermão de 1522 para o dia do Natal: "Maria é a Igreja cristã... Ora, a Igreja cristã conserva todas as palavras de Deus em seu coração e as reúne num só conjunto, compara-as entre si e com a Escritura".[3] Também para ele, Maria, que conserva as palavras de Deus, é tipo da Igreja.

No lugar do termo "tipo", preferi usar no título e alhures o termo "espelho", porque mais facilmente compreensível para todos, menos ligado a certa linguagem técnica da exegese bíblica, e também porque é mais rico de sugestão e próprio para exprimir quase plasticamente a ideia que se quer transmitir. Mas em ambos os casos o significado é o mesmo. Maria é espelho para a Igreja num duplo sentido: primeiro, porque reflete a luz que ela mesma recebe, como faz um espelho com a luz do sol; em segundo lugar, porque nela a Igreja pode e deve "espelhar-se", isto é, olhar-se e confrontar-se para tornar-se bela aos olhos de seu celeste Esposo. Também neste caso apenas aplicamos a Maria, num sentido mais particular, o que se diz de modo geral da Palavra de Deus, tantas vezes chamada de "espelho" (cf. Tg 1,23).

Em termos concretos, dizer que Maria é tipo ou espelho da Igreja quer dizer o seguinte: depois de termos considerado uma palavra, uma atitude, um acontecimento da vida de Nossa Senhora, iremos logo perguntar: que isto significa para a Igreja e para cada um de nós? Que havemos de fazer para pôr em prática o que o Espírito Santo quis dizer-nos através de Maria? Nossa resposta mais válida

---

[3] LUTERO, Kirchenpostille (ed. Weimar 10, 1, p. 140) (trad. it. in *Scritti religiosi,* aos cuidados de V. Vinay, UTET, Turim 1967, p. 574).

não estará na *devoção* a Maria, mas na *imitação* de Maria. Seguiremos, pois, um itinerário muito simples e muito prático, uma espécie de curso de exercícios espirituais guiados por Maria. "Exercícios", porque cada meditação haverá de nos propor algo que devemos fazer e exercer, não só entender. São Tiago diz o seguinte sobre o espelho que é a Palavra de Deus: *Se alguém escuta a palavra e não a põe em prática, assemelha-se ao homem que contempla sua fisionomia num espelho; mal acaba de se contemplar, sai dali e se esquece de como era. Aquele, porém, que medita com atenção a lei perfeita da liberdade, e nela persevera, não como ouvinte que facilmente se esquece, mas como cumpridor fiel de seus preceitos, este encontrará a felicidade no que fizer* (Tg 1,23-25). O mesmo deve-se dizer desta palavra, ou "carta", especial de Deus que é Maria.

Lendo esta carta de Deus, além de pedir ajuda à Bíblia, aos Santos Padres, à Tradição e à Teologia, com certa frequência seremos auxiliados também pelos poetas e particularmente por alguns deles que cantaram os mistérios de nossa fé, ou que falaram de Deus. Por que isso? Já não há o perigo, falando de Maria, de favorecer a fantasia e o sentimento? O motivo é simples. Trata-se de reavivar e fazer falar verdades de fé, com frequência desgastada pelo uso demasiado, e títulos dogmáticos da Igreja antiga: coisas que – como dizia o filósofo Kierkegaard[4] – mais se parecem com cavaleiros e graciosas damas que dormem sono profundo num castelo encantado. É preciso acordá-los para que se levantem em toda a sua glória: e ninguém sabe fazer isso melhor que os poetas. Os verdadeiros poetas, eles também, às vezes, são uma espécie de profetas que falam por inspiração. Hoje temos extrema necessidade de sopro de vida e de inspiração para não cair, também quando falamos das coisas da fé e explicamos a Escritura, num árido virtuosismo filológico, ou numa especulação morta. Isto foi intuído também pela filosofia moderna. Heidegger, depois de ter inutilmente lutado para agarrar o ser das coisas, a certo ponto da vida abandonou esse projeto e dirigiu sua atenção aos poetas, afirmando que é neles que o ser se manifesta

---

[4] S. KIERKEGAARD, *Diário* II A 110 (ed. italiana aos cuidados de C. Fabro, Morcelliana, Brescia 1962², n. 196).

furtivamente. Este é um ponto que deveria ser considerado seriamente também entre nós teólogos. A teologia acolheu toda espécie de sugestões desse filósofo, exceto esta, que talvez seja a mais fecunda por estar aberta à doutrina cristã da graça.

Ao escrever estas páginas, foi-me de grande ajuda contemplar alguns ícones da Mãe de Deus, nos quais me parecia estar já escrito, e infinitamente melhor, tudo aquilo que eu ia dizendo dela. Quis inserir no livro alguns destes ícones que, ao espírito e aos olhos, tornam presente Maria nos três momentos da Encarnação, do Mistério Pascal e de Pentecostes, com a esperança de que sua contemplação ajude a ler melhor esta maravilhosa carta escrita pelo Espírito de Deus que é Maria.

Está claro, porém, que a ajuda maior não virá dos poetas ou dos pintores de ícones, mas do Espírito Santo que "escreveu" em Maria a Palavra e que fez dela mesma uma palavra de Deus para a Igreja. Também Maria, como parte da Palavra de Deus, está simbolizada naquele livro "escrito por dentro e por fora, selado com sete selos" (cf. Ap 5,1). Só o Cordeiro, por meio de seu Espírito, rompe os selos do livro e revela seu sentido para quem ele quer. Iniciamos a leitura da palavra de Deus, que é Maria, com esta esperança e com esta oração: Que Deus se digne revelar-nos "o que o Espírito diz hoje às Igrejas" por meio da Virgem Maria, Mãe de Deus.

Primeira Parte

MARIA
UM ESPELHO PARA A IGREJA

NA ENCARNAÇÃO

I. "CHEIA DE GRAÇA"

Maria guia a Igreja à redescoberta da graça de Deus

1. "Pela graça de Deus, sou o que sou"

A carta viva de Deus, que é Maria, começa com uma palavra tão ampla que encerra em si, como uma semente, toda a sua vida. É a palavra graça. Ao entrar em sua casa, o anjo disse-lhe: *"Alegra-te, ó cheia de graça"*, e outra vez: *"Não tenhas receio, Maria, pois achaste graça"* (Lc 1,28.30).

O anjo, cumprimentando-a, não chama Maria pelo nome, mas chama-a simplesmente "cheia de graça" ou "cumulada de graça" *(kecharítomene)*; não diz: "Alegra-te, Maria", mas diz: "Alegra-te, ó cheia de graça". Na graça encontra-se a identidade mais profunda de Maria. Maria é aquela que é "cara" a Deus ("caro", como também "caridade", provém da mesma raiz de *charis,* que significa graça!). A graça de Maria está certamente em função daquilo que vem depois no anúncio do anjo, sua missão de Mãe do Messias, mas não se esgota nisso. Maria não é para Deus simplesmente uma função, mas antes de tudo uma pessoa, e é como pessoa que ela é tão cara a Deus desde toda a eternidade.

Maria é assim a proclamação viva, concreta, que a graça é a realidade primordial no relacionamento entre Deus e as criaturas. A graça é o espaço, é o lugar onde a criatura pode encontrar seu Criador. Deus também é apresentado na Bíblia como rico, cheio de graça (cf. Êx 34,6). Deus é cheio de graça num sentido ativo, como aquele *que preenche* de graça; Maria – e junto com ela qualquer outra criatura – é cheia de graça num sentido passivo, como aquela que é preenchida de graça. Entre ambos está Jesus Cristo, o mediador, que é "cheio de graça" (Jo 1,14) nos dois sentidos: no sentido ativo e no passivo. Como Deus e chefe da Igreja, ele doa a graça;

como homem, é preenchido de graça pelo Pai e até mesmo "cresce em graça" (cf. Lc 2,52). Pela graça, Deus "debruça-se" e baixa-se em direção à criatura; é o ângulo convexo que preenche a concavidade do desejo humano de Deus. *Deus é amor,* diz São João (1Jo 4,8), e isso quer dizer que, fora da Trindade, Deus é graça. Pois, só no seio da Trindade, nas relações entre as pessoas divinas, o amor de Deus é natureza, necessidade; em todos os outros casos é graça, dom. O amor do Pai para com o Filho não é graça ou dom, mas é exigência da paternidade, isto é, uma espécie de dever; mas o amor do Pai para conosco é unicamente graça, favor livre e imerecido.

O Deus da Bíblia não só "concede" graça, mas "é" graça. Observou-se que a frase de Êxodo 33,19: *Concedo a minha benevolência a quem eu quiser,* lembra Êxodo 3,14: *Eu sou Aquele que sou,* sendo como que sua explicação. O mesmo pode-se afirmar de Êxodo 34,6: *O Senhor passou em frente dele e exclamou: Javé! Javé! Deus misericordioso e clemente, vagaroso em encolerizar-se, cheio de bondade e de fidelidade.* O Deus da Bíblia, além de ser o "que existe para si", é também o que "existe para nós": em outros termos, é graça.

Maria, como já o dissemos, é uma espécie de ícone vivo desta misteriosa graça de Deus. Falando da humanidade de Jesus, Santo Agostinho diz: "Por que a humanidade de Jesus mereceu ser assumida pelo Verbo eterno do Pai na unidade de sua pessoa? Que boa obra houve antes? Que tinha feito antes deste momento, que tinha acreditado ou pedido, para ser levantada a tão inefável dignidade?". "Procura o mérito, procura a justiça, reflete e vê se achas algo senão graça."[1]

Estas palavras projetam uma luz especial sobre toda a pessoa de Maria. Dela deve-se dizer, com maior razão: Que tinha feito Maria para merecer o privilégio de dar ao Verbo sua humanidade? Que tinha acreditado, pedido, esperado ou sofrido, para entrar no mundo santa e imaculada? Procura, aqui também, o mérito, procura a justiça, procura tudo o que quiseres, e vê se achas nela, desde o começo, algo senão graça! Maria pode fazer suas, em toda verdade, as palavras do Apóstolo e dizer: *Pela graça de Deus, sou*

---

[1] SANTO AGOSTINHO, *A predestinação dos santos* 15, 30 (PL 44, 981); *Sermões* 185, 3 (PL 38, 999).

o que sou (1Cor 15,10). Na graça reside a completa explicação de Maria, sua grandeza e sua beleza. Chega um tempo – escreve o poeta – quando não basta o santo padroeiro da pessoa, nem o padroeiro da cidade, nem os maiores santos padroeiros, mas é preciso subir àquela que é a mais agradável a Deus, a mais próxima de Deus. "Aquela que é Maria porque é cheia de graça."[2] São palavras muito simples e profundas. Sim, Maria é Maria porque é cheia de graça. Dizer dela que é cheia de graça significa dizer tudo.

2. Que é a graça

Mas que é a graça? Para entendê-la, vamos começar da linguagem corrente que é acessível a todos. Que significa, para nós, a palavra graça? O significado mais comum é o de beleza, fascinação, amabilidade (da mesma raiz de *charis*, graça, provém a palavra *carme*, poema, e o termo francês *charme*). Mas este não é o único significado. Quando dizemos que um condenado à morte foi agraciado, conseguiu a graça, por acaso queremos dizer que ele conseguiu a beleza e a fascinação? De modo nenhum; nós queremos dizer que ele recebeu a indulgência, o perdão da pena. Este, aliás, é o primeiro significado do termo graça.

Também na linguagem da Bíblia encontram-se estes dois significados: *Concedo a minha graça a quem eu quiser* – diz Deus – e *uso de misericórdia com quem for do meu agrado* (Êx 33,19). Aqui o termo graça significa benefício absolutamente gratuito, livre e sem motivo; o mesmo significado se encontra em Êx 34,6, em que Deus é definido "cheio de graça e de fidelidade, que mantém seu favor até a milésima geração". Achaste graça aos meus olhos, diz ainda Deus a Moisés (Êx 33,12), exatamente como o anjo diz a Maria que ela achou graça diante de Deus. Aqui a graça indica, mais uma vez, favor e agrado.

Além desse significado principal, aparece na Bíblia também o outro significado, no qual graça indica uma qualidade inerente à cria-

---

[2] Ch. PÉGUY, Le porche du mystère de la deuxième vertu, in *Oeuvres poétiques complètes*, Paris, Gallimard 1975, p. 573 (trad. ital. Jaca Book, Milão 1978, p. 47).

tura, às vezes, considerada como um efeito do favor divino, e que a torna bela, encantadora e amável. Assim, por exemplo, fala-se da graça que "se derramou nos lábios" do esposo real, o mais belo entre os filhos do homem (cf. Sl 45,3); de uma boa esposa afirma-se que ela tem "a amabilidade da corça e a graça de uma gazela" (Pr 5,19).

É possível – eu dizia – perceber um nexo entre ambas as coisas, talvez não nos termos, mas na realidade significada. Porque Deus passou perto da jovem que simboliza Israel, amou-a e fez aliança com ela, isto é, pela graça de Deus, ela se tornou "sempre mais bela", até adquirir uma beleza perfeita (cf. Ez 16,8ss.). Em todo caso, a Bíblia nunca afirma o contrário, a saber, que a beleza ou a bondade da criatura explica o favor divino ou o provoca. A graça da criatura depende da graça de Deus, e não vice-versa.

Se agora voltamos para Maria, percebemos que, na saudação do anjo, refletem-se estes dois significados de graça: Maria encontrou graça, isto é, favor, junto de Deus; ela é cheia do favor divino. Como as águas preenchem o mar, assim a graça preenche a alma de Maria. Que é a graça que acharam aos olhos de Deus Moisés, os patriarcas ou os profetas em comparação com aquela que achou Maria? Com quem o Senhor esteve mais do que "com ela"? Nela Deus esteve não somente pelo poder e pela providência, mas também pela presença pessoal. Deus doou a Maria não só seu favor, mas deu-se totalmente no próprio Filho. *O Senhor está contigo!*: em Maria, esta frase tem um significado diferente do que em qualquer outro caso. Que eleição tinha uma finalidade mais sublime que a de Maria, que dizia respeito à encarnação do próprio Deus?

Por tudo isso, Maria é cheia de graça também no outro sentido. Ela é bela, daquela beleza que chamamos de santidade; toda bela *(tota pulchra)* chama-a a Igreja com as palavras do Cântico (cf. Ct 4,1). Sendo agraciada, Maria é também graciosa. Juntando de maneira insuperável os dois significados de graça, o mesmo poeta, no contexto citado acima, chama Maria: "Aquela que é cheia de graça, porque é cheia de Graça"; isto é, aquela que é cheia de beleza e de graça, porque é cheia do favor e da eleição divina, a saber, da Graça. Maria é bela porque é amada.

Essa graça, que consiste na santidade de Maria, tem também uma característica que a coloca acima da graça de qualquer outra pessoa, seja do Antigo ou do Novo Testamento. É uma graça incontaminada. A Igreja latina expressa isso com o título de "Imaculada", e a ortodoxa com o título de "Toda Santa" (*Panaghia*). A primeira realça mais o elemento negativo da graça de Maria, que é ausência de qualquer pecado, também do original; a outra realça mais o elemento positivo, a presença nela de todas as virtudes e de todo o esplendor que disso promana.

A Igreja também é chamada a se tornar "toda gloriosa sem mancha nem ruga, nem qualquer coisa semelhante, mas santa e imaculada" (cf. Ef 5,27). Mas – diz ainda nosso amigo poeta – "o que é recuperado, defendido palmo a palmo, retomado, obtido, não é o mesmo que aquilo que nunca foi perdido. Um papel branqueado nunca vai ser um papel branco, nem uma tela branqueada vai ser uma tela branca, nem uma alma branqueada vai ser uma alma branca".[3] A Igreja é libertada de toda mancha, Maria é preservada de toda mancha. A primeira tem rugas que um dia serão apagadas; a outra não tem nada a ser apagado por graça de Deus.

Não gostaria, porém, de deter-me demais sobre esse significado secundário e derivado de graça, que constitui o assim chamado patrimônio de graça de Maria. De fato, também a pregação sobre a graça precisa de uma renovação no Espírito, essa renovação consiste em recolocar sempre de novo, no primeiro plano, o significado originário de graça, aquele que diz respeito mais a Deus que à criatura, ao autor mais que ao destinatário. Trata-se de "devolver a Deus seu poder". Falando do título "cheia de graça" dado pelo anjo a Maria, é fácil cair no equívoco de insistir mais na graça de Maria do que na graça de Deus. "Cheia de graça" foi o ponto de partida privilegiado, o fundamento para definir os dogmas da Imaculada Conceição, da Assunção e quase todas as outras prerrogativas de Maria. Tudo isso constitui um progresso para a fé. Mas, garantido isso, é preciso voltar às pressas ao sentido principal de graça, àquele que fala mais de Deus que de Maria, mais daquele que dá

---

[3] Ch. PÉGUY, *Le mystère des Saints Innocents*: Oeuvres poétiques, p. 804 (trad. ital. Jaca Book, Milão 1979, p. 123).

a graça, do que daquela que a recebe, porque é isso mesmo que Maria deseja. Se não prestamos atenção, a graça pode acabar indicando, aos poucos, seu contrário, a saber, o mérito.

Essa graça de Deus, da qual Maria foi cumulada, é também ela uma "graça de Cristo" *(gratia Christi)*. É a "graça de Deus concedida em Jesus Cristo" (cf. 1Cor 1,4), isto é, o favor e a salvação que enfim Deus concede aos homens devido à morte redentora de Cristo. Maria está aquém e não além da grande linha divisória; ela não é banhada pelas águas que descem do monte Moriá ou do monte Sinai, mas pelas que descem do monte Calvário. Sua graça é graça da nova aliança. Maria – declarou a Igreja definindo o dogma da Imaculada Conceição – foi preservada do pecado, "em previsão dos méritos de Jesus Cristo salvador".[4] Nesse sentido ela é de verdade, como a chama Dante, "filha de seu Filho".[5]

Em Maria contemplamos a novidade da graça da nova aliança em relação à antiga; nela realizou-se o salto qualitativo. "Que novidade trouxe o Filho de Deus vindo ao mundo?", pergunta-se Santo Irineu, e responde: "Trouxe toda a novidade, trazendo a si mesmo".[6] A graça de Deus já não consiste em algum dom de Deus, mas no dom dele mesmo; já não consiste em um ou outro favor, mas em sua presença. A novidade deste fato é tão grande que leva a afirmar que agora "a graça de Deus, fonte de salvação, manifestou-se" (Tt 2,11), como se, em comparação com ela, a de antes não fosse nem graça, mas apenas sua preparação.

A primeira coisa que a criatura deve fazer como resposta à graça de Deus – ensina-nos São Paulo, que é o cantor da graça – é dar graças: *Dou graças incessantemente por vós ao meu Deus* – ele diz – *pela graça que ele vos concedeu* (1Cor 1,4). A graça de Deus tem de ser acompanhada pelo agradecimento do homem. Dar graças não significa devolver o favor. Quem poderia dar a Deus a retribuição de algo? Dar graças significa, antes, reconhecer a graça, aceitar a gratuidade da mesma; não querer "remir-se a si próprio, nem pagar a Deus seu

---

[4] DENZINGER – SCHÖNMETZER, *Enchiridion Symbolorum*, Herder 1967[34], 2803.
[5] DANTE ALIGHIERI, *Paradiso*, XXXIII. 1.
[6] SANTO IRINEU, *Contra as heresias*, IV. 34, 1 (SCh 100, p. 846).

resgate" (cf. Sl 49,8). Eis por que essa é uma atividade religiosa tão essencial. Dar graças significa aceitar-se como devedor, como dependente; deixar que Deus seja Deus.

É o que Maria fez no Magnificat: *A minha alma glorifica ao Senhor..., porque me fez grandes coisas o Onipotente*. A língua hebraica não conhece uma palavra especial que signifique dar graças ou agradecer. Quando quer agradecer a Deus, o homem bíblico põe-se a louvá-lo, exaltá-lo, proclamando suas maravilhas com grande entusiasmo. Talvez também por esse motivo não encontramos no Magnificat a palavra agradecer; mas encontramos glorificar, exultar. Se não existe a palavra, há, porém, o sentimento correspondente. Maria na verdade devolve a Deus seu poder; conserva à graça toda a sua gratuidade. Atribui ao olhar de Deus, isto é, à graça, o que de grande está acontecendo nela, e disso não atribui nenhum merecimento a si mesma. O ícone que expressa melhor tudo isso é o da *Panaghia,* ou *Toda Santa,* que é venerado especialmente na Rússia. A Mãe de Deus está em pé, com os braços levantados, numa atitude de total abertura e acolhida. O Senhor está "com ela" na forma de uma criança régia que se vê, por transparência, no meio de seu peito. Seu rosto é todo maravilha, silêncio e humildade, como se dissesse: "Olhai o que fez de mim o Senhor, no dia em que olhou para a humilde condição de sua serva!"

3. "É pela graça que fostes salvos"

Chegou o momento de lembrar o princípio-guia formulado na introdução, a saber, que Maria é tipo e espelho da Igreja. Que significa para a Igreja, e para cada um de nós, o fato de a história de Maria começar com a palavra graça? Significa que, para nós também, no começo de tudo, está a graça, a livre e gratuita eleição de Deus, seu inexplicável favor, seu vir a nosso encontro em Cristo e doar-se a nós por puro amor. Significa que a graça é "o primeiro princípio do cristianismo".

Também a virgem-mãe Igreja teve sua anunciação. E qual é a saudação que lhe dirige o mensageiro divino? "Graça e paz vos sejam dadas da parte de Deus, nosso Pai, e da do Senhor Jesus Cristo!":

começam assim, quase que invariavelmente, as cartas dos apóstolos, não só as de Paulo, mas também as de João (cf. 2Jo 1,3). Escutemos um destes anúncios para saborear toda a sua força e doçura: *Paulo, por vontade de Deus, escolhido para Apóstolo de Jesus Cristo, e Sóstenes, nosso irmão, à Igreja de Deus que está em Corinto... Graça e paz a vós da parte de Deus, nosso Pai, e da do Senhor Jesus Cristo. Dou graças incessantes por vós ao meu Deus, pela graça que ele vos concedeu em Jesus Cristo, porque em todas as coisas fostes enriquecidos nele: Em toda a palavra e em toda a ciência. Assim foi confirmado entre vós o testemunho de Cristo, de modo que já não vos falta graça alguma* (1Cor 1,1-6).

Graça e paz não encerram apenas um voto, mas também uma notícia; o verbo implícito não é somente "sejam", mas também "são". Nós vos anunciamos que estais na graça, isto é, no favor de Deus, que há paz e benevolência para vós por parte de Deus, por causa de Cristo! Sobretudo, Paulo nunca se cansa de anunciar aos crentes a graça de Deus e de suscitar neles o vivo sentido dessa realidade. Ele considera como seu papel, confiado a ele por Cristo, o de "dar testemunho da Boa-Nova da graça de Deus" (cf. At 14,3; 20,32),

Para reencontrar a carga de novidade e de consolação contida nesse anúncio, seria preciso reconquistar um ouvido virgem, como o dos primeiros destinatários do Evangelho. Seu tempo foi definido como "época de angústia". O homem pagão procurava desesperadamente um caminho para sair do sentimento de condenação e de afastamento de Deus, no qual se debatia, num mundo que considerava como "prisão", e procurava esse caminho nos mais diferentes cultos e filosofias. Para ter uma ideia, imaginemos um condenado à morte que, faz anos, vive uma incerteza opressiva e estremece de medo a cada ruído de passos fora da cela. Qual sua reação à improvisa chegada de uma pessoa amiga que, agitando uma folha de papel, lhe grita: "Graça, graça! Tu conseguiste a graça!"? Nasce nele, de repente, um sentimento novo; o próprio mundo se transforma e ele se sente uma criatura renascida. Efeito semelhante deviam produzir, em quem as ouvia, as palavras do Apóstolo: *Já não existe condenação alguma para os que estão em Cristo Jesus!* (Rm 8,1). São Paulo fala da graça como um homem que, tendo superado tempestades assustadoras, encontrou finalmente amparo num porto seguro: *Por meio dele* (isto é, de Cristo) *temos acesso, pela fé, a esta graça, na qual permanecemos* (Rm 5,2).

Também para a Igreja, como para Maria, a graça representa o núcleo profundo de sua realidade e a raiz de sua existência, aquilo pelo qual é o que é. Ela também deve, pois, confessar: *Pela graça de Deus sou o que sou*. Conforme a metafísica cristã, baseada no conceito de graça, "ser é ser amado" (G. Marecel). A criatura tem a explicação de seu próprio ser unicamente no amor com que Deus a amou e, amando, criou. Isto vale também, no plano sobrenatural, para a Igreja. A salvação, em sua raiz, é graça e não resultado da vontade do homem: *É pela graça que fostes salvos, mediante a fé. E isto não é a vós que se deve; é dom de Deus* (Ef 2,8). Antes do mandamento, na fé cristã, vem pois o dom. E é o dom que gera o dever, não vice-versa. Quer dizer, não é a lei que gera a graça, mas é a graça que gera a lei. A graça, de fato, é a nova lei do cristão, a lei do Espírito.

Essa é uma daquelas verdades fundamentais e muito claras, mas exatamente por isso tão fáceis de serem esquecidas. E por isso é necessário redescobri-la sempre de novo, cada um por sua própria conta. Não basta que outros antes de mim a tenham proclamado, vivido, e que eu tenha lido o que eles escreveram a respeito. Se eu nunca a experimentei, se nunca fui deslumbrado pela luz dessa verdade, ao menos por um instante, é como se para mim não existisse.

Maria, pois, lembra e proclama à Igreja isto em primeiro lugar: tudo é graça. A graça é a característica do cristianismo, que por ela se diferencia de qualquer outra religião. Do ponto de vista das doutrinas morais e dos dogmas, ou das obras praticadas por seus adeptos, pode haver semelhanças e equivalências, ao menos parciais. As obras de alguns adeptos de outras religiões podem ser até melhores que as de muitos cristãos. O que faz a diferença é a graça, porque a graça não é uma doutrina ou uma ideia, mas é antes de tudo uma realidade, e, como tal, ou existe ou não existe. A graça decide da qualidade das obras e da vida de uma pessoa: isto é, se elas são obras humanas ou divinas, temporárias ou eternas. No cristianismo existe a graça, porque há uma fonte ou central de produção da graça:

a morte redentora de Cristo, a reconciliação por ele operada. Os fundadores de religiões limitaram-se a dar o exemplo, mas Cristo não deu só o exemplo; deu a graça. Externamente, todos os fios de cobre são iguais. Mas se por um deles passar a corrente elétrica, então há uma grande diferença em comparação com todos os outros. Tocando-o, leva-se um choque, o que não acontece com todos os outros fios, aparentemente iguais.

A maior heresia e loucura do homem moderno sem fé é pensar que pode prescindir da graça. Na cultura tecnológica em que vivemos, assistimos à eliminação da ideia mesma da graça de Deus da vida humana. É o pelagianismo radical da mentalidade moderna. Um caso típico é o da psicanálise. Julga-se que é suficiente ajudar o paciente a conhecer e levar ao conhecimento da razão suas neuroses ou seus complexos de culpa, para que estes sejam curados, sem nenhuma necessidade de graça do alto que cure e renove. A psicanálise é a confissão sem a graça. Se a graça é aquilo que valoriza o homem e através da qual ele se ergue acima do tempo e da corrupção, que é um homem sem a graça ou que recusa a graça? É um homem "vazio".

O homem moderno sente-se com justiça abalado pelas diferenças espantosas que existem entre ricos e pobres, entre saciados e famintos... Mas não se preocupa com uma diferença infinitamente mais dramática: aquela entre quem vive na graça de Deus e quem vive sem a graça de Deus. Pascal formulou o princípio das três ordens, ou três grandezas, que existem no mundo: a ordem dos corpos, a ordem da inteligência ou do gênio, e a ordem da santidade e da graça. Entre a ordem, ou a grandeza, dos corpos – em que há, por exemplo, riqueza, beleza e vigor físico – e a grandeza superior da inteligência e do gênio há uma diferença infinita; a primeira não pode acrescentar ou tirar nada à segunda. Mas uma diferença "infinitamente mais infinita" existe – diz Pascal – entre a ordem da inteligência e a ordem da graça.[7] Esta terceira grandeza ergue-se sobre qualquer outra, quanto o céu está distante da terra. Esta é a grandeza em que, depois de Cristo, Maria excele acima de todas

---

[7] B. PASCAL, *Pensamentos*, 793, Brunschwicg.

as criaturas. Nesse sentido objetivo, baseado na superioridade absoluta da graça sobre a natureza, Maria, depois de Cristo, é a mais sublime das criaturas.

Desprezar a graça, ou crer loucamente que não se precisa dela, é pois renunciar à realização plena; é ficar no primeiro ou segundo nível da humanidade, sem nem suspeitar que existe um outro nível infinitamente superior.

4. Precisamos da totalidade!

Mas para que a graça volte a ser, como era no começo da Igreja, o sol que ilumina toda a pregação cristã, ela deve ser reconstituída e devolvida a si mesma, e isto, como iremos ver, exige uma profunda conversão.

Num famoso livro de espiritualidade da Idade Média, lê-se uma espécie de grito de rebeldia. A alma que está à procura do Deus vivo, mas que está como que enredada por mil distinções e definições a respeito de Deus, de suas perfeições e atributos, como era moda na teologia do tempo, o autor anônimo aconselha que levante, dentro de si, um grito: "Não quero saber nada deste ou daquele aspecto de Deus. Preciso de sua totalidade!".[8] Nós temos de levantar o mesmo grito, em se tratando da graça.

A graça esteve submetida, durante a história da Igreja, a infinitas distinções e subdivisões que a têm esgotado e reduzido a migalhas. Fala-se de graça atual e de graça habitual, graça santificante, suficiente, graça de estado e estado de graça, entendendo por "estado de graça" o estado de quem, em consciência, não tem pecados graves não confessados.

A graça começou a perder a extraordinária concentração de significado que tem no Novo Testamento, no dia em que, por causa do erro dos pelagianos, começou a ser considerada principalmente como ajuda necessária para a vontade fraca do homem, para que pudesse

---

[8] Cf. ANÔNIMO, *The Cloud of Unknowing*, cap. 7 (trad. it. *La nube della non conoscenza*, Àncora, Milão 1981, p. 144).

praticar a lei e evitar o pecar (a assim chamada "graça adjuvante"), e depois quando era tratada quase que unicamente no contexto de algumas contraposições como: graça – liberdade, graça – natureza, graça – lei, graça – mérito. A luz decompunha-se na gama de suas cores e perdia intensidade.

Tudo isso era fruto de um processo, em si mesmo sadio e inevitável, que serviu para evidenciar as infinitas riquezas e tesouros da graça de Cristo, que a mente humana não pode perceber senão por partes e mediante distinções. De fato, para o homem é tão natural distinguir e analisar, quanto para um prisma é natural decompor a luz e refrangê-la em diversas cores. Mas, logo que renasce a necessidade da contemplação, surge a necessidade de superar a fragmentação e de reencontrar a totalidade. De fato, a contemplação acontece unicamente perante um todo. A explicação procura distinguir as partes, enquanto a contemplação procura envolver o objeto num único olhar de conjunto. O que vale para a contemplação vale também, de maneira diferente, para a evangelização. Não se evangeliza anunciando sutis distinções sobre a graça. O "evangelho da graça" é diferente de uma longa enumeração de opiniões e doutrinas sobre a graça!

O sinal da unidade da graça é a própria palavra "graça", que é preciso tomar no sentido mais amplo e compreensivo possível, como o faz a própria Bíblia; do mesmo modo como o melhor sinal da realidade viva de Deus é a simples palavra "Deus", quando amorosamente é pronunciada na oração sem nenhum acréscimo.

Entre os cristãos surgiram e existem até agora basicamente duas divergências no tocante à graça, que precisamos conhecer para superar. A primeira é determinada pela distinção entre graça intrínseca e graça extrínseca. As igrejas tradicionais, a Católica e a Ortodoxa, concebem a graça como uma efetiva participação na natureza e na vida de Deus. As igrejas da Reforma, ao invés, concebem-na mais ou menos rigidamente como uma imputação de justiça que, por si, deixa o homem exatamente o mesmo, isto é, pecador, fazendo-o justo não em si mesmo, mas unicamente aos olhos de Deus ("simul iustus et peccator"). A visão protestante considera a graça quase exclusivamente no sentido primordial de favor gratuito, de ato soberano e unilateral de Deus. Já a visão católica e ortodoxa a considera também (e às vezes, no passado, de maneira prevalente) no segundo sentido: como beleza e dom santificante que cria no homem um estado de graça.

A outra grande divergência nasce da distinção entre graça incriada e graça criada, que divide ortodoxos e católicos dentro da concepção comum que apontamos. Para a teologia ortodoxa, a graça é a presença mesma de Deus na alma, pelo Espírito Santo, que transforma e diviniza o homem. Para a teologia católica, sobretudo escolástica, a graça, em sentido estrito, é mais uma qualidade criada pela presença do Espírito Santo do que sua própria presença, o que explica a diversidade de graça que existe entre uma e outra alma. Com a expressão "graça incriada" entende-se, pois, o mesmo Espírito Santo, enquanto que com a expressão "graça criada" entende-se o efeito produzido na alma pela presença do Espírito Santo.

Precisamos – eu dizia – reencontrar hoje a unidade de fundo que existe abaixo de todas essas distinções, cada uma das quais esclarece um aspecto da graça, aspecto que necessita, porém, dos outros para não se tornar parcial e incompleto. Hoje começamos ver que a maneira diferente com que outras tradições explicam alguns mistérios – como a Trindade ou a presença real na Eucaristia – não é uma ameaça a nossa explicação. Pelo contrário, muitas vezes é um providencial enriquecimento e aperfeiçoamento, contanto que se abandone a pretensão de querer explicar a "razão formal" e a maneira exata como se realizam os mistérios cristãos. Em poucas décadas, a mudança de atitude e o diálogo entre cristãos fizeram cair muitos obstáculos que existiam a respeito da graça. Não parece tão longe o dia em que já não estaremos divididos pela graça, mas unidos por ela, como que pelo vínculo mais forte. O próprio princípio luterano do "justo e pecador ao mesmo tempo" ("simul iustus et peccator") é conciliável com a tradição católica e ortodoxa, contanto que se entenda o "simul" no sentido de "ao mesmo tempo", e não no sentido de "sob o mesmo aspecto", ou "da mesma maneira". Aliás, entendido assim, esse princípio é útil para esclarecer um dado evidente da experiência cristã: também no homem justificado resta um fundo de egoísmo pecaminoso. Em última análise, esse princípio quer dizer unicamente que "homem velho" e "homem novo" de fato convivem, em proporção variável, no batizado. E isto é verdade.

Eu dizia que a luz da graça foi decompondo-se em suas variadas cores; mas a luz é bela também quando é repartida em suas variadas cores, contanto que elas permaneçam ligadas entre si, como no espectro ou no arco-íris. A luz da graça pode resplandecer em sua integridade também se cada Igreja cristã realçar-lhe um aspecto particular, contanto que não despreze e não rejeite os outros aspectos apreciados pelas outras Igrejas cristãs.

A contemplação de Maria ajuda-nos hoje a reencontrar a síntese e a unidade da fé. Ela é o ícone da graça, ainda não partida, mas inteira. Nela a graça significa, como vimos, tanto a plenitude do favor divino como a plenitude da santidade pessoal; indica a presença mesma de Deus na maneira mais forte que se possa conceber, física e espiritual ao mesmo tempo, e indica o efeito desta presença, aquilo pelo que Maria é Maria e nenhum outro é semelhante a ela, mesmo possuindo o mesmo Espírito que a santificou.

5. A beleza da filha do rei

A redescoberta da prioridade da graça acima de tudo ajuda-nos a encontrar a atitude certa para com a Igreja. A Igreja é desconhecida e rejeitada por muitos, porque é considerada quase unicamente como uma organização humana, com suas leis, seus rituais e as incoerências de seus ministros. Na tentativa de retificar este erro, nós frequentemente o reproduzimos, porque permanecemos no mesmo nível dos adversários, que não é o da graça, mas sempre e unicamente o das obras. Estou convicto de que a Igreja sofre enormemente e perde hoje muitos filhos e muitas simpatias porque não é considerada como a cheia de graça, que deve oferecer a graça aos homens, mas é considerada como uma organização humana feita de rituais, de leis, de doutrinas, de ministros que são homens, cujos defeitos e incoerências podem ser continuamente realçados. Há, nesse caso, a ilusão de saber o que é a Igreja, quando de fato se conhece apenas sua casca.

Eu dizia que os homens da Igreja, às vezes, ficam alimentando este equívoco. De fato, quais são os assuntos de nossas discussões sobre a Igreja? Dizem respeito à graça de Deus? Não, mas na maioria das vezes dizem respeito aos apoios, às linhas, às alianças externas. Cada um procura julgar os acontecimentos de modo a transformá-los, de alguma forma, em garantia e apoio para si mesmo e para sua própria ideologia. Perde-se de vista a graça de Deus, e a Igreja torna-se alvo fácil de todas as críticas.

Há duas maneiras básicas para apresentar a Igreja e toda a vida cristã. A primeira é a *maneira apologética e polêmica,* que consiste em defender a Igreja respondendo, uma a uma, às acusações de seus inimigos. A segunda é a *maneira kerigmática,* ou de anúncio, que consiste na serena proclamação do evangelho da graça, com a certeza de que nela há uma força intrínseca, que vai além de nós e deles, e que é a única apta para "destruir toda fortaleza, raciocínio e altivez que se levantam contra o conhecimento de Deus" (cf. 2Cor 10,4ss.). Há duas maneiras de iluminar a vida cristã, como há duas maneiras de iluminar uma antiga basílica. Pode ser iluminada a partir de fora, dirigindo em direção a ela refletores de todos os ângulos mais favoráveis, como hoje acontece com alguns monumentos históricos das cidades; ou pode ser iluminada a partir de dentro, abrindo portas e janelas, deixando aparecer a luz que há no interior. Ambas as maneiras podem ser úteis, mas enquanto da primeira maneira se realça unicamente o elemento histórico e humano da Igreja – as paredes do edifício –, da outra se realça sua realidade íntima e divina, que é a graça. Não se ilumina só a instituição, mas também o mistério da Igreja. A apologética é necessária, e houve também santos apologetas; não pode, pois, ser jogada fora, mas é preciso lembrar que, sozinha, não é suficiente.

A segunda maneira de iluminá-la, eu dizia, consiste em deixar aparecer a graça que há dentro da Igreja, isto é, sua capacidade de perdão e sua força divina, e isto com os meios adequados que são o anúncio, a oração, o perdão, o amor, a doçura. Isto exige a fé, porque é preciso acreditar que na Igreja está agindo a graça de Deus para poder contar com ela e não com nossas próprias explicações. Quando isto acontece, constatam-se frequentemente os efeitos. A Palavra de Deus, como uma espada, atinge o coração do homem fazendo-o ajoelhar-se, ao passo que nada teria acontecido se tivéssemos falado um dia inteiro tentando demonstrar alguma coisa.

Entre essas duas maneiras de olhar a Igreja, existe a mesma diferença que há entre contemplar, do exterior, o vitral de uma famosa catedral da Idade Média e, ao contrário, contemplá-lo de dentro, contra a luz. No primeiro caso, veem-se apenas pedaços escuros de vidro, presos por caixilhos de chumbo igualmente escuros; no outro caso, olhando o mesmo vitral de dentro da catedral, temos todo um espetáculo de cores, de formas e de harmonia, que nos arranca um "oh!" de maravilha. Eu mesmo tive essa experiência, um dia, visitando a catedral de Chartres.

Os Padres da Igreja, desde o início, aplicaram a Maria e à Igreja o versículo do Salmo que – no texto por eles conhecido – dizia: *Toda a beleza da filha do rei vem do interior (ab intus)* (Sl 45,14).[9] Também a beleza e a força da Igreja vêm do interior, da graça da qual está cheia e da qual é ministra. A graça está na Igreja como a pérola na ostra. A diferença está no fato de aqui não ser a ostra que produz a pérola, mas a pérola produzir a ostra; não é a Igreja que gera a graça, mas é a graça que gera a Igreja.

Houve um cristão no segundo século, chamado Abércio, cuja inscrição sepulcral, encontrada no século passado, é considerada como a "rainha das inscrições cristãs". Nela – em termos velados porque era tempo de perseguição – Abércio gravou a experiência mais bela de sua vida. Tinha viajado muito e, um dia, o "grande Pastor", isto é, Jesus, levara-o a Roma. Que viu Abércio em Roma de tão belo que lhe suscitou uma emoção que durou até a morte? Tinha visto "o palácio real e a rainha vestida de ouro"; tinha visto "um povo que possui um esplêndido selo", o batismo. Tinha contemplado o mistério da Igreja, sua graça oculta. Ele também aplica implicitamente à Igreja o Salmo 45, no qual se fala da rainha cujo vestido "é tecido de ouro", cuja beleza vem do interior e que, jun-

---

[9] SÃO JERÔNIMO, *Cartas* 107, 7 (PL 22, 874); SANTO AGOSTINHO, *Explicações sobre os Salmos* 44, 29 (CC 38, p. 515).

tamente com suas companheiras, entra "no palácio real". Também naquele tempo, na Igreja de Roma havia com certeza imperfeições humanas, mas Abércio não se detivera nelas.

6. A graça é o início da glória

Esta redescoberta da graça, à qual Maria nos está guiando, não muda só nossa maneira de considerar a Igreja em geral, mas também a maneira de considerar nossa vida. Traz consigo uma chamada muito pessoal e urgente à conversão. Para muitas pessoas todo o problema religioso fica reduzido à pergunta se existe ou não um além, um algo depois da morte. Tudo que as impede de cortar totalmente os vínculos com a fé e com a Igreja é a dúvida seguinte: "E se, de fato, existe algo depois da morte?". Consequentemente, acha-se que o objetivo principal da Igreja seja o de levar os homens para o céu, para encontrar a Deus, mas só depois da morte. Contra esse tipo de fé tem um sucesso fácil a crítica dos que veem na outra vida uma fuga e uma projeção ilusória de desejos insatisfeitos. Mas esta crítica tem muito pouco a ver com a autêntica pregação da graça que não é só espera, mas também presença e experiência de Deus. A doutrina da graça é, pois, a única que tem capacidade de mudar esta triste situação.

"A graça – afirma um conhecido princípio religioso – é o início da glória".[10] O que significa isso? Que a graça já torna presente, de alguma forma, a vida eterna; faz-nos ver e experimentar Deus desde esta vida. É verdade que "na esperança somos salvos" (Rm 8,24); mas "na esperança" não significa em primeiro lugar salvação que se espera ou se prevê, mas, muito mais, salvação já possuída em suas primícias. A esperança cristã não é o voltar-se da alma para algo que poderia acontecer ou que se deseja que aconteça, é uma forma de posse, ainda que provisória e imperfeita. "Quem tem o penhor do Espírito e possui a esperança da ressurreição, já possui como presente aquilo que espera."[11]

---

[10] SANTO TOMÁS DE AQUINO, *Suma Teológica* II-IIae, q. 24, art. 3, ad 2.
[11] SÃO CIRILO DE ALEXANDRIA, *Comentário da segunda carta aos Coríntios*, 5, 5 (PG 74, 942).

A graça é a presença de Deus. As duas expressões: "cheia de graça" e "o Senhor está contigo" são quase a mesma coisa. Esta presença de Deus no homem realiza-se agora em Cristo e por Cristo. De fato ele é o Emanuel, o Deus-conosco. A graça do Novo Testamento pode ser descrita com as seguintes palavras do Apóstolo Paulo: "Cristo em nós, esperança da glória" (Cl 1,27). A vida cristã, nesta perspectiva, encontra uma analogia e um símbolo no que era o noivado entre os hebreus, na situação de Maria, no momento da Anunciação. Ela já era esposa de José, a pleno título; ninguém podia dissolver o pacto nupcial ou separá-la de seu esposo. Mas ainda não tinha começado a coabitação. Assim é o tempo da graça, comparado com o tempo da glória; o tempo da fé comparado com o tempo da visão: já somos de Deus e de Cristo, ainda que não tenhamos ido morar com ele de maneira estável.

É convicção profunda de toda a tradição que a graça é o início da vida eterna: e é necessário ressuscitar essa convicção no meio do povo cristão, para que ele não se contente com viver apenas na esperança, ou na dúvida, de um além. "Já temos – afirmava São Basílio – as primícias daquela vida (a vida futura em Cristo); já nos encontramos nela e já vivemos totalmente na graça e no dom de Deus".[12] "Desde já – escreve Cabasilas – é concedido aos santos não só se dispor e se preparar para a vida eterna, mas viver e agir nela". O mesmo autor compara a vida da graça à vida do embrião durante a gravidez no seio da mãe. "Este mundo traz em gestação o homem interior, novo, criado segundo Deus, até que ele – aqui formado, moldado e levado à perfeição – seja gerado para aquele mundo perfeito que não envelhece. Como o embrião, enquanto vive uma existência oculta e fluida, é preparado pela natureza para a futura vida na luz..., assim acontece com os santos."[13] O cristão, aliás, em relação à vida eterna é mais que um embrião. Ao embrião, no seio da mãe, não chega nenhum raio da luz deste mundo, enquanto que para nós o século futuro foi como que derramado e misturado neste

---

[12] SÃO BASÍLIO MAGNO, *Homilias*, 20, 3 (PG 31,531).
[13] N. CABASILAS, *Vita in Cristo*, 1,1-2 (PG 150,496) (trad. ital. aos cuidados de U. Neri, UTET, Turim 1971, p. 65-67).

século presente; despontou para nós o sol de justiça que é Cristo; o celestial unguento, que é o Espírito Santo, foi derramado nos corações e já difunde seu perfume; foi dado aos homens alimentar-se do pão dos anjos que é a Eucaristia. Tudo isso quer dizer o princípio que afirma que a graça é o início da glória.

A esta voz do oriente faz eco, mais próxima de nós, a da bem-aventurada Elisabete da Trindade, que escreve: "Eu encontrei o céu na terra porque o céu é Deus, e Deus está na minha alma. No dia em que entendi isso, tudo iluminou-se em mim, e eu gostaria de comunicar este segredo a todos aqueles que amo".[14] Trata-se, como se vê, de uma convicção ecumênica, comum tanto à Igreja ortodoxa como à católica.

Quem não crê pensa que tudo isso seja ilusão e não realidade. A realidade para ele é aquilo que se experimenta. Não suspeita que Deus possa mostrar-se bem mais real do que tudo que nos cerca no mundo e que se enxerga. Tente orar, tente crer; tente aceitar seus sofrimentos; tente entrar em comunhão com outros irmãos e tente fazer a experiência da fé vivida: depois irá dizer-me se para você tudo isso ainda é ilusão ou se, pelo contrário, é bem mais real do que aquilo que você chama de realidade.

7. Não receber em vão a graça de Deus

Eu disse que a redescoberta da graça inclui também uma chamada à conversão. De fato, quando ela acontece surge logo a pergunta: Que fiz eu da graça de Deus? Que estou fazendo dela? Lembro-me da pergunta que uma jovem judia, cega, fez a um cristão que tem a dupla luz, dos olhos e da fé, num drama de Claudel: "Mas vós que enxergais, que estais fazendo com a luz?"[15]

São Paulo admoestava: *Sendo seus colaboradores, exortamo-vos a que não recebais em vão a graça de Deus* (2Cor 6,1). Pode-se, de

---

[14] B. ELISABETE DA TRINDADE, Cartas 107 (trad. ital. in *Scritti,* aos cuidados da Postulação Geral dos Carmelitas Descalços, Roma 1976, p. 204).
[15] P. CLAUDEL, Le Père humilié, ato I, cena 3, in *Théâtre,* Paris, Gallimard 1956, p. 506.

fato, acolher "em vão" a graça de Deus, isto é, deixá-la cair no vazio, e isso é terrível. A linguagem cristã criou a expressão: "desperdiçar a graça". Isto acontece quando não se corresponde à graça; quando não se cultiva a graça de maneira tal que ela possa produzir seus frutos, que são os frutos do Espírito, as virtudes. Quando – diz o Apóstolo – "desprezas as riquezas de sua benignidade, paciência e longanimidade, desconhecendo que a bondade de Deus te leva ao arrependimento" (cf. Rm 2,4). Desta maneira, acumula-se ira para si mesmo no dia do juízo.

Também no tempo do Apóstolo havia alguns que achavam poder viver, ao mesmo tempo, na graça e no pecado. Para estes ele escreve: *Que diremos então? Devemos permanecer no pecado, para se multiplicar a graça? De modo algum!* e ainda: *Havemos de pecar por não estarmos sob o domínio da lei, mas sob o da graça? De modo algum!* (Rm 6,1-2.15). *De modo algum!:* isto é, trata-se de uma monstruosidade, porque isso significa responder à graça com a ingratidão, significa querer juntar vida e morte.

O caso extremo deste receber em vão a graça consiste em perdê-la, vivendo no pecado, isto é, na desgraça de Deus. Isto é terrível porque é presságio de morte eterna. De fato, se a graça de Deus é o início da glória, a desgraça de Deus é o início da condenação. Viver na desgraça de Deus significa viver já como condenado; significa já sofrer a pena da condenação, ainda que não haja a possibilidade de ver e experimentar de que prejuízo irreparável se trata. Não se deveria viver na desgraça de Deus nem uma noite. É perigoso demais. *Não se ponha o sol sobre a vossa ira*, diz a Escritura (Ef 4,26); mas, o mais importante é que não se ponha o sol sobre a ira de Deus. São João Bosco levou ao arrependimento um de seus rapazes fazendo que ele, de noite, encontrasse debaixo do travesseiro um bilhete com estas simples palavras: "E se você morresse esta noite?".

Viver culposamente sem a graça de Deus significa experimentar a segunda morte e, que pena, quantos cadáveres circulam por nossas ruas e praças. Às vezes parecem a imagem mesma da vitalidade e da juventude e, pelo contrário, estão mortos! Um conhecido ateu, ao qual um dia foi perguntado como ele se sentia no fundo da consciência e que sensação experimentava, chegado ao fim da vida, respondeu: "Vivi a vida toda com a estranha sensação de alguém que viaja sem a passagem". Não sei o que ele quisesse dizer exatamente, mas certamente sua resposta é verdadeira. Viver sem Deus, rejeitando sua graça, é como viajar na vida sem a passagem, com o risco de ser apanhado de um momento para outro e obrigado a descer. A frase de Jesus sobre o homem encontrado na sala do banquete sem o traje nupcial, que emudece e é lançado fora (cf. Mt 22,11s.), faz pensar na mesma coisa.

É preciso, pois, conceber um sadio senso de temor e tremor perante a responsabilidade que a graça de Deus nos impõe. É preciso não só guardá-la, mas cultivá-la, fazê-la crescer, porque é possível "crescer na graça", como é afirmado pelo próprio Jesus. Depois de ter dito: *Pela graça de Deus sou o que sou*, São Paulo acrescenta: *e a graça que ele me deu não foi inútil* (1Cor 15,10). Ele fez frutificar a graça. Foi seu grande pregador, mas também seu grande cultivador. Ensina a todos os pregadores cristãos que o primeiro anúncio do cristianismo deve ser o da graça; mas, para isso, é preciso fazer a experiência da graça, é preciso vivê-la. Um pregador que, por hipótese, vivesse no pecado, seria também ele um "absurdo". Um sacerdote que tivesse a pretensão de ministrar a graça aos outros, enquanto ele a recebe em vão, seria uma tragédia para a Igreja. É verdade que os sacramentos agem por força própria e comunicam a graça, apesar da indignidade do ministro; mas a experiência demonstra que sua eficácia, geralmente, é bem reduzida: as pessoas não se convertem, não mudam de vida. Quem vive no pecado não pode ajudar outro a se libertar do pecado. Para esse dirige-se a palavra de Deus: *O que é que o meu amado faz na minha casa? Ele está cometendo hipocrisia* (Jr 11,15).

8. Santa Maria da graça

O anúncio da graça traz consigo também uma carga de consolação e de coragem, que precisamos acolher antes de concluir a nossa reflexão. Maria é convidada pelo anjo a se alegrar por causa da graça, e a não ter medo, devido à mesma graça. Nós também somos convidados a fazer a mesma coisa. Se Maria é tipo da Igreja, isto significa que para toda alma que tem fé é dirigido o *convite: Alegra-te, cheia de graça!* E ainda: *Não tenhas medo, porque achaste graça!*

A graça é a razão principal de nossa alegria. Na linguagem grega, na qual foi escrito o Novo Testamento, inicialmente as duas palavras, graça *(charis)* e alegria *(charà)*, quase se confundem: a graça é aquilo que dá alegria. Alegrar-se pela graça significa "procurar a alegria no Senhor" (cf. Sl 37,4), e em nenhum outro além dele ou sem ele. Não preferir absolutamente nada ao favor e à amizade de Deus.

A graça é também a razão principal de nossa coragem. Que foi que Deus respondeu a São Paulo, quando se queixava do aguilhão em sua carne? Respondeu: *Basta-te a minha graça* (2Cor 12,9). De fato, a graça ou o favor de Deus não é como o dos homens que, com muita frequência, falta no momento da necessidade. Deus é, ao mesmo tempo, "graça e fidelidade" (cf. Êx 34,6); sua fidelidade "está alicerçada nos céus" (Sl 89,3). Todos podem abandonar-nos, também pai e mãe, diz um Salmo, mas Deus nos acolhe sempre (cf. Sl 27,10). Por isso nós podemos afirmar: *A graça e a felicidade hão de acompanhar-me todos os dias da minha vida* (Sl 23,6).

É preciso fazer o possível para renovar cada dia o contato com a graça de Deus que está em nós. Não se trata de entrar em contato com uma coisa ou uma ideia, mas com uma pessoa, uma vez que a graça, como vimos, não é senão "Cristo em nós, esperança da glória". Pela graça podemos manter, desde esta vida, "algum contato espiritual" com Deus, muito mais verdadeiro do que o mantido pela especulação sobre Deus.[16] Cada um tem seu modo e sua estratégia preferida para estabelecer esse contato com a graça, como uma espécie de caminho secreto, que só ele conhece: pode ser um pensamento, uma lembrança, uma imagem interior, uma palavra de Deus, um exemplo recebido... Cada vez é como voltar às nascentes e ao coração, sentindo reacender-se a graça. Também o Apóstolo convida o discípulo Timóteo a "reanimar a graça" que está nele (cf. 2Tm 1,6).

---

[16] SANTO AGOSTINHO, *Sermões*, 52, 6, 16 (PL 38, 360).

Na introdução a este itinerário rumo à santidade, dissemos que contemplamos os vários "passos" da vida de Nossa Senhora para depois realizá-los e imitá-los em nossa vida, porque queremos fazer uns "exercícios" espirituais e não umas simples leituras espirituais. E qual o exercício a ser feito agora, no fim deste primeiro passo ou primeiro capítulo da vida de Maria que é a graça? É um exercício de fé, de gratidão e de maravilha. Precisamos crer na graça, crer que Deus nos ama, que nos é favorável de verdade, que pela graça fomos salvos, que o Senhor está também "conosco", como esteve com Maria. É preciso acolher, como dirigidas a cada um de nós, as palavras pronunciadas por Deus através do profeta: *Tu, Israel, meu servo, Jacó, o meu eleito... nada temas, porque estou contigo, não lances olhares desesperados, porque eu sou o teu Deus* (Is 41,8-10). Nada temas, porque achaste graça!

Ouvimos qual é o primeiro dever, aliás, a primeira necessidade que nasce naquele que recebeu a graça: é o de dar graças, que, para a Bíblia, significa bendizer, exaltar o Doador, manifestando entusiástico amor e admiração por ele. Digamos, pois, também nós com os Salmos: *Quão preciosa é a tua graça, ó Deus!* (Sl 36,8); *A tua graça vale mais do que a vida* (Sl 63,4).

Se tivermos, pelo menos, entrevisto nesta meditação o que é a graça de Deus, fizemos um belo exercício, uma grande descoberta, a descoberta da vida.

São muitíssimas as cidades, as catedrais e os santuários da cristandade onde se venera Maria com o título de "Nossa Senhora das Graças". É um dos títulos mais queridos para o povo cristão que se apinha, em algumas ocasiões, perante o quadro ou a estátua de Nossa Senhora assim representada. Não se poderia dar um passo à frente e descobrir um título ainda mais belo, ainda mais necessário: "Nossa Senhora da Graça", no singular? Por que, antes de pedir que Nossa Senhora nos obtenha as graças, não pedimos que ela nos obtenha a Graça? As graças que se pedem a Nossa Senhora, pelas quais se acendem velas e se fazem votos e novenas, são em geral graças materiais, para esta vida; são as coisas que Deus dá por acréscimo para quem procura primeiro o Reino de Deus, isto é, a Graça. Que alegria damos no céu a Maria e que progresso realizamos em seu culto se, sem desprezar o título de Nossa Senhora das graças, começamos a honrá-la e invocá-la como no-la revelou a Palavra de Deus: "Nossa Senhora da Graça"!

II. "FELIZ DAQUELA QUE ACREDITOU!"

Maria, a cheia de fé

A leitura da carta viva que é Maria ajuda a descobrir também qual é o "estilo" de Deus. Ela é o exemplo vivo da maneira de agir de Deus na história da salvação. Não há nada que desoriente a mente humana – escrevia Tertuliano – como a simplicidade das obras divinas se comparada com a magnificência dos efeitos que conseguem... Pobre incredulidade humana, que nega a Deus suas propriedades, que são a simplicidade e a potência!"[1] Ele se referia à grandiosidade dos efeitos do batismo e à simplicidade dos meios e dos sinais exteriores, que se limitam a um pouco de água e a algumas palavras. É o contrário – ele observava – do que acontece nos empreendimentos humanos e idolátricos nos quais, para conseguir um resultado maior e impressionar mais, é preciso mais aparato, encenação e despesa.

Foi assim com Maria e com a vinda ao mundo do Salvador. Maria é o exemplo desta desproporção divina entre o que se vê por fora e o que acontece por dentro. O que era Maria exteriormente, em sua aldeia? Nada de vistoso. Provavelmente, para seus parentes e conterrâneos, ela era simplesmente "a Maria", uma menina simples, bem-comportada, mas sem nada de extraordinário. É preciso lembrar cada momento esta verdade para não correr o risco de reduzir a figura de Maria, projetando-a – como fizeram frequentemente a iconografia e a religiosidade popular – numa dimensão etérea e desencarnada, exatamente a ela que é a mãe do Verbo encarnado! Falando dela, é preciso sempre lembrar as duas características do estilo de Deus que, como vimos, são a simplicidade e a magnificência. Em Maria, a magnificência da graça e da vocação convive com a mais absoluta simplicidade e senso prático.

Com este espírito vamos enfrentar a leitura do segundo "capítulo" de nossa carta viva, que é o capítulo da fé.

---

[1] TERTULIANO, *Sobre o batismo,* 2,1s. (CC 1, p. 277).

1. "Eis aqui a serva do Senhor..."

Quando Maria chegou à casa de Isabel, esta a acolheu com grande alegria e, "cheia do Espírito Santo", exclamou: *Feliz daquela que acreditou que teriam cumprimento as coisas que lhe foram ditas da parte do Senhor!* (Lc 1,45). O evangelista São Lucas se serve do episódio da Visitação para mostrar o que acontecera no segredo de Nazaré, e que só no diálogo com uma interlocutora podia ser manifestado e assumir um caráter objetivo e público.

A grande coisa que aconteceu em Nazaré, depois da saudação do anjo, é que Maria acreditou e tornou-se assim "Mãe do Senhor". Não há nenhuma dúvida que este acreditar se refira à resposta de Maria ao anjo: *Eis aqui a serva do Senhor, faça-se em mim segundo a tua palavra* (Lc 1,38). Com essas poucas e simples palavras realizou-se o maior e mais decisivo ato de fé na história do mundo. Essa palavra de Maria representa "o cume de qualquer comportamento religioso perante Deus, porque expressa, da maneira mais elevada, a passiva disponibilidade unida à ativa prontidão, o vazio mais profundo acompanhado da maior plenitude".[2] Com essa sua resposta – escreve Orígenes – é como se Maria dissesse a Deus: "Eis-me aqui, sou uma tabuazinha para escrever: o Escritor escreva o que quiser, faça de mim o que quiser o Senhor de todas as coisas".[3] Ele compara Maria à tábua encerada que, em seu tempo, se usava para escrever. Nós hoje poderíamos dizer que Maria se oferece a Deus como uma página em branco, na qual pode escrever tudo o que quiser.

Também Maria fez uma pergunta ao anjo: *Como será isso, se eu não conheço homem?* (Lc 1,34), mas com uma atitude bem diferente da atitude de Zacarias. Ela não pede uma explicação para entender, mas para saber como executar a vontade de Deus. Quer saber como deve comportar-se, que deve fazer, pois ainda não conhece homem. Desta maneira, ela nos mostra que, em alguns casos, não é lícito querer entender a todo custo a vontade de Deus ou o porquê de

---

[2] H. SCHÜRMANN, *Das Lukasevangelium,* Friburgo in Br. 1982 (trad. ital. *Il Vangelo di Luca,* Paideia, Brescia 1983, p. 154).
[3] ORÍGENES, *Comentário ao evangelho de Lucas,* fragmento 18 (GCS, 49, p. 227).

algumas situações aparentemente absurdas; é porém lícito pedir a Deus a luz e a ajuda para cumprir essa vontade.

O "fiat" de Maria permanece, pois, pleno e sem condições. É espontâneo comparar esse "fiat" pronunciado por Maria com o "fiat" que ressoa em outros momentos cruciais da história da salvação: o "fiat" de Deus, no começo da criação, e o "fiat" de Jesus na redenção. Todos os três expressam um ato de vontade, uma decisão. O primeiro, isto é, o "Fiat lux", é o "sim" divino de um Deus: divino na natureza, divino na pessoa que o pronuncia; o segundo, o "fiat" de Jesus no Getsêmani, é o ato humano de um Deus: humano porque é pronunciado segundo a vontade humana, divino porque esta vontade pertence à pessoa do Verbo; o "fiat" de Maria é o "sim" humano de uma criatura humana. Nele, tudo recebe seu valor pela graça. Antes do "sim" decisivo de Cristo, tudo que há de consentimento humano à obra da redenção está expresso nesse "fiat" de Maria. "Num instante, que nunca mais vai desaparecer e que permanece válido por toda a eternidade, a palavra de Maria foi a palavra da humanidade, e o seu "sim" foi o Amém de toda a criação ao "sim" de Deus" (K. Rahner). É como se, nela, Deus interpelasse de novo a liberdade criada, oferecendo-lhe uma possibilidade de resgate. Este é o sentido profundo do paralelismo Eva-Maria, caro aos Padres e a toda a tradição. "Eva, quando era ainda virgem, acolheu a palavra da serpente e gerou desobediência e morte. Maria, a Virgem, acolhendo com fé e alegria o jubiloso anúncio trazido pelo anjo Gabriel, respondeu: *Faça-se em mim segundo a tua palavra*."[4] "O que Eva tinha atado com sua incredulidade, Maria o desatou com sua fé."[5]

Pelas palavras de Isabel: "Feliz daquela que acreditou", percebe-se como, já no Evangelho, a maternidade divina de Maria é entendida não só como maternidade física, mas muito mais como maternidade espiritual, fundada na fé. É nisso que se baseia Santo Agostinho quando escreve: "A Virgem Maria, acreditando, deu à luz aquele que, acreditando, concebera... Depois que o anjo lhe falou,

---

[4] SÃO JUSTINO, *Diálogo com Trifão*, 100 (PG 6, 709s.).
[5] SANTO IRINEU, *Contra as heresias*, III, 22,4 (SCh 211, p. 442s.).

cheia de fé *(fide plena)*, concebendo Cristo antes no coração do que no seio, ela respondeu: *Eis aqui a serva do Senhor, faça-se em mim segundo a tua palavra*.[6] A plenitude de graça por parte de Deus, corresponde a plenitude da fé por parte de Maria; ao "gratia plena", o "fide plena".

2. Sozinha com Deus

À primeira vista o ato de fé de Maria foi fácil e previsível. Tornar-se mãe de um rei que teria reinado eternamente sobre a casa de Jacó, ser a mãe do Messias! Era esse o sonho de toda menina judia! Mas esta é uma maneira de raciocinar muito humana e carnal. A verdadeira fé nunca é privilégio ou honra, mas é sempre como morrer um pouco, e isso foi sobretudo a fé de Maria neste momento. Em primeiro lugar, Deus jamais engana, nem arranca das criaturas seu consentimento de maneira sub-reptícia, escondendo-lhes as consequências que irão enfrentar. Percebemos isso em todas as grandes chamadas de Deus. Preanuncia a Jeremias: *Eles combaterão contra ti* (Jr 1,19), e diz a Ananias, a respeito de Saulo: *Eu mesmo lhe hei de mostrar quanto ele tem de sofrer pelo meu nome* (At 9,16). Deus teria agido diferentemente só com Maria, para uma missão como a sua? A luz do Espírito Santo, que acompanha a chamada de Deus, ela certamente previu que também seu caminho não teria sido diferente daquele de todos os outros chamados. Afinal, Simeão bem cedo vai dar expressão a esse pressentimento dizendo que uma espada lhe trespassará a alma.

Aliás, já no plano simplesmente humano, Maria vai encontrar-se numa total solidão. Para quem pode explicar o que nela aconteceu? Quem nela acreditará, quando disser que o menino por ela concebido é "obra do Espírito Santo"? Isto nunca aconteceu antes dela, nem irá acontecer depois. Maria conhecia certamente o que estava escrito no livro da lei: se, por ocasião das núpcias, fosse constatado que a moça já não era virgem, deveria ser levada à en-

---

[6] SANTO AGOSTINHO, *Sermões* 215,4 (PL 38, 1074).

trada da casa de seu pai para ser apedrejada pelos habitantes da cidade (cf. Dt 22,20s.). Falamos hoje muitas vezes do risco da fé, pensando geralmente no risco intelectual; mas, para Maria, tratava-se de um risco real! Carlo Carretto, em seu livreto sobre Nossa Senhora, conta como chegou a descobrir a fé de Maria. Quando ele vivia no deserto, alguns de seus amigos tuaregues informaram-no que uma moça do acampamento tinha sido prometida como esposa a um rapaz, mas, sendo ela jovem demais, não tinha ido morar com ele. Carlo Carretto comparou esse fato com aquilo que Lucas diz a respeito de Maria. Por isso, passando de novo naquele mesmo acampamento, depois de dois anos, pediu informações sobre a moça. Percebeu um pouco de embaraço entre seus interlocutores e mais tarde um deles, aproximando-se com toda a reserva, fez um sinal: passou uma mão na garganta, com o gesto característico dos árabes quando querem dizer: "Foi degolada". Como tinha sido encontrada grávida antes do matrimônio, a honra da família exigia aquele desfecho. Então ele pensou novamente em Maria, nos olhares impiedosos dos habitantes de Nazaré, e entendeu a solidão de Maria. Naquela mesma noite escolheu-a como companheira de viagem e mestra de sua fé.[7]

Se acreditar significa "avançar por aquela estrada onde todas as placas de sinalização dizem: "para trás, para trás!"; se significa "encontrar-se no meio do mar onde há setenta estádios de profundidade abaixo de ti"; se acreditar é "realizar um ato pelo qual a pessoa acaba encontrando-se completamente jogada nos braços do Absoluto" (todas estas são imagens do filósofo Kierkegaard), então não há dúvida que Maria foi a crente por excelência, e nunca ninguém poderá ser igual a ela. Maria encontrou-se, de verdade, completamente jogada nos braços do Absoluto. Ela é a única que acreditou "em situação de contemporaneidade", isto é, enquanto a coisa estava acontecendo, antes de qualquer confirmação ou convalidação por parte dos eventos e da história.[8] Acreditou na mais total solidão. Jesus disse a Tomé:

---

[7] C. CARRETTO, *Feliz és tu que acreditaste,* Ed. Paulinas 1986, p. 9ss.
[8] S. KIERKEGAARD, *Exercício do cristianismo* I (ed. ital. aos cuidados de C. FABRO, *Opere,* Sansoni, Florença 1972, p. 693ss.).

Porque me viste, acreditaste: bem-aventurados os que, sem terem visto, acreditam! (Jo 20,29): Maria é a primeira daqueles que, sem terem visto, acreditam.

Por outro lado, Maria acreditou logo no próprio instante; não hesitou nem suspendeu o juízo. Pelo contrário, empenhou-se logo totalmente. Acreditou que conceberia um filho por obra do Espírito Santo. Não disse a si mesma: "Muito bem, agora vamos ver o que acontece; o tempo vai dizer se esta estranha promessa é verdadeira e se vem de Deus"; não disse a si mesma: "Se forem rosas, florescerão...". Isto é o que qualquer pessoa teria dito, se tivesse escutado o bom senso e a razão. Maria, porém, não agiu assim; ela acreditou. Pois, se não tivesse acreditado, o Verbo não se teria encarnado nela, nem ela pouco depois teria chegado ao terceiro mês, nem Isabel a teria saudado como "a Mãe do Senhor".

Situação semelhante foi a de Abraão: quando, apesar da idade avançada, foi-lhe prometido um filho, a Escritura diz, quase com ar de triunfo e de maravilha: *Abraão confiou no Senhor, e o Senhor creditou-lhe isso como* justiça (Gn 15,6). Com muito maior triunfo podemos nós agora afirmar isso de Maria! Maria confiou em Deus, e Deus creditou-lhe isso como justiça. É o maior ato de justiça levado a termo na terra por um ser humano, menor apenas que o de Jesus que, porém, é Deus também.

São Paulo afirma que Deus ama quem dá com alegria (2Cor 9,7), e Maria disse seu "sim" a Deus com alegria. O verbo com qual Maria expressa seu consentimento, que é traduzido com "fiat" ou com "faça-se", no original está no optativo *(génoito)*; optativo que não expressa uma simples aceitação resignada, mas um vivo desejo. É como se dissesse: "Eu também desejo, com todo o meu ser, o que Deus deseja; faça-se logo o que ele quer". Como dizia Santo Agostinho, ela concebeu Cristo em seu coração antes de concebê-lo em seu corpo.

Maria, porém, não disse "fiat", que é uma palavra latina; nem disse "génoito", que é uma palavra grega. Que ela disse, então? Qual é a palavra que, na língua falada por Maria, corresponde mais de perto a essa expressão? O que dizia um judeu quando queria dizer "assim seja"? Dizia "amém!". Se é lícito remontar, com piedosa reflexão, à *ipsissima vox,* à palavra mesma que saiu da boca de Maria – ou, ao menos, à palavra que estava na fonte judaica usada por Lucas –, essa palavra deve ter sido "amém". Amém – palavra hebraica, cuja raiz significa firmeza, certeza – era usada na liturgia como resposta de fé à palavra de Deus. No fim de alguns Salmos, cada vez que na Vulgata se lê "fiat, fiat" (na versão dos Setenta: *génoito, génoito*), o original hebraico, conhecido por Maria, traz: *Amém, amém!*

Com o "amém" reconhece-se o que foi dito como sendo palavra firme, estável, válida e vinculadora. Sua tradução exata, quando se trata de resposta à palavra de Deus, é a seguinte: "Assim é e assim seja". Indica, ao mesmo tempo, fé e obediência; reconhece ser verdade o que Deus afirma e o aceita. Significa dizer "sim" a Deus. Nesse sentido o encontramos nos lábios de Jesus: "Sim, amém, ó Pai, porque isso foi do teu agrado..." (cf. Mt 11,26). Aliás, Ele é o Amém personificado: *Isto diz o Amém...* (Ap 3,14), e é por meio dele que qualquer outro "amém" pronunciado na terra sobe agora para Deus (cf. 2Cor 1,20). Como o "fiat" de Maria precede o de Jesus no Getsêmani, assim seu "amém" precede o do Filho. Maria também é um "amém" personificado para Deus.

3. Um sim nupcial

A beleza do ato de fé de Maria consiste no fato de ele ser o "sim" nupcial da esposa para o esposo, pronunciado com toda a liberdade. Maria é o sinal e as primícias daquelas núpcias entre Deus e seu povo, que os profetas tinham preanunciado dizendo: *Acontecerá naquele dia...* Aplicam-se a ela, pois, as palavras do profeta: *Então te desposarei para sempre... Eu te desposarei com fidelidade* (Os 2,21s.). A fé é o anel nupcial dessas núpcias, e a resposta de Deus é a fidelidade.

O "sim" de Maria não é um ato apenas humano, mas também divino, porque foi suscitado pelo próprio Espírito Santo nas profundezas da alma de Maria. De Jesus está escrito que "pelo Espírito Santo se ofereceu-se a si mesmo sem mácula a Deus" (cf. Hb 9,14). Maria também se ofereceu a Deus pelo Espírito Santo, isto é, movida por ele. O Espírito Santo que lhe é prometido pelo anjo, com as palavras: O *Espírito Santo* virá sobre ti..., não lhe é prometido unicamente para conceber o Cristo em seu corpo, mas também para concebê-lo, pela fé, em seu coração. Ela foi "cumulada de graça" antes de tudo para isso: para poder acolher com fé a mensagem que ia receber. Se nós não podemos dizer nem: *Jesus é o Senhor!*, sem o Espírito Santo (cf. 1Cor 12,3), que pensar desse "fiat" de Maria do qual dependia, em certo sentido, a encarnação do Verbo e a existência mesma do Senhor? É sempre assim que se realizam as grandes obediências, a partir daquela de Cristo: pelo Espírito Santo. Deus derrama no coração da criatura a caridade, e a caridade impele a criatura a fazer o que Deus quer. A caridade torna-se lei, a lei do Espírito. Deus não impõe sua vontade, mas dá a caridade. Afirmou-se com razão que o amor "a nenhum amado amar perdoa" (Dante Alighieri), isto é, o amor não permite, a quem é amado, não amar por sua vez. Isso explica a entrega de Maria; ela se sente amada por Deus e é este amor que a impele a dar-se a Deus com todo o seu ser. Encontramos uma experiência semelhante na vida de Santa Teresinha do Menino Jesus, no momento de oferecer-se a Deus para sempre: "Foi – ela escreve – um beijo de amor: sentia-me amada e dizia: amo-te, dou-me a ti para sempre".[9]

Todavia o "fiat" de Maria foi um ato livre, aliás o primeiro ato de liberdade verdadeira que houve na história do mundo, pois a verdadeira liberdade não consiste em fazer ou não fazer o bem, mas em fazer livremente o bem; liberdade de obedecer livremente, não liberdade de obedecer ou não obedecer a Deus. "Não houve porventura uma vontade livre em Cristo, e não foi ela tanto mais livre quanto menos podia servir ao pecado?"[10] Esta é uma liberdade à imagem da liberdade de Deus: liberdade que não consiste na possibilidade de fazer o bem e o mal. Deus não pode não querer e não fazer o bem; ele é, por assim dizer, constrangido a isso por seu mesmo ser; o que há, porém, mais livre que Deus?

---

[9] SANTA TERESINHA DO MENINO JESUS, Manuscrito A, 109 (trad. ital. in *Gli Scritti,* aos cuidados da Postulação Geral dos Carmelitas Descalços, Roma 1979, p. 118).
[10] SANTO AGOSTINHO, *A predestinação dos santos,* 15,30 (PL 44, 981).

Temos aqui uma analogia com o que aconteceu na inspiração bíblica: *Inspirados pelo Espírito Santo é que os homens santos falaram em nome de Deus,* diz a Escritura dos que escreveram os livros da Bíblia (2Pd 1,21). Sabemos, contudo, que seu falar foi livre, divino e humano ao mesmo tempo. O mesmo, e com maior razão, podemos dizer de Maria: movida pelo Espírito Santo, Maria falou e disse "sim" a Deus. Por isso, também seu "sim" é um ato ao mesmo tempo divino e humano; humano por natureza, divino por graça.

A fé de Maria é, pois, um ato de amor e docilidade, livre, apesar de suscitado por Deus, misterioso como misterioso é sempre o encontro entre a graça e a liberdade. Esta é a verdadeira grandeza pessoal de Maria, sua bem-aventurança, confirmada pelo mesmo Cristo. *Felizes as entranhas que te trouxeram e os seios que te amamentaram* (Lc 11,27), diz uma mulher no Evangelho. A mulher proclama bem-aventurada Maria porque trouxe (*bastásasa*) Jesus; Isabel, pelo contrário, proclama-a bem-aventurada porque acreditou (*pisteúsasa*). A mulher proclama como bem-aventurança o fato de trazer Jesus no seio, Jesus proclama bem-aventurado quem o traz no coração, respondendo assim: *Dize antes: Felizes os que escutam a palavra de Deus e a põem em prática.* Desta maneira, Jesus ajuda aquela mulher e todos nós a entender onde reside a verdadeira grandeza de sua Mãe. De fato, quem "guardava" as palavras de Deus mais do que Maria, de quem a mesma Escritura afirma, por duas vezes, que "guardava todas as palavras no seu coração"? (cf. Lc 2,19.51).

"Não há dúvida – escreveu um eminente exegeta protestante – que na base das histórias de Abraão se encontre o problema da fé, apesar de só uma vez ser pronunciada essa palavra".[11] Isto vale, ao pé da letra, ponto por ponto, também de Maria. Não há dúvida de que, para ela também, na base de tudo esteja a fé, apesar de, também com referência a ela, a palavra fé ser pronunciada uma só vez por Isabel.

---

[11] G. VON RAD, *Theologie des Alten Testaments,* I, Munique 1962 (trad. ital. Teologia dell'Antico Testamento, I, Paideia, Brescia 1972, p. 202).

Não deveríamos, porém, concluir nossa contemplação sobre a fé de Maria com a impressão de ela ter acreditado uma vez apenas na vida, como se tivesse havido um só grande ato de fé na vida de Nossa Senhora. Assim nos ecaparia o essencial. As obras de Deus seguem uma lógica diferente da que estamos acostumados a imaginar. Num sujeito livre e submetido ao devir e à fé, essas obras não se realizam de maneira estável, mecanicamente, uma vez para sempre, como se após uma promessa inicial tudo se tornasse claro e simples. Aquilo que no começo estava claro, porque assim o fazia o Espírito, pode em seguida não parecer tão claro assim; a fé pode ser posta à prova pela dúvida; não pela dúvida sobre Deus, mas sobre si mesmo: "Será que entendi certo? Ou entendi errado? E se eu me tivesse enganado? E se não tivesse sido Deus quem falou? O mistério do agir de Deus permanece, e antes de nos resignarmos a viver no mistério, é preciso passar por muita agonia!

Quantas vezes, depois da Anunciação, Maria terá sido martirizada pelo aparente contraste entre sua situação e tudo aquilo que estava escrito no Antigo Testamento e era conhecido quanto à vontade de Deus e quanto à pessoa mesma do Messias! Quantas vezes foi preciso que José – bem ele – a tranquilizasse e encorajasse, dizendo-lhe que não tinha pecado nem culpa, que era inocente e não tinha sido enganada, precisando repetir-lhe o que ele mesmo tinha aprendido do anjo no sonho: "Não temas... pois o que ela concebeu é obra do Espírito Santo" (Mt 1,20).

O Concílio Vaticano II fez-nos um grande dom ao afirmar que também Maria caminhou na fé, aliás, "avançou em peregrinação de fé", isto é, cresceu e aperfeiçoou-se nela.[12] Para Maria o caminhar na fé, como o vemos em menor escala em algumas almas que Deus chama por caminhos especiais, traz consigo esse martírio da consciência que é não ter outra defesa contra a evidência senão a palavra de Deus uma vez ouvida no íntimo e depois ressuscitada só externamente por intermediários humanos. Em alguns momentos, José desempenhou para com Maria uma função semelhante à de um diretor de consciência ou simplesmente de um bom papai espiritual, guardando e

---

[12] Constituição Dogmática sobre a Igreja do Concílio Ecumênico Vaticano II, *Lumen Gentium* 58.

repetindo, em cada crise, a certeza que lhe fora dada por Deus, ele também crendo e esperando contra qualquer evidência.

Se Jesus foi tentado, seria muito estranho que Maria – tão próxima dele em tudo – não o tivesse sido. A fé, diz São Pedro, prova-se pelo fogo (cf. lPd 1,7), e o Apocalipse diz que o dragão "deteve-se diante da mulher que estava para dar à luz" e que "perseguiu a mulher que dera à luz" (cf. Ap 12,4.13). É fato, a imagem da mulher assaltada pelo dragão indica diretamente a Igreja. Mas como poderia Maria ser ainda chamada "tipo da Igreja" se ela, antes de todos, não tivesse experimentado de alguma forma este aspecto tão importante na vida da Igreja que é a luta e a tentação do Maligno? Maria também, como Cristo, foi "provada em tudo, a nossa semelhança, exceto no pecado" (Hb 4,15). Exceto só o pecado!

4. Na esteira de Maria

Como a esteira de um grande navio vai ampliando-se até desaparecer e perder-se no horizonte, mas começa numa ponta, que é a ponta mesma do navio, o mesmo acontece com a imensa esteira dos crentes que formam a Igreja. Começa numa ponta que é a fé de Maria, seu "fiat". Em todas as outras coisas – na oração, no sofrimento, na humildade, na própria caridade – a ponta ou início só pode ser Jesus Cristo, que é primícias e cabeça, a partir do qual todo o corpo se desenvolve. Quando se remonta o grande rio da oração que flui na Igreja, a quem encontramos chegando às nascentes? Encontramos Jesus que reza, Jesus que confia aos discípulos sua oração com o "Pai-nosso". Não é o mesmo quando se remonta o outro grande rio, o da fé. Antes mesmo da fé dos apóstolos, houve a fé de Maria.

A fé, juntamente com sua irmã, a esperança, é a única coisa que não começa com Cristo, mas com a Igreja e, por isso, com Maria, que é seu primeiro membro na ordem do tempo e da importância. O Novo Testamento nunca atribui a Jesus a fé ou a esperança. A carta aos Hebreus dá-nos uma lista dos que tiveram fé: *Pela fé, Abel... Pela fé, Abraão... Pela fé, Moisés...* (Hb 11,4ss.). Mas essa lista não inclui Jesus. Jesus é chamado "autor e consumador da fé" (Hb 12,2), não um dos crentes, nem mesmo o primeiro. Entende-se também o porquê. A fé é um relacionamento entre Deus e o homem, como de pessoa para pessoa; mas Jesus é Deus e homem na mesma pessoa; como poderia, pois, haver nele a fé? Ele é a pessoa mesma do Verbo que não pode relacionar-se com o Pai através da fé, porque se relaciona com ele através da natureza, sendo "Deus de Deus, luz de luz". A propósito de Jesus, não se pode falar de fé e de esperança, e, se isso acontece hoje por parte de alguns, pode ser entendido unicamente em sentido análogo e impróprio, ou no sentido da fé-confiança, a não ser dizendo que Deus e o homem constituem, em Cristo, duas "pessoas" diversas ou uma só pessoa, mas "humana" e não divina.

Pelo simples fato de crer, nós nos encontramos, pois, na esteira de Maria e queremos agora aprofundar o que significa seguir de verdade sua esteira. Lendo na Bíblia o que se refere a Maria, desde o tempo dos Padres a Igreja seguiu um critério que pode ser expresso assim: *"Maria, vel Ecclesia, vel anima"*, Maria, ou a Igreja, ou a alma. Isso quer dizer que tudo quanto a Escritura diz especialmente de Maria deve ser entendido universalmente da Igreja, e tudo quanto se afirma universalmente da Igreja deve ser entendido singularmente de cada alma fiel. Atendo-nos também nós a este princípio, vamos ver agora o que a fé de Maria tem a dizer, primeiro à Igreja em seu conjunto e depois a cada um de nós, a cada alma em particular. Como fizemos também com a graça, vamos esclarecer primeiro as implicações eclesiais ou teológicas da fé de Maria e depois as pessoais ou ascéticas. Desta maneira, a vida de Maria não serve só para aumentar nossa devoção pessoal, mas também nossa compreensão profunda da Palavra de Deus e dos problemas da Igreja. Isso deve levar-nos a aceitar com alegria também as dificuldades que se podem encontrar nesta primeira aplicação.

Em primeiro lugar, fala-nos Maria da importância da fé. Não há som nem música onde não há um ouvido capaz de ouvir, ainda que ressoassem no ar melodias e harmonias sublimes. Não existe graça, ou, ao menos, a graça não pode agir, quando falta a fé que a acolha. Como a chuva nada pode fazer germinar até encontrar uma terra que a acolhe, assim também a graça se não encontrar a fé. É pela fé que nos tornamos "sensíveis" à graça. A fé é a base de tudo; é a primeira e a "melhor" obra a ser cumprida. A obra de Deus é esta, diz Jesus: que acrediteis (cf. Jo 6,29). A fé é tão importante porque é a única que conserva graça sua gratuidade. Não procura inverter as partes, fazendo de Deus um devedor e do homem um credor. Por isso, a fé agrada tanto a Deus que ele, em seu relacionamento com o homem, faz praticamente tudo depender dela.

Graça e fé: são esses os dois pilares da salvação; são para o homem os dois pés para andar ou as duas asas para voar. Não são, porém, duas coisas paralelas, como se de Deus viesse a graça e de nós a fé, dependendo assim a salvação, em partes iguais, de Deus e de nós, da graça e da liberdade. Seria um engano se alguém pensasse: a graça depende de Deus, mas a fé depende de mim; juntos, eu e Deus fazemos a salvação! Novamente estaríamos fazendo de Deus um devedor, alguém que de algum modo depende de nós, e que deve partilhar conosco o mérito e a glória. São Paulo tira qualquer dúvida quando diz: *E pela graça que fostes salvos, mediante a fé e isto* (quer dizer, o fato de acreditarmos, ou, mais globalmente, o fato de sermos salvos pela graça através da fé, o que é a mesma coisa) *não é a vós que se deve; é dom de Deus, para ninguém se poder gloriar* (Ef 2,8s.). Também em Maria, como vimos, o ato de fé foi suscitado pela graça do Espírito Santo.

O que agora nos interessa é esclarecer alguns aspectos da fé de Maria, que podem ajudar a Igreja de hoje a crer mais plenamente. O ato de fé de Maria é muito pessoal, único e não se pode repetir. Consiste em confiar em Deus e entregar-se completamente a ele. É um relacionamento de pessoa para pessoa. Isto chama-se fé *subjetiva*. Destaca-se, aqui, mais o fato de acreditar do que as coisas acreditadas. Mas a fé de Maria é também muito *objetiva*, comunitária. Ela não acredita num Deus subjetivo, pessoal, separado da realidade, que se revela secretamente só a ela. Acredita, pelo contrário, no Deus dos Pais, no Deus de seu povo. Reconhece, no Deus que se lhe revela, o Deus das promessas, o Deus de Abraão e de sua descendência. Ela se coloca humildemente na fileira dos crentes, torna-se a primeira crente da nova aliança, como Abraão tinha sido o primeiro crente da antiga aliança. O Magnificat está todo cheio desta fé baseada nas

Escrituras e de alusões à história de seu povo. O Deus de Maria é um Deus de traços tipicamente bíblicos: Senhor, Poderoso, Santo, Salvador. Maria não teria acreditado no anjo se lhe tivesse revelado um Deus diferente, que ela não pudesse reconhecer como o Deus de seu povo Israel. Também exteriormente Maria se amolda a essa fé. De fato, submete-se a todas as prescrições da lei; manda circuncidar o Menino, apresenta-o no templo, submete-se ao ritual da purificação, sobe a Jerusalém para a Páscoa.

Agora tudo isso é para nós um grande ensinamento. Como a graça, também a fé foi submetida, ao longo dos séculos, a um fenômeno de análise e de fragmentação, surgindo assim inúmeras espécies e subespécies de fé. Os irmãos protestantes, por exemplo, valorizam mais aquele primeiro aspecto, subjetivo e pessoal da fé. "Fé – escreve Lutero – é uma confiança viva e audaciosa na graça de Deus"; é uma "firme confiança".[13] Em algumas correntes do protestantismo onde esta tendência é levada ao extremo, como no Pietismo, os dogmas e as assim chamadas verdades de fé não têm quase nenhuma importância. A atitude interior e pessoal para com Deus é a coisa mais importante e quase exclusiva.

Na tradição católica e ortodoxa, pelo contrário, desde a antiguidade deu-se uma importância muito grande ao problema da reta fé ou da ortodoxia. O problema das coisas a serem cridas bem cedo prevaleceu sobre o aspecto subjetivo e pessoal do crer, isto é, sobre o ato de fé. Os tratados dos Padres, intitulados "Sobre a fé" (*De fide*), nem mencionam a fé como ato subjetivo, como confiança e abandono, mas preocupam-se com estabelecer, em polêmica contra os hereges, quais são as verdades que devem ser aceitas em comunhão com toda a Igreja. Depois da Reforma, esta tendência ficou mais marcante ainda na Igreja católica, em reação à acentuação unilateral da fé-confiança. Acreditar significa principalmente aderir ao credo da Igreja. São Paulo dizia que "com o coração se crê e com a boca se confessa" (cf. Rm 10,10): a "confissão" da reta fé prevaleceu frequentemente sobre o "crer com o coração".

---

[13] LUTERO, *Prefácio à Carta aos Romanos* (ed. Weimar, Deutsche Bibel 7, p. 11) e *Sobre as boas obras* (ed. Weimar 6, p. 206). (Trad. ital. Scritti religiosi, aos cuidados de V. Vinay, UTET, Turim 1967, p. 331 e 520).

Maria leva-nos a reencontrar, também neste campo, "a totalidade" que é bem mais rica e mais bela do que qualquer parte considerada individualmente. Não é suficiente ter uma fé apenas subjetiva, uma fé que seja um entregar-se a Deus no íntimo da própria consciência. É tão fácil, por este caminho, reduzir Deus a nossa própria medida. Isso acontece quando criamos uma ideia pessoal de Deus, baseados numa interpretação pessoal da Bíblia ou na interpretação de nosso grupo restrito, e depois aderimos a ela com todas as forças, talvez até com fanatismo, sem perceber que nisso há mais fé em nós mesmos do que em Deus, e que toda essa inabalável confiança em Deus não é senão uma inabalável confiança em nós mesmos.

Nem é suficiente, porém, uma fé só objetiva e dogmática se ela não realizar o contato íntimo e pessoal, entre o eu e o tu, com Deus. Essa se torna facilmente uma fé morta, um acreditar por interposta pessoa ou por interposta instituição, de tal modo que, tão logo entre em crise por qualquer razão, faz desmoronar o próprio relacionamento com a instituição que é a Igreja. Dessa maneira, é fácil que um cristão chegue ao fim da vida sem nunca ter feito um ato de fé livre e pessoal, que é o único a justificar o nome de "crente".

É preciso, pois, acreditar pessoalmente, mas na Igreja; acreditar na Igreja, mas pessoalmente. A fé dogmática da Igreja não anula o ato pessoal nem a espontaneidade do crer; pelo contrário, resguarda-o e permite conhecer e abraçar um Deus imensamente maior que o da minha pobre experiência. De fato, nenhuma criatura consegue abranger, com seu ato de fé, tudo aquilo que se pode conhecer a respeito de Deus. A fé da Igreja é como uma objetiva grande-angular, que permite fotografar um panorama muito mais amplo do que com uma objetiva simples. Unindo-me à fé da Igreja, faço minha a fé de todos aqueles que me precederam: dos apóstolos, dos mártires, dos doutores. Os santos, que não puderam levar consigo a fé para o céu, onde já não tem serventia, deixaram-na como herança à Igreja.

Há um incrível poder nestas palavras: "Eu creio em Deus Pai Todo-Poderoso...". O meu pequeno "eu", unido com aquele grande "eu" de todo o corpo místico de Cristo, passado e presente, faz ressoar um grito, mais potente que o estrondo do mar, que faz tremer nos alicerces o reino das trevas.

5. Creiamos também nós!

Vamos considerar agora as implicações pessoais e ascéticas que brotam da fé de Maria. Santo Agostinho, depois de ter afirmado, no texto acima citado, que Maria, "cheia de fé, gerou acreditando aquele que tinha concebido acreditando", tira uma aplicação prática dizendo: "Maria acreditou e nela realizou-se aquilo que acreditou. Creiamos também nós, para que aquilo que nela se realizou possa ser de proveito também para nós".[14]

Creiamos também nós! A contemplação da fé de Maria leva-nos a renovar antes de tudo nosso ato pessoal de fé e de abandono em Deus. Este é o "exercício" espiritual que tem de ser feito no fim deste segundo "passo" no seguimento de Nossa Senhora. Nós somos o edifício de Deus, o templo de Deus. A empresa de nossa santificação é como a "construção de um edifício espiritual" (1Pd 2,5); nós "somos integrados na construção, para nos tornarmos, no Espírito, habitação de Deus" (Ef 2,22). Mas quem construiria um edifício num terreno, se antes esse terreno não lhe foi transferido e não lhe pertence? Sabemos que, nestas condições, um palácio construído pertence automaticamente ao proprietário do terreno, não a quem o construiu. Deus não pode construir em nós seu templo, não pode construir-nos como edifício santo se, antes, não lhe transferimos livremente a propriedade do "terreno". Isto acontece quando entregamos a Deus nossa liberdade com um ato de fé e de consentimento, com um "sim" pleno e total.

O terreno é nossa liberdade, um terreno que antes deve ser aberto, revirado, escavado... Daí a importância decisiva de dizer a Deus, uma vez na vida, um "faça-se, fiat", como o de Maria. Quando isso acontece, temos um ato envolto no mistério, porque implica, ao mesmo tempo, graça e liberdade; é uma espécie de concepção. A criatura não pode fazer esse ato sozinha; por isso, Deus a ajuda, sem tirar sua liberdade. "Deus – dizem – deve deixar que a alma volte à natureza. Mas antes, de surpresa, faz que ela coma às escondidas um grão de romã. O grão de romã é o consentimento que a alma dá a Deus, quase sem

---

[14] SANTO AGOSTINHO, *Sermões* 215,4 (PL 38,1074).

o saber nem reconhecê-lo, porque é algo de imperceptível no meio de todas as suas inclinações carnais, e todavia decide para sempre de seu destino".[15] Se se escava com atenção na história de cada alma que atingiu o cume da santidade, ou que está decididamente encaminhada em direção a ela, quase sempre se encontra ali oculto esse grão de romã.

Que precisa, pois, fazer? É simples: depois de ter rezado, para que não seja uma coisa superficial, é preciso dizer a Deus com as mesmas palavras de Maria: "Eis aqui o servo ou a serva do Senhor: faça-se em mim segundo a tua palavra!". Sim, meu Deus, digo amém a todo o teu projeto, entrego-me a ti!

Lembrei no começo os três grandes "fiat" que se encontram na história da salvação: o de Deus na Criação, o de Maria na Encarnação e o de Jesus no Mistério Pascal. Há um quarto "fiat" na história da salvação, que vai ser pronunciado cada dia, até o fim do mundo: o "fiat" da Igreja e dos crentes que, no "Pai-nosso", dizem a Deus: "Fiat voluntas tua, seja feita a vossa vontade!". Pronunciando este "fiat" nós nos unimos, seguindo Maria, ao grande "fiat" de Cristo que no Getsêmani disse ao Pai as mesmas palavras: "Faça-se a tua vontade" (cf. Lc 22,42).

É preciso, porém, lembrar que Maria disse seu "fiat" no optativo, com desejo e alegria. Quantas vezes repetimos essas palavras num estado de espírito de mal encoberta resignação, como que baixando a cabeça e cerrando os dentes: "Se não há outro jeito, então faça-se a tua vontade!". Maria ensina-nos a dizê-lo de maneira diferente. Sabendo que a vontade de Deus a nosso respeito é infinitamente mais bela e mais rica de promessas do que qualquer projeto nosso, sabendo que Deus é amor infinito que tem sobre nós "projetos de paz e não de aflição" (cf. Jr 29,11), como Maria dizemos, cheios de desejo e quase com impaciência: "Seja logo realizada em mim, ó Deus, a tua vontade de amor e de paz!".

Com isso a vida humana atinge seu sentido e sua mais alta dignidade. Dizer "sim", "amém" a Deus não humilha a dignidade do homem, como às vezes se pensa hoje, mas a exalta. Afinal, qual é a alter-

---

[15] S. WEIL, *Intiutions préchrétiennes,* Fayard, Paris 1967 (trad. ital. *La Grécia e le intuizioni precristiane,* Borla, Turim 1967, p. 113s.).

nativa para este "amém" que dizemos a Deus? O pensamento contemporâneo, que fez exatamente da análise da existência seu objeto primário, demonstrou claramente que é preciso dizer "amém", e se não o dissermos a Deus que é amor, será preciso dizê-lo a qualquer outra coisa que não passa de fria e entorpecedora necessidade: ao destino, à fatalidade. A alternativa filosófica à fé é o fatalismo. O mais conhecido filósofo deste século, depois de ter esclarecido, numa fase de seu pensamento, que a única possibilidade absolutamente própria, incondicionada e insuperável que resta para o homem é a morte, e que sua existência é apenas um "viver para a morte", aponta a aceitação do destino como o único meio de o homem tornar autêntica sua existência. A liberdade do homem consistiria, pois, em fazer da necessidade virtude: escolhendo e aceitando como sua a situação concreta em que foi jogado, fiel a ela para sempre. O destino do homem está fixado pela história e pela comunidade à qual pertence, e pode ser unicamente o de repetir aquilo que já foi. O homem alcança sua plenitude no amor do destino *(amor fati)*, aceitando e até amando o que já aconteceu e inevitavelmente acontecerá.[16] É uma volta àquela espécie de "mística do consentimento", aonde tinha chegado, com Cleanto, a religiosidade pagã antes de Cristo: o homem deve abandonar-se, sem reservas, ao destino e à necessidade de todas as coisas. Essa não é a voz de um filósofo isolado; todo o pensamento existencialista ateu ou de algum modo alheio à perspectiva cristã – como, por exemplo, o de Jaspers e de Sartre – acaba chegando a este ideal terrível do amor do destino. A liberdade, que se queria ressalvar, tornou-se pura aceitação da necessidade. Realizou-se plenamente a palavra de Jesus: "Quem quiser salvar sua vida, vai perdê-la" (cf. Mc 8,35); quem quiser salvar sua liberdade, vai perdê-la.

O homem, eu dizia, não pode viver e realizar-se sem dizer "amém", "sim" para alguém e para algo. Mas como é diferente e opressor esse "amém" pagão em comparação com o "amém" cristão, dado a alguém que nos criou, que é amor e não fria e cega necessidade. Como é diferente o abandono ao destino, em comparação com o abandono ao Pai

---

[16] M. HEIDEGGER, *Sein und Zeit,* Tubinga 1927 (trad. ital. *Essere e tempo,* Longanesi, Milão 1976).

expresso nesta oração de Charles de Foucauld: "Ó meu Pai, abandono-me a ti. Faze de mim o que te agrada. Qualquer coisa que faças de mim, eu te agradeço. Estou disposto a tudo, aceito tudo, para que em mim e em todas as tuas criaturas seja feita a tua vontade. Não desejo outra coisa, meu Deus. Entrego minha alma nas tuas mãos. Dou-a a ti, meu Deus, com todo o amor do meu coração, porque te amo. E é para mim uma exigência de amor o doar-me e o entregar-me nas tuas mãos sem medida, com uma confiança infinita, porque tu és o meu Pai".

6. "O meu justo viverá da fé"

Todos precisam e podem imitar Maria em sua fé. Mas, de maneira particular, isto deve ser feito pelo sacerdote e por todo aquele que é chamado, de alguma forma, a transmitir aos outros a fé e a Palavra. "Meu justo viverá da fé" (cf. Hab 2,4; Rm 1,17): isto vale especialmente para o sacerdote: Meu sacerdote – diz Deus – viverá da fé. Ele é o homem da fé. O peso específico de um sacerdote é dado por sua fé. Ele vai incidir nas almas na medida de sua fé. O papel do sacerdote ou do pastor, no meio do povo, não é só o de distribuidor de sacramentos e serviços, mas também o de suscitador e testemunha da fé. Ele será realmente alguém que guia e arrasta na medida em que, como Maria, acreditar e entregar sua liberdade para Deus.

A grande e essencial característica, o que os fiéis percebem imediatamente num sacerdote e num pastor, é se ele "acredita": se acredita no que diz e no que celebra. Quem no sacerdote procura Deus antes de tudo, percebe isso logo; quem nele não procura Deus, pode ser facilmente enganado e enganar o próprio sacerdote, levando-o a se sentir importante, brilhante, atualizado, quando na realidade também ele é, como se dizia no capítulo precedente, um homem "vazio". Até o não crente, que se aproxima do sacerdote num espírito de procura, percebe logo a diferença. O que vai provocá-lo e pô-lo em crise salutar não são geralmente as discussões mais eruditas sobre a fé, mas a simples fé. A fé é contagiosa. Ninguém é contagiado por ouvir falar de um vírus ou por estudá-lo, mas somente entrando em contato com ele; o mesmo acontece com a fé.

A força de um servo de Deus é proporcional à força de sua fé. Às vezes sofremos e talvez até nos queixamos com Deus na oração, porque as pessoas abandonam a Igreja, continuam no pecado, porque falamos, falamos e nada acontece. Um dia os apóstolos tentaram expulsar o demônio de um pobre rapaz, mas não conseguiram. Depois que Jesus expulsou o mau espírito do rapaz, eles se aproximaram de Jesus e perguntaram: *Por que é que não fomos capazes de expulsá-lo? E Jesus respondeu: Pela vossa pouca fé* (Mt 17,19-20). Cada vez que, diante de um insucesso pastoral ou de uma alma que se afastava de mim sem que eu conseguisse ajudá-la, ouvi aflorar em mim a pergunta dos apóstolos "Por que é que nós não fomos capazes de expulsá-lo?", eu também ouvi em meu íntimo a mesma resposta: "Pela tua pouca fé!". E fiquei calado.

O mundo, dissemos, é sulcado como o mar pela esteira de um belo navio, a esteira de fé aberta por Maria. Entremos nesta esteira. Creiamos também nós, para que se realize também em nós o que nela se realizou. Invoquemos Nossa Senhora com o doce título de *Virgo fidelis*: Virgem crente, rogai por nós!

III. "CONCEBERÁS E DARÁS À LUZ UM FILHO"

Maria, Mãe de Deus

Os "passos" que estamos dando nas pegadas de Maria correspondem, de maneira bastante fiel, ao desenrolar-se também histórico de sua vida como o vemos nos Evangelhos. Já nesta primeira parte se vê que não contemplamos Maria apenas de maneira genérica no mistério da Encarnação, mas também nos diferentes acontecimentos concretos que, juntos, constituem o grande evento da Encarnação. A meditação sobre Maria "cheia de graça" reconduziu-nos ao mistério da Anunciação; a outra, sobre Maria "que acreditou", levou-nos ao mistério da Visitação; e agora esta, sobre Maria "Mãe de Deus", há de levar-nos ao Natal.

De fato, foi no Natal, no momento em que deu à luz seu filho primogênito" (Lc 2,7), e não antes, que Maria se tornou verdadeira e plenamente Mãe de Deus. Mãe não é um título como os outros, que se acrescenta exteriormente, sem incidir no próprio ser da pessoa. Quem se torna mãe passa por uma série de experiências que deixam sua marca para sempre e transformam não só o corpo da mulher, mas também a consciência mesma que ela tem de si. É uma daquelas experiências que acontecem "uma só vez". Lembro que, para nós sacerdotes, no momento da ordenação dizia-se: "Sacerdote uma vez, sacerdote para sempre", e isso por causa do caráter que a ordenação imprime na alma, segundo a doutrina católica. Com maior razão, porém, deve-se dizer da mulher: mãe uma vez, mãe para sempre. Neste caso, o caráter não é só uma marca invisível que o acontecimento deixou no coração ou no corpo, mas é uma criatura, o filho, destinada a viver eternamente ao lado da mãe, proclamando sua maternidade.

Falando de Maria, a Escritura ressalta constantemente dois elementos ou dois momentos fundamentais que, aliás, correspondem aos que também a experiência humana comumente considera essenciais para que haja uma verdadeira e plena maternidade: conceber e gerar. *Eis* – diz o anjo a Maria – *conceberás no teu seio e darás à luz um filho* (Lc 1,31). Esses dois momentos estão presentes também no relato de Mateus: O que ela "concebeu" é obra do Espírito Santo e ela "dará à luz" um filho (cf. Mt 1,20s.). A profecia de Isaías, na qual tudo isso havia sido preanunciado, exprimia-se da mesma maneira: *Uma virgem conceberá e dará à luz um filho* (Is 7,14). Eis por que eu dizia que somente no Natal, quando dá à luz Jesus, Maria se torna, em sentido pleno, Mãe de Deus. O título de "Geradora de Deus" *(Dei Genitrà)*, usado na Igreja latina, ressalta mais o primeiro momento, o da concepção; e o título de *Theotókos*, usado na Igreja grega, ressalta mais o segundo momento, o dar à luz (*tíkto*, em grego, significa "dou à luz"). O primeiro momento, o gerar, é comum tanto ao pai como à mãe, enquanto que o segundo, o dar à luz, é exclusivo da mãe.

Mãe de Deus: título que expressa um dos mistérios e, para a razão, um dos paradoxos mais altos do cristianismo. Título que encheu de maravilha a liturgia da Igreja. Esta exclama, fazendo sua a maravilha do antigo povo da aliança quando, numa nuvem, a glória de Deus veio morar no templo (cf. 1Rs 8,27): "Aquele, que os céus não podem conter, encerrou-se nas tuas entranhas feito homem!"[1] Mãe de Deus é o mais antigo e o mais importante título dogmático de Nossa Senhora, definido pela Igreja no Concílio de Éfeso, no ano de 431, como verdade de fé que todos os cristãos devem crer. É o fundamento de toda a grandeza de Maria. É o princípio mesmo da mariologia; por ele, Maria não é apenas objeto de devoção no cristianismo, mas também de teologia; entra no discurso mesmo sobre Deus, porque Deus está comprometido diretamente na maternidade divina de Maria. É também o título mais ecumênico que existe, não só porque foi definido num concílio ecumênico, mas também porque é o único a ser compartilhado e acolhido indistintamente, pelo menos em linha de princípio, por todas as confissões cristãs.

Aproximar-nos-emos a este dogma de Maria "Mãe de Deus" através de três procedimentos ou atitudes diferentes que, juntos, deveriam permitir-nos entender melhor este coração da doutrina mariana. Faremos uma reconstrução histórica, uma contemplação de fé e uma aplicação prática para nossa vida.

---
[1] Antigo responsório do Natal.

1. "Se alguém não acreditar que Maria é a Mãe de Deus...": uma visão histórica à formação do dogma

No Novo Testamento não encontramos explicitamente o título "Mãe de Deus" dado a Maria. Encontramos aí, porém, afirmações que em seguida vão mostrar à reflexão atenta da Igreja, guiada pelo Espírito Santo, já conterem *in nuce* esta verdade. Como já vimos, afirma-se que Maria concebeu e deu à luz um filho, que é o Filho do Altíssimo, santo e Filho de Deus (cf. Lc 1,31-32.35). Resulta dos Evangelhos, pois, que Maria é a mãe de um filho do qual se sabe que é o Filho de Deus. Nos Evangelhos ela é comumente chamada de mãe de Jesus, mãe do Senhor (cf. Lc 1,43), ou simplesmente "a mãe" e "sua mãe" (cf. Jo 2,1-3). Será preciso que a Igreja, no desenvolvimento de sua fé, esclareça para si mesma quem é Jesus, antes de saber de quem Maria é mãe. Evidentemente Maria não começa a ser Mãe de Deus no Concílio de Éfeso de 431, como Jesus não começa a ser Deus no Concílio de Niceia em 325, quando foi assim definido. Já antes era Mãe de Deus. Mas aquele é o momento no qual a Igreja, no desenvolvimento e na explicitação de sua fé, pressionada pela heresia, toma plena consciência desta verdade e se posiciona a respeito. Acontece como na descoberta de uma nova estrela: esta não nasce no momento em que sua luz chega à terra e é percebida pelo observador; já existia antes, talvez desde milhares de anos luz. A definição conciliar é o momento em que a luz é colocada no candelabro do credo da Igreja.

Neste processo, que leva à proclamação solene de Maria como Mãe de Deus, podemos distinguir três grandes fases que agora vou apontar.

• *A maternidade "física" de Maria: época antignóstica*

No começo, e em todo o período dominado pela luta contra a heresia gnóstica e docetista, a maternidade de Maria é considerada quase unicamente como maternidade física. Esses hereges negavam que Cristo tivesse um verdadeiro corpo humano; admitiam-se que ele tinha um verdadeiro corpo humano, negavam que esse corpo tivesse nascido de uma mulher; admitiam-se que ele tinha nascido de uma mulher, negavam que verdadeiramente tivesse surgido de sua carne e de seu sangue. Contra eles era, pois, necessário afirmar com força que Jesus era filho de Maria e "fruto do seu ventre" (Lc 1,42), e que Maria era a mãe verdadeira e natural de Jesus. De fato, alguns desses hereges admitiam que Jesus tivesse nascido de Maria, mas não que tivesse sido concebido em Maria, isto é, de sua mesma carne. Segundo eles, Cristo tinha nascido *através* da Virgem, não *da* Virgem; "colocado pelo céu na Virgem, saiu dela mais como quem passa do que como quem é gerado; através dela, não dela, tendo na Virgem não uma mãe, mas um caminho".[2] Maria "não teria trazido Jesus no ventre como filho, mas como hóspede".[3]

Nesta fase mais antiga, a maternidade de Maria serve principalmente para demonstrar a verdadeira humanidade de Jesus. Foi neste período e neste clima que se formulou o artigo do credo "Nascido (ou encarnado) do Espírito Santo e da Virgem Maria". Originariamente esse artigo queria dizer simplesmente que Jesus é Deus e homem: Deus, enquanto gerado segundo o Espírito, isto é, por Deus; homem, enquanto gerado segundo a carne, isto é, por Maria.

- *A maternidade "metafísica" de Maria: época das grandes controvérsias cristológicas*

Na fase mais antiga, quando se afirma a maternidade real ou natural de Maria contra os gnósticos e os docetas, surge o título de *Theotókos*. De agora em diante, o uso deste título levará a Igreja à descoberta de uma maternidade divina mais profunda, que poderíamos chamar de maternidade metafísica. Isto aconteceu na época das grandes controvérsias cristológicas do quinto século, quando o problema central sobre Jesus Cristo já não era o de sua verdadeira humanidade, mas o da *unidade* de sua pessoa. A maternidade de Maria não é mais considerada só em relação à natureza humana de Cristo, mas, o que é mais correto, em relação à única pessoa do Ver-

---
[2] TERTULIANO, *Contra os Valentinianos* 27, 1 (CC 2, p. 772).
[3] TERTULIANO, *Sobre a carne de Cristo* 21, 4 (CC 2, p. 911).

bo feito homem. E como essa única pessoa que Maria gera segundo a carne é exatamente a pessoa divina do Filho, consequentemente ela é verdadeira "Mãe de Deus".

Aduziu-se, a respeito, o exemplo do que acontece em qualquer maternidade humana. A mãe dá ao filho o corpo, não a alma que é infundida diretamente por Deus. Contudo, não digo que minha mãe é mãe de meu corpo, mas simplesmente que é *minha* mãe, mãe de todo o meu ser, porque em mim corpo e alma formam uma única natureza ou realidade. Assim, analogamente, Maria deve ser chamada Mãe de Deus, ainda que tenha dado a Jesus só a humanidade e não a divindade, porque nele a humanidade e a divindade formam uma só pessoa.

Entre Maria e Cristo já não há só uma relação de ordem física, mas também de ordem metafísica, e este fato coloca-a numa altura vertiginosa, criando uma relação especial também entre ela e o Pai. Com o Concílio de Éfeso, esta compreensão torna-se para sempre uma conquista da Igreja: "Se alguém não confessar que Deus é verdadeiramente o Emanuel e que por isso a Santa Virgem, tendo gerado segundo a carne o Verbo de Deus feito carne, é a *Theotókos*, seja anátema",[4] lê-se num texto aprovado pelo mesmo Concílio. Foi um momento de grande alegria para todo o povo de Éfeso, que esperou os Padres fora da sala conciliar e os acompanhou, com fachos e cantos, até seus alojamentos. Essa proclamação determinou, no Oriente e no Ocidente, uma explosão de veneração para com a Mãe de Deus. Veneração que se concretizou em festas litúrgicas, ícones, hinos e inúmeras igrejas a ela dedicadas.

- *A maternidade "espiritual" de Maria: a contribuição do Ocidente*

Essa etapa, porém, não era definitiva. Havia um outro nível, além do físico e do metafísico, a ser descoberto na maternidade divina de Maria. Nas controvérsias cristológicas, o título *Theotókos* era valorizado mais em função da pessoa de Cristo do que de Maria, apesar de ser um título mariano. Desse título não se tiravam ainda

---

[4] SÃO CIRILO ALEXANDRINO. Anatematismo I contra Nestório, in *Enchiridion Symbolorum*, n. 252.

as consequências lógicas relativas à pessoa de Maria e particularmente sua santidade única. Havia o perigo de *Theotókos* tornar-se arma de batalha entre correntes teológicas antes que expressão da fé e da piedade da Igreja para com Maria. Demonstra-o um pormenor que deve ser bem acentuado. O mesmo São Cirilo de Alexandria, que na polêmica lutou como um leão pelo título de *Theotókos*, é entre os Padres da Igreja uma nota discordante na apreciação da santidade de Maria. Foi um dos poucos que atribuíram fraquezas e imperfeições a Maria, principalmente ao pé da cruz. Cirilo, acompanhando Orígenes, não conseguia acreditar que uma mulher, ainda que fosse a Mãe de Jesus, pudesse ter tido uma fé e uma coragem maior do que a dos Apóstolos que, apesar de homens, vacilaram no momento da paixão![5] Essas palavras nascem da pouca estima que o mundo antigo tinha pela mulher e mostram como pouco adiantava atribuir a Maria uma maternidade física ou metafísica, em relação a Jesus, se não se lhe atribuía também uma maternidade espiritual, isto é, na alma e não apenas no corpo.

Esta foi a grande contribuição dos autores latinos e particularmente de Santo Agostinho. A maternidade de Maria é considerada como uma maternidade na fé, como uma maternidade espiritual. Estamos na epopeia da fé de Maria. A propósito da palavra de Jesus: *Quem é minha Mãe...*, Agostinho atribui a Maria, em sumo grau, aquela maternidade espiritual que nasce do cumprimento da vontade do Pai: "Por acaso não cumpriu a vontade do Pai a Virgem Maria, que pela fé acreditou, pela fé concebeu, que foi escolhida para que dela nascesse a salvação para os homens, que foi criada por Cristo, antes que nela Cristo fosse criado? E certo que Santa Maria cumpriu a vontade do Pai e, por isso, para Maria, foi mais importante ter sido discípula de Cristo do que ter sido a Mãe de Cristo".[6]

A maternidade física e a maternidade metafísica de Maria chegam assim a seu ápice pelo reconhecimento de uma maternidade espiritual, ou de fé, que torna Maria a primeira e a mais santa filha de Deus, a primeira e a mais dócil discípula de Cristo, a criatura que – escreve

---

[5] Cf. SÃO CIRILO ALEXANDRINO, *Comentário do Evangelho de João XII*, 19,25- 27 (PG 74,661ss.).
[6] SANTO AGOSTINHO, *Sermões* 72 A (= Denis 25), 7 *(Miscellanea Agostiniana*, I, p. 162).

mais uma vez Santo Agostinho – "pela honra devida ao Senhor, não deve ser nem mencionada quando se fala do pecado".[7] A maternidade física ou real de Maria, criando uma relação única e excepcional entre ela e Jesus, entre ela e toda a Trindade, de um ponto de vista objetivo é e permanece a realidade maior e um privilégio sem igual; isso porém porque, do ponto de vista subjetivo, existe a fé humilde de Maria. Para Eva certamente era um privilégio único o fato de ser a "mãe de todos os viventes"; mas, como não teve fé, isso de nada lhe adiantou nem lhe deu felicidade.

2. "Filha do teu Filho!": uma contemplação da Mãe de Deus

Vamos passar agora para o segundo enfoque do dogma da maternidade divina de Maria: o enfoque contemplativo. Contemplar não significa procurar a verdade, mas regozijar-se com a verdade encontrada, saboreando toda a sua riqueza e profundidade. Os dogmas da Igreja antiga são como "damas e cavaleiros graciosos adormecidos num castelo encantado; basta acordá-los para que se levantem em toda a sua glória".[8] O dogma da maternidade divina de Maria é um deles: cabe a nós acordá-lo agora com a ajuda do sopro do Espírito Santo, que sempre devolve a vida aos ossos ressecados. Como o sol desponta cada dia novo em todo o seu esplendor, como se fosse a primeira manhã da criação, e preenche com sua luz os olhos dos filhos do homem, assim deveria acontecer com as verdades de fé, para que sejam eficazes.

Modelos jamais superados dessa contemplação da Mãe de Deus são alguns ícones orientais, como o da Virgem de Vladimir, ou da Ternura, que seria bom ter diante dos olhos durante esta meditação. Deveria haver uma profunda semelhança entre um ícone da Mãe de Deus e um sermão sobre a Mãe de Deus. Ambos devem lembrar – um para o olhar e o outro para o ouvido da fé – o mistério antigo e

---

[7] SANTO AGOSTINHO, *Natureza e Graça* 36,42 (CSEL 60, p.263s.).
[8] S. KIERKEGAARD, *Diário* II A 110 (trad. ital. citada, n. 196).

sempre novo. O iconógrafo concentra-se, ora e jejua, não para criar algo de inédito e de original ou para levar em frente um seu ponto de vista subjetivo, mas para ser capaz de fixar, nas cores, a realidade invisível. Assim também o pregador. Deve reavivar o mistério, torná-lo realidade ativa. Por isso, atém-se à tradição, acolhe uma herança e a transmite. Se fizer referência aos Padres da Igreja, aos poetas e aos filósofos, não é por erudição, mas porque as palavras vivas de Deus não podem ser transmitidas senão em um ambiente vivo; e a tradição e a cultura são esse ambiente vivo. Ambos – o ícone e o sermão – ajudam-se mutuamente. A palavra pede ajuda à cor, como o faço neste momento, mas também a cor pede ajuda à palavra. Em todos os ícones da Mãe de Deus, no alto ou de lado, há sempre uma inscrição abreviada que diz "Mãe de Deus". Por que essa estranha regra iconográfica? Por acaso o iconógrafo pensa que alguém possa enganar-se, achando que se trata de uma outra mulher e não de Maria? É claro que não. A escrita não tem o objetivo de mostrar quem é a personagem para que seja reconhecida: não há absolutamente necessidade disso; o objetivo é proclamar, também com a escrita e com a palavra, a verdade de fé. Não se trata de uma *didascalia,* mas de uma *homologia,* isto é, de uma profissão de fé. Significa: nós acreditamos que esta mulher é a Mãe de Deus!

Procuremos, pois, dirigir agora "um olhar livre, intenso, afetivo e imóvel" (porque é isso que significa contemplar) para a Mãe de Deus, tendo diante dos olhos, se for possível, seu ícone. Iremos descobrir, aos poucos, a grande riqueza deste título de Mãe de Deus que nos fala sucessivamente de Jesus, de Deus e de Maria.

• *"Mãe de Deus" fala-nos de Jesus*

Originalmente o título "Mãe de Deus" dizia respeito mais a Jesus do que a Nossa Senhora. Como vimos ao traçar sua história, esse título antes de tudo testemunha que Jesus é *verdadeiro homem:* "Por que afirmamos que Cristo é homem, senão porque nasceu de Maria que é uma criatura humana?"[9] Testemunha que Jesus é homem não

---
[9] TERTULIANO, *Sobre a carne de Cristo* 5,6 (CC 2, p. 881).

só na essência, mas também na existência, porque quis partilhar não só da natureza do homem, de maneira genérica, mas também de sua experiência. Viveu a vicissitude humana em toda a sua concretude. Ch. Péguy coloca estas palavras na boca de Deus: "Frequentemente se fala da imitação de Jesus Cristo, que é a imitação, a fiel imitação de meu filho pelos homens... Mas, afinal, não se pode esquecer que meu filho começou imitando o homem. De modo particularmente fiel. E essa imitação foi levada até a identidade perfeita, como quando tão fielmente, tão perfeitamente o imitou no nascer, no sofrer, no viver e no morrer".[10] De começo, o mais difícil foi aceitar que o Cristo imitasse o homem até mesmo sendo concebido e nascendo de uma mulher. A um dos hereges acima lembrados, que estremecia diante da ideia de um Deus "coagulado no útero, parido entre as dores, lavado, enfaixado", nosso Tertuliano respondia: "É que Cristo amou o homem e, amando o homem, amou também sua maneira de vir ao mundo".[11] E dirigindo-se ao herege acrescentava: o que todos naturalmente veneramos, o nascimento de um homem e a dor de uma mulher em parto, tu o desprezas; e tu, como nasceste?

O título "Mãe de Deus" em segundo lugar testemunha que Jesus é *Deus*. Somente se considerarmos Jesus não como um simples homem, mesmo que fosse o maior dos profetas, mas também como Deus, é que podemos chamar Maria de "Mãe de Deus". Caso contrário, poderia ser chamada de Mãe de Jesus, ou de Cristo, mas não de Deus. O título "Mãe de Deus" é sentinela que vela para que não seja esvaziado o título de "Deus" dado a Jesus. O título "Mãe de Deus" não se justifica, aliás, torna-se blasfemo tão logo se deixa de reconhecer em Jesus o Deus feito homem. Pensando bem, é o único título que pode impedir qualquer ambiguidade quanto à divindade de Jesus, porque é sentinela colocada pela própria natureza e não pela simples reflexão filosófica ou teológica (como até mesmo o título *homooùsios*). Alguém pode dizer que Jesus é Deus e – como acontece infelizmente também em nossos dias – entender por "Deus" realidades muito diversas: Deus-por-adoção, Deus-por-inabitação,

---

[10] Ch. PÉGUY, Le mystère des Saints Innocents, in *Oeuvres poétiques*, citado, p. 692.
[11] TERTULIANO, *Sobre a carne de Cristo* 4, 3 (CC 2, p. 878).

Deus-por-assim-dizer. Mas, neste caso, não podemos continuar chamando Maria de Mãe de Deus. Ela é Mãe de Deus somente se Jesus é Deus no exato momento em que nasce dela. O que acontece depois não diz respeito à mãe enquanto mãe. Não se pode dizer que Maria é Mãe de Deus, senão entendendo por "Deus" o que a Igreja entendeu em Niceia e Calcedônia.

Finalmente, o título "Mãe de Deus" testemunha que Jesus é Deus e homem *em uma só pessoa*. Esse, aliás, é o objetivo pelo qual o título foi adotado pelos Padres no Concílio de Éfeso. Fala-nos da unidade profunda entre Deus e o homem realizada em Jesus; de como Deus prendeu-se ao homem e uniu o homem a si na unidade mais profunda que existe no mundo, a unidade da pessoa. O seio de Maria – diziam os Padres – foi o "tálamo", onde aconteceram as núpcias de Deus com a humanidade; o "tear", onde foi tecida a túnica da união; o laboratório *(ergastérion)*, onde se operou a união de Deus e do homem.[12]

Se em Jesus a humanidade e a divindade estivessem unidas apenas moralmente e não pessoalmente – como pensavam os hereges condenados em Éfeso –, Maria já não poderia ser chamada Mãe de Deus, mas só Mãe de Cristo: *Chrístotókos*, não *Theotókos*. "Os Padres não duvidaram em chamar a santa Virgem 'Mãe de Deus', certamente não no sentido de a natureza do Verbo ou sua divindade se terem dela originado, mas porque dela nasceu aquele santo corpo, dotado de alma racional, ao qual o Verbo está de tal modo unido que com ele forma uma só pessoa."[13] Dessa maneira, o título "Mãe de Deus" é também uma espécie de baluarte que tem dupla função. De um lado se opõe à ideologização de Jesus, que faz dele uma ideia ou um personagem mais do que uma verdadeira pessoa. Doutro lado impede que, nele, se separe a humanidade da divindade, o que iria colocar em perigo nossa salvação. Maria é aquela que ancorou Deus à terra e à humanidade; aquela que, com sua divina e humaníssima maternidade, fez de Deus para sempre o Emanuel, o Deus-conosco. Fez de Cristo nosso irmão.

---

[12] Cf. S. BASÍLIO. *Homilia sobre a santa geração de Cristo* 3 (PG 31, 1464); PROCLO DE CONSTANTINOPLA, *Homilia I sobre a Mãe de Deus* 1 (PG 65,681).
[13] SÃO CIRILO ALEXANDRINO, *Carta II a Nestório* (PG 77, 448s.).

- *"Mãe de Deus" fala-nos de Deus*

O título Mãe de Deus fala-nos também de Deus. Revela-nos o verdadeiro rosto de Deus Pai, Filho e Espírito Santo. Este é, aliás, o aspecto mais útil e mais atual que hoje deve ser posto em evidência, assim como o aspecto precedente era de grande importância nas grandes controvérsias do quinto século. De fato, hoje o problema tornou-se mais radical do que então; diz respeito a Deus, na acepção mais ampla deste nome, mais do que aos diferentes aspectos do mistério cristão. O problema já não é o monofisismo, mas o ateísmo.

Que nos diz de Deus este título de Maria? Antes de tudo, fala-nos da *humildade de Deus.* Deus quis ter uma mãe! E pensar que, no desenvolvimento do pensamento humano, chegamos a um ponto em que alguns pensadores acham até esquisito e quase ofensivo que um ser humano tenha uma mãe, porque isso significa depender radicalmente de alguém, não se ter feito sozinho, não poder projetar sozinho a própria existência.

O homem, desde sempre, procura a Deus no alto. Procura construir, com seus esforços ascéticos ou intelectuais, uma espécie de pirâmide, pensando que em seu cume vai encontrar Deus, ou o seu equivalente, que em algumas religiões é o Nada. E não percebe que Deus desceu e virou a pirâmide; pôs-se ele mesmo na base para carregar sobre si tudo e todos. Deus, em silêncio, torna-se presente nas vísceras de uma mulher. De fato é preciso dizer: Isto é crível exatamente porque é loucura; é certo exatamente porque é impossível; é divino exatamente porque não é humano.[14] Que contraste com o deus dos filósofos, que ducha fria para o orgulho humano e que convite à humildade! Deus desce ao coração mesmo da matéria, porque mãe, *mater*, vem de *matéria,* no sentido mais nobre do termo, que indica concretude e realidade, e também metro, medida. O Deus que se torna carne no seio de uma mulher é o mesmo que, depois, se torna presente no coração da matéria do mundo, na Eucaristia. Trata-se de uma única economia e de um único estilo. Santo Irineu tem razão de dizer que quem não entende o nascimento de

---

[14] TERTULIANO, *Sobre a carne de Cristo* 5, 4 (CC 2, p. 881).

Deus de Maria também não pode entender a Eucaristia.[15] Tudo isso proclama também, e melhor do que qualquer palavra, que o Deus cristão é graça; que se consegue através do dom e não da conquista.

Escolhendo esta via materna para se revelar a nós, Deus revelou à estultícia humana – que enxerga o mal onde não está, e não o enxerga onde está – que tudo é puro; proclamou a santidade das coisas criadas. Santificou e redimiu não só a *natureza* em abstrato, mas também o *nascimento* humano e toda a realidade da existência.

Sobretudo Deus revelou a dignidade da mulher enquanto mulher. *Ao chegar a plenitude dos tempos, Deus enviou o seu Filho, nascido de mulher* (Gl 4,4). Se Paulo tivesse dito: "nascido de Maria", teríamos apenas um detalhe biográfico; dizendo "nascido de mulher", deu sua afirmação uma importância universal e imensa. É a mulher mesma, qualquer mulher, que foi levantada, em Maria, a esta altura incrível. Aqui Maria é a mulher. Hoje se fala muito da promoção da mulher, que é um dos sinais dos tempos mais belos e animadores. Mas como estamos mais atrasados que Deus! Ele chegou antes de todos nós; concedeu à mulher uma honra tão grande que nos faz silenciar e refletir sobre nosso pecado.

- *"Mãe de Deus" fala-nos de Maria*

Finalmente, o título "Mãe de Deus" fala-nos também de Maria. Maria é a única no universo que pode dizer, dirigindo-se a Jesus, o que a ele diz o Pai celeste: "Tu és meu filho; eu te gerei!" (cf. Sl 2,7; Hb 1,5). Santo Inácio de Antioquia diz, com toda a simplicidade, quase sem perceber em que dimensão está projetando uma criatura, que Jesus é "de Deus e de Maria".[16] Quase como quando dizemos de alguém que é filho de fulano e de fulana. Dante Alighieri resumiu num só verso o duplo paradoxo de Maria que é "virgem e mãe" e "mãe e filha": "Virgem Mãe, filha do teu Filho!"[17]

---

[15] SANTO IRINEU, *Contra as heresias* V, 2, 3 (SCh 153, p. 34ss.).
[16] SANTO INÁCIO DE ANTIOQUIA, *Carta aos Efésios* 7, 2 (ed. Funk-Bihlmeyer, p. 84).
[17] DANTE ALIGHIERI, *Paradiso* XXXIII, 1.

Por si só o título "Mãe de Deus" é suficiente para fundamentar a grandeza de Maria e justificar a honra a ela prestada. Às vezes, os católicos são acusados de exagerar na honra e na importância atribuídas a Maria; e às vezes, é preciso reconhecer, a acusação é justificada, pelo menos no tocante ao modo. Mas nunca se pensa no que Deus fez. Fazendo Maria sua Mãe, Deus honrou-a tanto que ninguém pode honrá-la mais, ainda que tivesse, como diz Lutero, tantas línguas quantas são as folhas da relva: "Chamando-a Mãe de Deus, foi-lhe dada toda a honra; ninguém pode dizer dela, ou a ela, algo de mais sublime, ainda que tivesse tantas línguas quantas são as folhas de relva, as estrelas do céu e a areia da praia. Também nosso coração deve refletir sobre o que significa ser Mãe de Deus".[18]

O título de "Mãe de Deus" coloca Maria num relacionamento único com cada uma das pessoas da Trindade. São Francisco de Assis expressava-o numa oração: "Santa Maria Virgem, não há nenhuma, nascida no mundo, a ti semelhante entre as mulheres, filha e serva do altíssimo sumo Rei, o Pai celeste, mãe do santíssimo Senhor nosso Jesus Cristo, esposa do Espírito Santo… roga por nós a teu santíssimo amado Filho, Senhor e Mestre".[19]

Mãe de Deus é um título eterno, irreversível, porque a encarnação do Verbo é irreversível. Já que na Jerusalém celeste está a humanidade glorificada de Cristo, que esteve morto, mas agora vive (cf. Ap 1,18), ali também está, e é reconhecida e honrada como tal, sua mãe. Se Jesus não se envergonha de nos chamar "seus irmãos" (cf. Hb 2,11s.), não irá envergonhar-se de chamar Maria sua mãe! Para mostrar quem é, e qual sua independência divina, ele não precisa negar que teve uma mãe, como alguns grandes defensores contemporâneos da liberdade humana.

O título "Mãe de Deus" é também hoje o ponto de encontro e uma base comum para todos os cristãos, de onde podem partir

---

[18] LUTERO, Comentário ao Magnificat (cd. Weimar 7, p. 572s.). (Trad. ital. in *Scritti religiosi,* citado, p. 470).
[19] SÃO FRANCISCO DE ASSIS, *Ofício da Paixão do Senhor* (Fonti Francescane, n. 281).

novamente para reencontrar a unanimidade quanto ao lugar de Maria na fé. Esse é o único título ecumênico, não só de direito, porque definido num Concílio ecumênico, mas também de fato, porque reconhecido por todas as Igrejas. Ouvimos o que pensava Lutero a este respeito. Numa outra ocasião, ele escreveu: "O artigo que afirma que Maria é Mãe de Deus está em vigor na Igreja desde o começo, e o Concílio de Éfeso não o definiu como novo, porque é uma verdade já sustentada no Evangelho e na Sagrada Escritura... Essas palavras (Lc 1,32; Gl 4,4) sustentam com muita firmeza que Maria é verdadeiramente a Mãe de Deus".[20] "Nós acreditamos, ensinamos e confessamos – lê-se numa fórmula de fé composta depois de sua morte – que Maria é com justiça chamada Mãe de Deus, e que o é verdadeiramente."[21] Um outro iniciador da Reforma escreve: "A meu ver Maria é com justiça chamada Genitora de Deus, *Theotókos*"; e, numa outra passagem, diz que Maria é "a divina Theotókos, eleita já antes de ter a fé".[22] Calvino, por sua vez, escreve: "A Escritura declara-nos explicitamente que aquele que deverá nascer da Virgem Maria será chamado Filho de Deus (Lc 1,32) e que a própria Virgem é Mãe de nosso Senhor".[23]

"Mãe de Deus", *Theotókos,* é pois o título ao qual é preciso voltar sempre, distinguindo-o, como fazem justamente os ortodoxos, de toda a infinita série de outros nomes e títulos marianos. Se fosse tomado a sério por todas as Igrejas e valorizado de fato, além de ser reconhecido de direito do ponto de vista dogmático, ele seria suficiente para criar uma unidade fundamental em torno de Maria; e ela, em vez de ser ocasião de divisão entre os cristãos, tornar-se-ia, depois do Espírito Santo, o mais importante fator de unidade ecumênica, aquela que maternamente ajuda a "trazer à unidade os filhos de Deus que andam dispersos" (cf. Jo 11,52). Às Igrejas protestantes, ainda muito prevenidas com relação a Maria (também por culpa nossa), apesar da infinita diferença que há entre Maria e o Espírito Santo, eu gostaria

---

[20] LUTERO, *Sobre os concílios da Igreja* (ed. Weimar, 50, p. 591s.).
[21] *Fórmula de concórdia do ano de 1577*, art. 8, 7.
[22] H. ZWINGLI, Expositio fidei, in ZWINGLI *Hauptschriften, der Theologe III*. Zurique 1948, p. 319; Fidei ratio 6, in ZWINGLI, *Escritos teológicos e políticos*, Claudiana, Turim 1985, p. 98.
[23] CALVINO, *Instituições da religião cristã* II, 14,4 (trad. ital. UTET, Turim 1971. p. 613).

de repetir o que um Padre da Igreja gritou para levar seus contemporâneos a superar todas as dúvidas e hesitações que tinham quanto à proclamação da plena divindade do Espírito Santo: "Até quando manteremos escondida a candeia debaixo do alqueire? Chegou a hora de colocar a candeia no candeeiro para que alumie todas as Igrejas, todas as almas, o mundo inteiro".[24] Durante a realização do Concílio de Éfeso houve um bispo que, durante a homilia, dirigiu-se aos Padres conciliares com estas palavras: "Não privemos a Virgem Mãe de Deus da honra que lhe conferiu o mistério da Encarnação. Não é um absurdo, meus caros, glorificar junto com os altares de Cristo a cruz ignominiosa que o sustentou, fazendo-a resplandecer perante a Igreja, e depois não dar a honra de Mãe de Deus àquela que, em vista de tão grande benefício, acolheu a divindade?"[25]

3. Mães de Cristo: a imitação da Mãe de Deus

Nossa maneira de proceder, neste caminho que segue as pegadas de Maria, consiste na contemplação de cada um dos "passos" por ela percorridos para imitá-los depois em nossa vida. Pode Maria ser "tipo da Igreja", isto é, seu modelo também neste ponto? Isso não só é possível, mas houve homens como Orígenes, Santo Agostinho, São Bernardo, que chegaram a dizer que, sem esta imitação, o título de Maria seria inútil para mim: "Que me adiantaria – diziam – que Cristo tenha nascido de Maria em Belém se, pela fé, não vai nascer também em minha alma?"[26]

É preciso lembrar que a maternidade divina de Maria se realiza em dois níveis: física e espiritualmente. Maria é Mãe de Deus não só porque o trouxe fisicamente no seio, mas também porque pela fé o concebeu antes no coração. Nós não podemos, naturalmente, imitar Maria no primeiro sentido, gerando novamente Cristo, mas podemos imitá-la no segundo sentido, que é o da fé.

---

[24] SÃO GREGÓRIO DE NAZIANZO, *Sermão* 12, 6 (PG 35, 849).
[25] ACÁCIO DE MELITENE, *Discurso no Concílio de Éfeso* (PG 77, 1472).
[26] Cf. ORÍGENES, *Comentário do Evangelho de Lucas* 22, 3 (SCh 87, p. 302).

Foi o próprio Jesus quem por primeiro aplicou à Igreja o título de "Mãe de Cristo" quando declarou: *Minha mãe e meus irmãos são aqueles que ouvem a palavra de Deus e a põem em prática* (Lc 8,21; cf. Mc 3,31s.; Mt 12,49). "Entendo – escreve Santo Agostinho – que somos irmãos do Cristo e que são irmãs de Cristo as santas e fiéis mulheres. Mas em que sentido podemos ser mães de Cristo? Que poderemos dizer? Teremos, por acaso, a ousadia de nos chamar mães de Cristo? Sim, temos a ousadia de nos chamar mães de Cristo! Se vos chamei a todos de seus irmãos, não teria a ousadia de chamar-vos sua mãe? E muito menos ouso negar o que Cristo afirmou. Eia, pois, caríssimos, observai como a Igreja – o que é evidente – é a esposa de Cristo; o que se entende com maior dificuldade, mas é a pura verdade, é que seja a mãe de Cristo. A Virgem Maria antecedeu a Igreja, como sua figura. Como é que, eu vos pergunto, Maria é Mãe de Cristo, senão porque gerou os membros de Cristo? Membros de Cristo sois vós, aos quais eu falo: quem vos gerou? Ouço a voz de vosso coração: 'a Mãe Igreja'; esta mãe santa, honrada, semelhante a Maria, gera e é Virgem... Os membros de Cristo geram, pois, com o Espírito, como Maria virgem gerou Cristo no ventre: sereis assim mães de Cristo. Não é algo que está longe de vós; não está fora de vós, não é incompatível; vós vos tornastes filhos, sede mães também".[27]

Na tradição, essa verdade conheceu dois níveis de aplicação complementares. Num caso – como no texto citado de Santo Agostinho – vê-se esta maternidade realizada na Igreja considerada em seu conjunto, enquanto "sacramento universal de salvação". No outro, vê-se realizada essa maternidade em cada pessoa ou em cada alma que crê. O Concílio Vaticano II coloca-se na primeira perspectiva quando escreve: "A Igreja... torna-se também ela mãe, pois que pela pregação e pelo batismo gera para a vida nova e imortal os filhos concebidos do Espírito Santo e nascidos de Deus".[28]

Mas na tradição é ainda mais clara a aplicação pessoal a cada alma: "Cada alma que crê, concebe e gera o Verbo de Deus... Se segundo a carne uma só é a Mãe de Cristo, segundo a fé todas as almas

---

[27] SANTO AGOSTINHO, *Sermão* 72 A (= Denis 25), 8 *(Miscellanea Agostiniana*, I, p. 164).
[28] *Lumen gentium* 64.

geram Cristo quando acolhem a palavra de Deus".[29] Um outro Padre ecoa do oriente: "O Cristo nasce sempre misticamente na alma, tomando a carne daqueles que são salvos e fazendo da alma que o gera uma mãe virgem".[30] Um escritor da Idade Média fez uma espécie de síntese de todos esses motivos, escrevendo: "Maria e a Igreja são uma só e muitas mães; uma só virgem e muitas virgens. Ambas são mãe, ambas são virgem. Ambas concebem virginalmente do mesmo Espírito; ambas, sem pecado, dão uma prole a Deus Pai. A primeira, sem pecado algum, gerou a Cabeça para o corpo; a outra deu à luz, na remissão dos pecados, um corpo para a Cabeça. Ambas são mães do Cristo, mas nenhuma das duas pode, sem a outra, gerá-lo todo. Por isso, nas Escrituras divinamente inspiradas, o que se diz de modo geral da Virgem Mãe Igreja aplica-se particularmente à Virgem Mãe Maria; e o que se diz especialmente de Maria, pode-se com razão aplicar de modo geral à Virgem Mãe Igreja... Por fim, cada alma fiel, esposa do Verbo de Deus, mãe, filha e irmã do Cristo, é considerada, ela também a seu modo, virgem e fecunda. A própria Sabedoria de Deus, que é o Verbo do Pai, atribui pois universalmente à Igreja o que se diz de Maria num sentido especial e também de cada alma fiel em particular".[31]

4. Como conceber e dar à luz novamente o Cristo

Concentremo-nos na aplicação do título "Mãe de Deus" que nos diz respeito também de maneira particular. Vejamos como, concretamente, tornamo-nos mãe de Jesus. Com isso chegamos ao "exercício" espiritual desta meditação.

Como, segundo Jesus, alguém se torna sua mãe? Através de duas atitudes: escutando a Palavra e pondo-a em prática. Para entender isso, vamos refletir novamente sobre o como Maria se tornou mãe: concebendo Jesus e dando-o à luz. Há duas maternidades incompletas ou

---
[29] SANTO AMBRÓSIO, *Comentário do Evangelho de Lucas* II,26 (CSEL 32,4, p. 55).
[30] SÃO MÁXIMO CONFESSOR, *Comentário ao Pai-nosso* (PG 90,889).
[31] ISAAC DA ESTRELA, *Sermões* 51 (PL 194, 1863s).

dois tipos de interrupções da maternidade. A primeira, antiga e conhecida, é o aborto. Acontece quando uma vida é concebida, mas não é dada à luz porque, ou por causas naturais, ou pelo pecado dos homens, o feto está morto. Até pouco tempo atrás este era o único caso que se conhecia de maternidade incompleta. Hoje se conhece um outro caso de maternidade incompleta, que consiste em dar à luz um filho sem o ter concebido. É o que acontece no caso de filhos concebidos em proveta e só depois colocados no seio de uma mulher e no caso desolador e sórdido de úteros emprestados ou alugados para hospedar vidas humanas concebidas alhures. Neste caso, o que a mulher dá à luz não vem dela, não é concebido "no coração antes que no corpo". Curiosamente, como vimos, houve na antiguidade uns hereges que pensavam algo semelhante de Maria, dizendo que ela havia mais "hospedado" do que dado à luz Jesus, cuja carne teria sido de origem celeste, e que ela, portanto, tinha sido para ele mais uma "via" do que uma "mãe".

Infelizmente, também no nível espiritual, há essas tristes possibilidades. Concebe Jesus sem dá-lo à luz quem acolhe a Palavra sem a pôr em prática; quem continua fazendo um aborto espiritual depois outro, formulando propósitos de conversão sistematicamente esquecidos e deixados à metade do caminho; quem se comporta diante da Palavra como observador apressado, que olha para seu rosto no espelho e depois vai embora, esquecendo logo como era (cf. Tg 1,23-24). Em suma, quem tem a fé, mas não tem as obras.

Por outro lado, dá à luz Cristo sem tê-lo concebido quem faz muitas obras, boas até, mas que não saem do coração, do amor para com Deus e da reta intenção, mas nascem do hábito, da hipocrisia, da procura da própria glória e do próprio interesse, ou simplesmente da satisfação que vem do agir. Em suma, quem tem as obras, mas não a fé.

Em nosso itinerário chegamos finalmente ao *problema das boas obras*. Depois da graça de Deus e da resposta de fé do homem, chegou a hora de falar das obras. Escutemos o que diz a continuação de um texto do Apóstolo, que já encontramos, sobre a graça e a fé: *É pela graça que sois salvos, mediante a fé; e isto não é a vós que se deve, mas é dom de Deus; não vem das obras, para ninguém poder se glorificar. Pois nós somos obra sua, criados em Jesus Cristo em vista das boas ações que Deus de antemão preparou, para nós as praticarmos* (Ef 2,8-10). Nós somos a obra de Deus: isto é o essencial; a obra boa é aquela que Deus mesmo fez em Cristo. Deus, porém, salvou-nos em Cristo, não para que ficássemos inertes e passivos ou pior, no pecado, mas para que tivéssemos a capacidade de cumprir, por nossa vez, através da graça e da fé, as boas obras que ele de antemão preparou para nós, e que são os frutos do Espírito, as virtudes cristãs: a mortificação, as obras de caridade, a oração, o zelo ativo pela propagação do reino.

Nossa caminhada espiritual interrompe-se, neste momento, sendo ela mesma um aborto, se não aceitamos esta lei, se não examinamos com seriedade o problema do pôr em prática a Palavra, se não passamos nunca da contemplação à imitação de Cristo. Não é suficiente, como vimos, simplesmente praticar boas obras; essas obras são "boas" somente se saírem do coração, se forem concebidas por amor de Deus e na fé. Se, em suma, a intenção que nos guia for reta. *Tudo o que não vem da fé* – diz-nos a Escritura – *é pecado* (Rm 14,23).

Essa síntese da fé e das boas obras é mais uma daquelas sínteses que trabalhosamente se vão reconstituindo entre os cristãos, depois das seculares controvérsias entre católicos e protestantes. O acordo, em nível teórico e teológico, está agora quase completo. Sabe-se que não nos salvamos *pelas* boas obras, nem nos salvamos *sem* as boas obras. Sabe-se que somos justificados pela fé, mas é a própria fé que nos impele às obras, se não quisermos ser semelhantes àquele primeiro filho da parábola, que diz logo "sim" ao pai, mas depois não vai trabalhar no campo (cf. Mt 21,28ss.).

Essa síntese entre fé e obras deve agora acontecer também na vida, e não apenas na teologia. Sendo preciso começar por alguma parte, um filósofo luterano, que já conhecemos, aconselha que comecemos pelas obras e explica-nos o motivo: "O princípio das *obras* – ele diz – é mais simples do que o princípio da fé".[32] De fato, para conseguir uma posição de fé autêntica supõe-se uma interioridade e uma pureza de espírito que é algo muito difícil, tanto que em

---

[32] S. KIERKEGAARD, *Diário* XI^2 A 301 (trad. ital. citada, n. 3253).

qualquer geração são poucos aqueles que o conseguem. Mais fácil, porém, é começar fazendo algo, ainda que de maneira não perfeita. É mais fácil crer se, renegando a nós mesmos, começamos logo a fazer alguma coisa. O mesmo filósofo continua dizendo: "Se queremos curar um indolente, basta dizer-lhe: Posso ver tuas ações? Se ele vem dizendo que, em sua 'interioridade secreta', está pronto a sacrificar tudo, que em sua interioridade secreta sente a nostalgia dos hinos e do jejum no silêncio de um claustro, mas na vida exterior vive à procura do lucro e ocupa lugar de honra nas assembleias, basta dizer-lhe (e aqui está a simplicidade): Não, meu caro amigo, desculpe, nós queremos ver os atos". E continua: "Lutero, é verdade, descobriu o princípio da justificação pela fé; mas facilmente esquecemos que ele o descobriu depois que, por anos e anos, se exercitara na ascese mais dura do claustro, e ninguém sabe se o que teria descoberto sem esse longo noviciado. Hoje muitos pretendem começar por onde Lutero acabou".

5. As duas festas do Menino Jesus

Vimos o caso negativo da maternidade incompleta por falta de fé, ou por falta de obras. Vamos agora considerar o caso positivo de uma verdadeira e completa maternidade que nos torna semelhantes a Maria. São Francisco de Assis tem uma palavra que resume bem o que quero realçar: "Somos mães de Cristo – ele diz – quando o trazemos no coração e no corpo através do amor divino e da consciência pura e sincera; nós o damos à luz pelas obras santas, que devem resplandecer como exemplo para os outros... Oh, como é santo e como é caro, agradável, humilde, pacífico, doce, amável e desejável acima de qualquer coisa ter semelhante irmão e semelhante filho, o Nosso Senhor Jesus Cristo!"[33] Nós – chega a dizer o santo – concebemos Cristo quando o amamos na sinceridade do coração e com retidão de consciência e o damos à luz quando cumprimos obras santas que o manifestam ao mundo. É um eco das palavras de Jesus:

---

[33] SÃO FRANCISCO DE ASSIS, *Carta aos fiéis* 1 (Fonti Francescane n. 178).

Brilhe a vossa luz diante dos homens de modo que, vendo as vossas boas obras, glorifiquem vosso Pai, que está nos céus (Mt 5,16).

São Boaventura, discípulo e filho do Pobrezinho, desenvolveu este pensamento num opúsculo intitulado "As cinco festas do Menino Jesus". Na introdução do livro ele conta como, um dia, enquanto estava em retiro no monte Alverne, lembrou-se do que dizem os santos Padres: a alma devota, pela graça do Espírito Santo e pelo poder do Altíssimo, pode espiritualmente conceber o bendito Verbo e Filho Unigênito do Pai, dá-lo à luz, dar-lhe o nome, procurá-lo e adorá-lo com os Magos e, por fim, apresentá-lo felizmente a Deus Pai em seu templo.[34]

Destes cinco momentos ou festas do Menino Jesus que a alma deve reviver, interessam-nos particularmente as duas primeiras: a concepção e o nascimento. Segundo São Boaventura, a alma concebe Jesus quando, descontente da vida que leva, estimulada pelas santas inspirações e inflamada de santo ardor, libertando-se resolutamente de seus velhos hábitos e defeitos, é como que fecundada espiritualmente pela graça do Espírito Santo e concebe o propósito de uma vida nova. Aconteceu a concepção de Cristo! Uma vez concebido, o bendito Filho de Deus nasce no coração quando a alma, depois de ter feito um discernimento sadio, tendo pedido conselho oportuno e implorado a ajuda de Deus, põe imediatamente em ação seu santo propósito e começa a realizar o que, havia muito tempo, vinha planejando, mas sempre tinha adiado por medo de não o conseguir.

Mas é necessário insistir sobre uma coisa: este propósito de vida nova deve traduzir-se, sem demora, em algo de concreto, em uma mudança, se possível externa e visível, de nossa vida e de nossos hábitos. Se o propósito não for posto em prática, Jesus é concebido, mas não nasce. Trata-se de um dos muitos abortos espirituais. Nunca vai ser celebrada "a segunda festa" do Menino Jesus que é o Natal! É um dos muitos adiamentos, que talvez pontilhem em nossa vida e que são uma das razões principais de tão poucos se tornarem santos.

Se decidires mudar teu estilo de vida, começando a participar daquela categoria de pobres e humildes que, como Maria, procuram

---

[34] SÃO BOAVENTURA, *As cinco festas do Menino Jesus,* prólogo (ed. Quaracchi 1949, p. 207ss.).

unicamente encontrar graça diante de Deus sem querer agradar aos homens, então precisas armar-te da coragem necessária. Deverás enfrentar dois tipos de tentação. Primeiro, apresentar-se-ão – diz São Boaventura – os homens carnais de teu ambiente para te dizer: "É árduo demais o que vais empreender; não o conseguirás, faltar-te-ão as forças, tua saúde ficará prejudicada; isso não condiz com teu estado de vida, comprometes tua reputação e a dignidade de teu cargo..." Depois de superado esse obstáculo, apresentar-se-ão outras pessoas que têm fama de serem, e talvez sejam de fato, piedosas e religiosas, mas que não acreditam realmente no poder de Deus e de seu Espírito. Estas irão dizer-te que, se começares a viver assim – dando muito espaço à oração, evitando as conversas inúteis, fazendo obras de caridade –, logo vais ser considerado santo, homem devoto, espiritual, e como sabes muito bem que não o és, acabarás enganando as pessoas e sendo um hipócrita, atraindo sobre ti a ira de Deus que escruta os corações. A todas essas tentações é preciso responder com fé: *Não, a mão do Senhor não é curta para salvar!* (Is 59,1), e quase irritados conosco mesmos exclamar como Agostinho às vésperas de sua conversão: "Se estes e estas conseguem, por que não eu? *Si isti et istae, cur non ego?*"[35]

E como nomeei ainda uma vez Santo Agostinho, quero concluir com uma palavra sua que nos estimula a imitar a Mãe de Deus: "A Mãe trouxe-o no seio, nós o devemos trazer no coração; a Virgem tornou-se grávida pela encarnação de Cristo, torne-se grávido nosso coração pela fé em Cristo; ela deu à luz o Salvador, nossa alma dê à luz a salvação e o louvor. Não sejam estéreis nossas almas, mas fecundas para Deus".[36]

---

[35] SANTO AGOSTINHO, *Confissões* VIII, 8, 19.
[36] SANTO AGOSTINHO, *Sermão* 189, 3 (PL 38, 1006).

Grande Panaghia, ou "Toda Santa" (séc. XIII)
Galeria Tretjakov, Moscou

Virgem da Ternura de Vladimir (inícios do séc. XII)
Galeria Tretjakov, Moscou

Crucifixão, da escola de Dionisij (séc. XV)
Galeria Tretjakov, Moscou

Ascensão, da escola de Rublev (séc. XV)
Galeria Tretjakov, Moscou

Segunda parte
MARIA
UM ESPELHO PARA A IGREJA
NO MISTÉRIO PASCAL

IV. "QUE TEMOS NÓS COM ISSO, MULHER?"

Maria ensina-nos a renúncia a si mesmo

É preciso reconhecer que o Novo Testamento não fala muito de Maria, pelo menos não com tanta frequência quanto se esperaria, considerando o desenvolvimento que teve na Igreja a devoção à Mãe de Deus. Todavia, se prestamos a devida atenção, percebemos uma coisa: Maria não está ausente de nenhum dos três momentos constitutivos do mistério da salvação. De fato, existem três momentos bem claros que, juntos, formam o grande mistério da Redenção, a saber: a Encarnação do Verbo, o Mistério Pascal e o Pentecostes. A Encarnação é o momento no qual se constitui a pessoa mesma do Redentor, Deus e homem, que, enquanto homem, está capacitado para nos representar e lutar por nós e, enquanto Deus, pode salvar a todos que dele se aproximam, porque tudo o que ele faz tem um valor infinito e universal. O Mistério Pascal é o momento no qual a pessoa do Redentor, assim constituída – divina e humana –, cumpre a obra decisiva da salvação, destruindo o pecado com sua morte e renovando a vida com sua ressurreição. Finalmente, Pentecostes é o momento no qual o Espírito Santo, vindo sobre a Igreja e depois sobre cada um dos crentes pelo batismo, torna atual e operante nos séculos a redenção realizada por Cristo. Não haveria o mistério cristão, ou este seria algo essencialmente diferente do que é, se faltasse um só desses três momentos.

Pois bem, refletindo, percebemos que Maria não está ausente de nenhum desses três momentos fundamentais. Certamente não está ausente da Encarnação, que aconteceu exatamente nela e da qual ela foi – como vimos acima falando de Maria Mãe de Deus – o "tálamo", o "tear" e o "laboratório". Maria não está ausente do Mistério Pascal, porque está escrito que "junto da cruz de Jesus estava Maria sua mãe" (cf. Jo 19,25). Finalmente, não está ausente do Pentecostes, porque está escrito que o Espírito Santo desceu sobre os apóstolos que, "unânimes, perseveravam na oração com Maria, a mãe de Jesus" (cf. At 1,14).

Essas três presenças de Maria nos momentos-chave de nossa salvação não podem ser um simples acaso. Asseguram-lhe um lugar único ao lado de Jesus na obra da redenção. Entre todas as criaturas, Maria foi a única a ser testemunha e partícipe de todos esses três acontecimentos.

Nesta segunda parte de nossa caminhada, queremos seguir Maria no Mistério Pascal, deixando-nos guiar por ela à compreensão profunda da Páscoa e à participação nos sofrimentos de Cristo. Maria toma-nos pela mão e dá-nos a coragem para segui-la nesta estrada, dizendo-nos como uma mãe a seus filhos: *Vamos nós também, para morrermos com ele!* (Jo 11,16). No Evangelho, é Tomé que pronuncia estas palavras, mas é Maria que as põe em prática.

1. Sofrendo, aprendeu a obedecer

Na vida de Jesus o Mistério Pascal não começa com a prisão no horto, nem dura só uma semana santa. Toda a sua vida, desde que João Batista o saudou como o Cordeiro de Deus, é uma preparação para sua Páscoa. Conforme o Evangelho de Lucas, toda a vida pública de Jesus foi uma lenta e incessante "subida para Jerusalém", onde consumaria seu êxodo (cf. Lc 9,31). O batismo no Jordão já foi um prelúdio à Páscoa, porque ali a palavra do Pai revelou a Jesus que ele seria um Messias sofredor e rejeitado, como o servo de Deus do qual falara Isaías.

Paralelamente a este caminho do novo Adão, segue o caminho da nova Eva. Também para Maria o Mistério Pascal começou muito tempo antes. Já as palavras de Simeão, sobre o sinal de contradição e sobre a espada que lhe traspassaria a alma, continham um presságio que Maria guardava no coração junto com todas as outras palavras. O "passo" que queremos dar nesta meditação consiste exatamente em seguir Maria durante a vida pública de Jesus, vendo de que ela se torna para nós tipo e modelo.

Na caminhada em busca da santidade, o que normalmente acontece depois que uma alma foi preenchida pela graça, depois que generosamente respondeu com seu "sim" de fé e corajosamente se dedicou às boas obras e às virtudes? Que acontece depois do período das "graças iniciais", quando, às vezes, Deus está quase ao alcance da mão? Vem o tempo da purificação e do despojamento. Chega a noite da fé. De fato, vamos ver que Maria, neste período de sua vida, exatamente nisto serve-nos de guia e modelo: de como nos devemos comportar quando na vida chega "o tempo da poda". João Paulo II, em sua encíclica "Redemptoris Mater", escrita para o ano mariano, com razão aplica à vida de Nossa Senhora a grande categoria da *kénose*, com a qual São Paulo explicou a vicissitude terrestre de Jesus: *Cristo Jesus, que era de condição divina, não reivindicou o direito de ser equiparado a Deus, mas despojou-se (ekénosen) a si mesmo...* (Fl 2,6-7). "Mediante essa sua fé – escreve o Papa – Maria está perfeitamente unida a Cristo em seu despojamento... Aos pés da cruz Maria participa mediante a fé no mistério desconcertante desse despojamento".[1] Este despojamento consumou-se junto da cruz, mas começou bem antes. Também em Nazaré, e sobretudo durante a vida pública de Jesus, ela avançava na peregrinação da fé. Não é difícil, porém, perceber naquele início "um particular aperto do coração e uma espécie de noite da fé".[2]

Tudo isso torna as vicissitudes de Maria extraordinariamente significativas para nós; devolve Maria à Igreja e à humanidade. É preciso constatar com alegria um grande progresso havido na Igreja católica no tocante à devoção a Nossa Senhora; quem viveu antes e depois do Concílio Vaticano II facilmente pode dar-se conta disso. Antes, a categoria fundamental com a qual se explicava a grandeza de Nossa Senhora era a do "privilégio" ou da isenção. Pensava-se que Maria tivesse sido isenta não só do pecado original e da corrupção (que são privilégios definidos pela Igreja com os dogmas da Imaculada e da Assunção); nessa linha ia-se muito além, até achar que Maria teria sido isentada das dores do parto, do cansaço, da dúvida, da tentação, da ignorância e finalmente, o mais grave, também da morte. De fato, para alguns Maria teria sido levada ao céu sem precisar passar pela morte. Tudo isso – pensava-se – é consequên-

---

[1] JOÃO PAULO II, Encíclica *Redemptoris Mater* 18 (AAS, 79, 1987, p. 382s.).
[2] *Ibidem*, 17.

cia do pecado, e Maria não tinha pecado. Dessa maneira passava despercebido que, em vez de "associar" Maria a Jesus, se chegava a dissociá-la completamente dele que, mesmo sem ter pecado, para nosso proveito quis experimentar tudo isso, cansaço, dor, angústia, tentações e morte. Toda essa mentalidade refletia-se na iconografia de Nossa Senhora, isto é, na maneira como era representada em estátuas, pinturas e imagens: uma criatura geralmente desencarnada e idealizada, bela de uma beleza frequentemente só humana, e que qualquer mulher desejaria possuir, em suma, uma Nossa Senhora que parece ter tocado a terra apenas de leve, com a ponta dos pés, nascida no mundo só "para mostrar milagres".

Agora, seguindo o Concílio Vaticano II, a categoria fundamental com a qual procuramos compreender a santidade única de Maria já não é a do privilégio, mas a da fé. Maria caminhou, ou melhor, "progrediu" na fé.[3] Isso não diminui, mas aumenta sem medida a grandeza de Maria. De fato, a grandeza espiritual de uma criatura perante Deus, nesta vida, não é medida tanto por aquilo que Deus lhe dá, quanto por aquilo que Deus lhe pede. E vamos ver que Deus pediu muito a Maria, mais do que a qualquer outra criatura, mais do que ao próprio Abraão.

No Novo Testamento encontramos palavras fortes sobre Jesus. Uma delas diz que *nós não temos um Sumo Sacerdote que não possa compadecer-se de nossas fraquezas; pelo contrário, ele mesmo foi provado em tudo, a nossa semelhança, exceto no pecado* (Hb 4,15); uma outra diz que, *apesar de Filho de Deus, aprendeu a obedecer, sofrendo* (Hb 5,8). Se Maria seguiu o Filho na *kénose*, estas palavras, com as devidas proporções, aplicam-se também a ela e constituem, aliás, a verdadeira chave de compreensão de sua vida. Maria, apesar de ser a mãe, sofrendo aprendeu a obedecer. Por acaso Jesus não era suficientemente obediente na infância ou não sabia o que é a obediência, de modo que precisasse aprender a conhecê-la "pelo sofrimento"? Não; aqui "aprender" significa "conhecer", que na Bíblia geralmente tem o sentido concreto

---

[3] *Lumen Gentium* 58.

de experimentar, saborear. Jesus exerceu a obediência, avançou nela através do sofrimento. Precisava de uma obediência sempre maior para vencer resistências e provações sempre maiores, até a prova suprema da morte. Também Maria aprendeu a fé e a obediência; nelas avançou através dos sofrimentos, tanto que podemos dizer dela, com toda a confiança: não temos uma mãe que não possa compadecer-se de nossas fraquezas, de nosso cansaço, de nossas tentações; pelo contrário, ela mesma foi provada em tudo, a nossa semelhança, exceto no pecado.

2. Maria durante a vida pública de Jesus

Há, nos Evangelhos, referências à Nossa Senhora que no passado, no clima dominado pela ideia de privilégio, criavam certo embaraço entre os crentes e que agora, pelo contrário, aparecem-nos como marcos nesse caminho de fé de Maria. Passagens que, por isso mesmo, não precisamos pôr de lado apressadamente ou suavizar com explicações convenientes. Vamos considerar brevemente esses textos.

Comecemos com o episódio da perda de Jesus no templo (cf. Lc 2,41ss.). Lucas, realçando que Jesus foi encontrado novamente "depois de três dias", talvez já faça referência ao Mistério Pascal da morte e ressurreição de Cristo. De qualquer maneira, com toda certeza este foi o início do mistério pascal de despojamento para a Mãe. De fato, que precisou ela ouvir depois de tê-lo encontrado novamente? *Por que me procuráveis? Não sabíeis que devia estar em casa de meu Pai?* Uma mãe estaria em condições de entender o que o coração de Maria experimentou ouvindo essas palavras. Por que me procuráveis? Essas palavras colocavam entre ela e Jesus uma outra vontade, infinitamente mais importante, que punha em segundo lugar qualquer outro relacionamento, também o relacionamento filial com ela.

Continuemos, porém. Encontramos uma menção de Maria em Caná da Galileia, exatamente no momento em que Jesus está começando seu ministério público. Conhecemos os fatos. Qual a resposta que Maria ouviu de Jesus a seu discreto pedido de intervenção? *Que temos nós com isso, mulher?* (Jo 2,4). De qualquer maneira que se expliquem essas palavras, elas soam duras, mortificantes; parecem novamente colocar uma distância entre Jesus e sua Mãe.

Todos os três Sinóticos referem-nos este outro episódio acontecido durante a vida pública de Jesus. Um dia, enquanto Jesus estava pregando, chegaram sua Mãe e alguns parentes para lhe falar. Talvez a Mãe estivesse preocupada com a saúde dele, o que é muito natural para uma mãe, pois que logo antes está escrito que Jesus, por causa da multidão, não podia nem comer (cf. Mc 3,20). Percebemos um detalhe. Maria, a Mãe, precisa até mendigar o direito de ver o Filho e de falar-lhe. Ela não abre caminho no meio da multidão, aproveitando o fato de ser a mãe. Pelo contrário, ficou esperando fora enquanto outros foram até Jesus para informá-lo: "Lá fora está tua mãe que te quer falar". Mas, aqui também, o mais importante é a palavra de Jesus que continua sempre na mesma linha: *Quem são minha mãe e meus irmãos?* (Mc 3,33). Já conhecemos a resposta. Procuremos colocar-nos – tente, por exemplo, a mãe de um sacerdote colocar-se – no lugar de Maria e entenderemos a humilhação e o sofrimento que aquelas palavras lhe causaram. Sabemos hoje que naquelas palavras está mais um elogio do que uma repreensão para a mãe; mas ela não sabia, pelo menos naquele momento. Naquele momento havia só a amargura de uma recusa. O Evangelho não diz se depois Jesus saiu para falar-lhe; provavelmente Maria teve de ir embora, sem ter visto o filho e sem ter falado com ele.

Um outro dia – narra São Lucas – uma mulher, no meio da multidão, teve numa exclamação de entusiasmo para com Jesus: *Felizes* – ela disse – *as entranhas que te trouxeram e os seios que te amamentaram!* Era um desses cumprimentos que, por si só, basta para fazer a felicidade de uma mãe. Maria, porém, se estava presente ou se foi informada, não pôde saborear tranquilamente essas palavras, porque Jesus logo se apressou a corrigir: *Dize antes: Felizes os que escutam a palavra de Deus e a põem em prática* (Lc 11,27-28).

Ainda um último detalhe nesta linha. São Lucas, num determinado ponto de seu Evangelho, fala de um grupo de piedosas mulheres – cujo nome também refere – que tinham sido beneficiadas por ele e que o "serviam com seus bens" (cf. Lc 8,2-3), isto é, cuidavam das necessidades materiais dele e dos apóstolos, preparando uma refeição, lavando ou consertando uma roupa etc. Que isso tem a ver com Maria? É que entre essas mulheres não aparece a mãe, e todos sabem quanto uma mãe gostaria de prestar esses pequenos serviços ao filho, especialmente se consagrado ao Senhor. Aí temos o sacrifício total do coração.

Que significa tudo isso? Uma série de fatos e de palavras tão detalhados e coerentes não pode ser um acaso. Também Maria teve de experimentar a sua *kénose*. A *kénose* de Jesus consistiu no despojar-se de seus legítimos direitos e de suas prerrogativas divinas, assumindo a condição de servo e manifestando-se exteriormente como simples homem. A *kénose* de Maria consistiu em deixar-se despojar de seus legítimos direitos como mãe do Messias, parecendo diante de todos uma mulher como as outras. A condição de Filho não poupou ao Cristo qualquer humilhação; da mesma forma, a qualidade de Mãe de Deus não poupou a Maria qualquer humilhação. Jesus dizia que a Palavra é o instumento com que Deus poda e limpa os ramos: *Vós estais limpos, devido à Palavra...* (Jo 15,3). E tais foram as palavras que ele dirigiu a sua Mãe. Por acaso não seria essa Palavra a espada que, conforme Simeão, um dia lhe transpassaria a alma?

A maternidade divina de Maria era também, e antes de tudo, uma maternidade humana; tinha um aspecto também "carnal", no sentido positivo desse termo. Jesus era seu filho carnal, da mesma maneira que dois filhos nascidos da mesma mãe são chamados irmãos carnais. Aquele Filho era seu filho, era sua única riqueza, seu único apoio na vida. Mas ela precisou renunciar a tudo o que havia de humanamente exaltante em sua vocação. O Filho mesmo colocou-a numa situação tal que ela não podia aproveitar-se de nenhuma vantagem terrena de sua situação de mãe. Seguia a Jesus "como se não fosse" sua mãe. Desde que começou seu ministério e deixou Nazaré, Jesus não teve onde reclinar a cabeça, e Maria não teve onde reclinar seu coração.

Sua pobreza material, que já era muito grande, Maria precisou acrescentar também a pobreza espiritual, em seu grau mais alto. Pobreza de espírito que consiste em deixar-se despojar de todos os privilégios, em não poder apoiar-se em nada, nem do passado, nem do futuro, nem nas revelações, nem nas promessas, como se tudo isso não lhe pertencesse e nunca tivesse acontecido. São João da Cruz chama isso de "noite escura da memória" e, falando a respeito, lembra explicitamente a Mãe de Deus.[4] Essa "noite da memória" consiste no esquecer-se, ou melhor, na impossibilidade de, mesmo querendo, lembrar do passado, lançados unicamente na direção de Deus, vivendo de pura esperança. Essa é a verdadeira e radical pobreza de espírito, que é rica só de Deus e, mesmo isso, só na esperança. É o que Paulo chama de viver "esquecido do passado" (Fl 3,13).

Com sua mãe, Jesus comportou-se como um diretor espiritual lúcido e exigente que, tendo entrevisto uma alma extraordinária, não a faz perder tempo nem contemporizar com sentimentos e consolações naturais; pelo contrário, se ele mesmo for santo, arrasta-a numa corrida sem tréguas para o despojamento total, para chegar à união com Deus. Ensinou a Maria a renúncia a si mesma. A seus seguidores, de todos os séculos, Jesus os dirige mediante seu Evangelho; sua mãe, porém, dirigiu-a de viva voz, pessoalmente. Por uma das mãos Jesus deixava-se conduzir pelo Pai, através do Espírito, para onde o Pai o queria: ao deserto para ser tentado, ao monte para ser transfigurado, ao Getsêmani para suar sangue... *Eu sempre faço* – ele dizia – *o que é de seu agrado* (Jo 8,29). Com a outra mão, Jesus conduz sua mãe na mesma corrida para fazer a vontade do Pai. Por isso, agora que está glorificada no céu perto do Filho, Maria pode estender sua mão materna para nós pequeninos, levando-nos consigo e dizendo, com bem mais razão que o Apóstolo: *Sede meus imitadores, como eu o sou de Cristo* (1Cor 11,1).

3. "Se o grão de trigo não morrer"

Quando nós, criaturas de carne e de sangue, escutamos isso, espontaneamente surge uma pergunta em nosso coração: Por quê? Por que tudo isso era necessário? Por acaso Maria já não era santa, cheia de fé, já bastante provada? Por acaso Deus é verdadeiramente amor, como está escrito?

A primeira resposta a essa pergunta é a seguinte: porque assim fez Jesus, e Maria devia estar perto dele, para se tornar sua primeira

---

[4] SÃO JOÃO DA CRUZ, *Subida ao Monte Carmelo* III, 2, 10.

e mais perfeita discípula. Maria mesma não teria trocado este "privilégio" por nenhum outro.

Existe, porém, outro motivo mais misterioso que podemos entender a partir de uma palavra de São Paulo: *A carne e o sangue não podem participar no reino de Deus, nem a corrupção herdará a incorruptibilidade* (1Cor 15,50). A graça e a natureza não estão no mesmo plano; o que é eterno é diferente do que se desenvolve no tempo. Não se passa de um plano para outro por evolução retilínea, sem dor. Entre um e outro há um salto de qualidade infinita. É preciso, pois, uma interrupção, uma morte, uma profunda revolução para se ter acesso a esta maneira de ser diferente e superior. Como dissemos, a maternidade de Maria era também uma maternidade temporal, humaníssima, "na carne e no sangue". Para que pudesse tornar-se algo de eterno, de espiritual, um fato unicamente do Reino, devia passar através da morte antes de ser glorificada e transformada em corpo espiritual, como, aliás, aconteceu até mesmo com a santíssima humanidade do Filho.

Isso tem algo a ver com o pecado? Sim, como no caso de Jesus, que veio para vencer o pecado, carregou sobre si suas consequências e, pela graça e por imitação, associou a si neste caminho Maria sua Mãe.

Mas talvez a razão última esteja até além do pecado e diga respeito ao próprio relacionamento entre natureza e graça: "A passagem para a ordem sobrenatural, mesmo para uma natureza inocente e sadia, jamais poderia acontecer sem uma espécie de morte. O infinito de Deus não é um infinito composto, um falso infinito que pudesse ser alcançado mediante uma simples continuação do finito! Não basta que o ser finito simplesmente aceite que um Outro acrescente 'um côvado a mais' sua natureza. É necessário que ele concorde com um sacrifício bem mais completo".[5]

"O Espírito dá a vida": é verdade, mas antes faz morrer a carne: *Se pelo Espírito fizerdes morrer as obras da carne, vivereis* (Rm 8,13). A graça não pousa docemente sobre a natureza, como uma bela coroa sobre a cabeça. A natureza deve ser novamente plasmada e espiritualizada para ressurgir na graça. Jesus deu o exemplo do grão

---

[5] H. DE LUBAC, *Le Mystère du Surnaturel,* Aubier, Paris 1965 (trad. ital. Il Mistero del soprannaturale, Il Mulino, Bolonha 1967, p. 49).

de trigo (cf. Jo 12,24). Que pecado fez o grão de trigo para precisar morrer debaixo da terra? Nenhum, mas só se ele morrer vai dar fruto. Na natureza existe um outro exemplo ainda mais perturbador do que esse, porque diz respeito a um ser vivo: o do bicho-da-seda. Sua vicissitude é uma formidável parábola para a vida espiritual. Uma vez acabado seu trabalho, fechado no casulo, o bicho-da-seda murcha, como se estivesse morrendo. Primeiro, sua pele se rasga no dorso; depois, com repetidos tremores, estiramentos e contrações, dolorosamente, a lagarta se esfola. Junto com a pele se arranca tudo: a dura calota do crânio, as maxilas, os olhos, as patas, o estômago. O invólucro do velho corpo se afrouxa num canto do casulo e, no lugar da lagarta, vê-se um corpo com forma de amêndoa, arredondado numa extremidade e afilado na outra: é a crisálida, o estado intermédio entre a primitiva lagarta e a borboleta, que será a última transformação. Em mais ou menos vinte dias, a crisálida do bicho-da-seda abre-se como um fruto maduro e de seu invólucro solta-se a borboleta, ainda toda encrespada e úmida, e que mal se sustenta nas patas. Descansa um pouco, para se fortalecer, depois fura o casulo e sai à luz. Que pecado cometeu o pequeno bicho-da-seda, para passar por toda essa destruição? Nenhum, mas antes rastejava no chão e agora voa e já nem lembra de todos os seus sofrimentos, na inebriante liberdade da nova condição.

4. Maria, discípula de Cristo

Mas, agora, o que mais nos interessa realçar. Como reagiu Maria a esse tratamento que o Filho e o próprio Deus lhe deram? Qual foi sua atitude? Tentemos ler novamente os textos mencionados, talvez até com uma lente de aumento. Iremos constatar o seguinte: jamais encontramos em Maria nem o menor sinal de oposição, de discussão ou de autojustificação; jamais uma tentativa de mudar a decisão de Jesus! Docilidade absoluta. Transparece aqui a singular santidade pessoal da Mãe de Deus, a mais alta maravilha da graça. Para verificá-lo basta fazer algumas comparações. Por exemplo, com São Pedro. Quando Jesus deu a entender a Pedro que em Jerusalém o esperavam com recusa, paixão e morte, Pedro "protestou" e disse: De jeito nenhum, Senhor, isso não pode acontecer, não deve acontecer! (cf. Mt 16,22). Estava preocupado com Jesus, mas também consigo mesmo. Maria não. Maria ficava calada. Sua resposta para tudo era o silêncio. Não um silêncio de recuo e de tristeza, porque também existe um silêncio que dentro, onde só Deus escuta, é estrondo de homem velho. O de Maria era um silêncio bom. Percebe-se isso em Caná da Galileia: em vez de mostrar-se ofendida, percebeu pela fé, e talvez pelo olhar de Jesus, que podia fazê-lo e disse aos servos: *Fazei o que ele vos disser* (Jo 2,5). (Em Caná, Maria recebeu um "dom de ciência" que, no conjunto dos carismas, parece indicar a certeza sobrenatural que Deus está para agir, que irá fazer algo ou um milagre, que já pode ser anunciado.) Depois daquela dura palavra de Jesus reencontrado no templo, está escrito que Maria não entendia, mas também está escrito que ela se calava e *guardava todas estas coisas no seu coração* (Lc 2,51).

O fato de Maria calar-se não significa que para ela tudo seja fácil, que não precise superar lutas, fadigas e trevas. Ela estava isenta do pecado, não da luta nem da "fadiga do crer". Se Jesus precisou lutar e suar sangue para levar sua vontade humana a aderir plenamente à vontade ao Pai, que há de surpreendente se também Maria precisou "agonizar"? Uma coisa, todavia, é certa: por nada no mundo Maria teria querido voltar atrás. Quando perguntamos a algumas almas, conduzidas por Deus por caminhos semelhantes, se querem que rezemos para que tudo acabe e volte a ser como antes, apesar de transtornadas e às vezes à beira de um aparente desespero, logo se apressam a responder: não!

Depois de ter contemplado, na meditação precedente, a Mãe de Cristo, vamos nesta contemplar a discípula de Cristo. A propósito da palavra de Jesus: *Quem é minha mãe?... Aquele que fizer a vontade de Deus, esse é que é meu irmão, minha irmã e minha mãe* (Mc 3,33-35), Santo Agostinho comenta: "Por acaso não fez a vontade do Pai a Virgem Maria, que pela fé acreditou, pela fé concebeu, que foi escolhida para que dela nascesse a salvação para os homens, que foi criada por Cristo, antes que Cristo fosse criado em seu seio? Santa Maria fez a vontade do Pai e a cumpriu inteiramente; e, por isso, para Maria, é mais importante ter ela sido discípula de Cristo do que ter sido a Mãe de Cristo. Tem mais valor, é prerrogativa mais feliz ter sido discípula do que Mãe de Cristo. Maria era feliz porque, antes de dar à luz o Filho, trouxe no ventre o Mestre... Por isso mesmo, pois, também Maria foi feliz porque escutou a Palavra de Deus e a pôs em prática". "Corporalmente Maria é apenas mãe de Cristo, mas espiritualmente é sua irmã e sua mãe."[6]

A mesma explicação é dada por um dos pais da Reforma que, fazendo referência ao mesmo texto evangélico, no qual Jesus pergunta "Quem é minha mãe?", escreve: "Com isso ele não quis renegar sua mãe, mas sim mostrar o significado oculto do que ela fez. Ela recebeu a palavra de Deus e, da mesma maneira, aquele que escuta sua palavra irá receber o Espírito de Deus. Ela concebeu como pura virgem e, do mesmo modo, irá dar frutos maravilhosos quem guarda a palavra de Deus, observa-a e dela se alimenta".[7]

Devemos, então, pensar que a vida de Maria foi uma vida de contínua aflição e de tristeza? Muito pelo contrário. Por analogia com o que aconteceu aos santos, devemos afirmar que, neste caminho de despojamento, Maria descobria, dia a dia, uma alegria de tipo novo, diferentemente das alegrias maternas de Belém ou de Nazaré, quando apertava Jesus em seus braços. A alegria de não fazer sua própria vontade. A alegria de crer. A alegria de dar a Deus o que de mais precioso existe para ele, uma vez que, também em se tratando de Deus, há mais alegria em dar que em receber. A alegria de descobrir um Deus, cujos caminhos são inacessíveis e cujos pensamentos não são nossos, mas que se dá a conhecer pelo que é: Deus, o Santo. *Na verdade vós sois um Deus escondido, o Deus de Israel, o salvador!* (Is 45,15). Vós sois um Deus escondido, misterioso: como devia entender bem Maria, e talvez anuir com a cabeça, quando escutava a proclamação dessas palavras do profeta na Sinagoga ou em casa!

---

[6] SANTO AGOSTINHO, *Sermão* 72 A (= Denis 25), 7 *(Miscellanea Agostiniana,* I, p. 162); SANTO AGOSTINHO, *Sobre a santa virgindade,* 5-6 (PL 40, 399).
[7] H. ZWINGLI, Von Klarheit und Gewissheit des Wortes Gottes, in ZWINGLI, *Hauptschriften, der Prediger* I, Zurique 1940, p. 104 (trad. ital. in *Scrilli teologici e politici,* Claudiana, Turim 1985, p. 98).

Uma grande mística, que tinha feito experiências análogas, fala de uma alegria especial, no limite das possibilidades humanas de compreensão, que ela chama de "alegria da incompreensibilidade" *(gaudium incomprehensibilitatis)*. Alegria que consiste no entender que não se pode entender e que um Deus compreendido já não seria Deus. Essa incompreensibilidade, em vez de tristeza, gera alegria, porque mostra que Deus é ainda mais rico e maior do que consegues entender, e que ele é "teu" Deus! Esta é a alegria que os santos têm no céu e que a Virgem Santa teve já nesta vida, de maneira diferente, ainda sem fazer a experiência da pátria.[8]

5. "Se alguém quiser vir após mim..."

Chegou o momento de passar, como de costume, de Maria à Igreja. É o próprio Jesus que, no Evangelho, aplica a nós o que até aqui contemplamos sobre a vida de Maria. (Dissemos que Jesus, que dirigiu pessoalmente sua mãe, dirige e guia também a nós pelo Evangelho.) No Evangelho de Marcos está escrito que um dia Jesus "chamando a si a multidão, juntamente com seus discípulos" – como que para dar maior solenidade àquilo que estava para afirmar –, disse-lhes: *Se alguém quiser vir após mim, negue-se a si mesmo, tome sua cruz e siga-me. Porque quem quiser salvar sua vida, vai perdê-la, e quem perder sua vida por mim e pelo Evangelho, vai salvá-la* (Mc 8,34-35). Considero essa passagem como o coração ascético do Evangelho. O Evangelho, ao lado da proclamação do Reino, isto é, do aspecto querigmático, contém também um aspecto ascético, como caminho para realizar a perfeição moral no seguimento de Cristo. Pois bem, o que escutamos é o segredo e o eixo desse caminho.

Que querem dizer essas palavras? Que, se eu quiser seguir o Cristo, não devo alinhar-me comigo mesmo, defender a mim mesmo ou minha natureza, agarrando-me a mim mesmo, na tentativa de tornar segura minha vida. Pelo contrário, devo dizer não a mim

---

[8] *O livro da B. Angela da Foligno*, Istruzione III, ed. Quaracchi, Grottaferrata 1985, p. 468.

mesmo e a minhas tendências naturais, devo renunciar a mim mesmo, numa disponibilidade a Deus que vá até à morte. É interessante que no Novo Testamento o mesmo verbo "renegar" (*arnéomai*) volta constantemente em dois contextos diferentes: quando se fala da negação de si mesmo e quando se fala da negação de Cristo: *Quem me negar diante dos homens...* (Mt 10,33). As duas situações, conforme o Evangelho, estão estritamente relacionadas entre si; aliás, são alternativas: ou se nega a si mesmo, ou se nega o Cristo. Não se pode dizer sim a um sem dizer não ao outro, porque os dois – a carne e o Espírito – têm desejos contrários (cf. Gl 5,17).

O negar-se, pois, nunca é fim em si mesmo, nem um ideal em si. A realidade mais importante é a positiva: *Se alguém quiser vir após mim;* é seguir o Cristo. Dizer não a si mesmo é o meio; dizer sim a Cristo é o fim. No Evangelho, Pedro é a ilustração dramática de tudo isso. Ele se encontrou de repente (mas Jesus tinha procurado preveni-lo) na situação de precisar escolher logo, na hora, entre as duas possibilidades. Mas, obrigado a fazer esta escolha, "negou-o": *E de novo negou: não conheço esse homem!* (Mt 26,72; Mc 14,68). No texto original, aparece, em todos esses trechos, o mesmo verbo "negar" (*arnéomai*). Não negando a si mesmo, Pedro nega o Cristo. Querendo salvar sua vida, vai perdê-la; isto é, perde sua verdadeira vida, seu verdadeiro eu, o que tem de melhor, sua mesma razão de existir. Coitado do Pedro! Logo que acabou de negar, percebe que está perdido; que é Pedro sem seu Mestre? Nada! Por isso, saindo, chorou amargamente (cf. Lc 22,62).

Essa palavra de Jesus toca o nó da questão. Trata-se de saber que fundamento queremos dar a nossa existência: se nosso "eu" ou o Cristo; para quem queremos viver: se para nós mesmos ou para o Senhor. A escolha apresenta-se de maneira crítica na vida dos mártires. Um dia eles se encontram na alternativa de ou negarem a si mesmos ou negarem o Cristo. Mas de maneira diferente a mesma escolha se impõe a todos os discípulos, a cada dia da vida, aliás, a cada momento. Qualquer "não" dito a si mesmo por amor é um "sim" ao Cristo.

A ascética cristã, pois, em sua substância é muito diferente da renúncia, do saber dizer "não" a isso ou àquilo. É caminho para a posse de uma vida mais plena; é uma troca vantajosa. Por acaso iríamos achar que está fazendo uma renúncia o coitado que abandona seu miserável barraco, escuro e úmido, e se transfere gratuitamente para um magnífico palácio, dotado de todas as comodidades? Não seria mais certo dizer que estaria renunciando se fizesse o contrário, preferindo ficar em seu barraco com seus trapos? Pois bem: em nosso "eu" humano é esse barraco miserável em comparação com a posse de Cristo, que é o palácio. Aliás, a alegria que podemos ter na vida está proporcionada ao objeto de nossa escolha. Se escolhermos a nós mesmos, nossa alegria teria uma fonte muito miserável onde se alimentar. Se escolhermos o Cristo, ele é uma fonte de alegria eterna e inesgotável, porque ele ressuscitou.

Não é preciso fazer grandes esforços para ver como nossa vida corre, passa, acaba. E então, por que não damos esse salto enquanto é tempo? Imaginemos um náufrago numa jangada arrastada pela correnteza de um rio na cheia. Está perto o mar, onde já não haverá possibilidade de salvação. Em um determinado momento, num braço do rio, a jangada aproxima-se quase atingindo a terra firme; é uma ocasião que talvez nunca mais se repita. Feliz do náufrago se saltar sem perder um só instante. Está salvo; "firmou seus pés sobre a rocha". Como é belo e luminoso este coração ascético do Evangelho, aparentemente tão austero!

Há, porém, um grande perigo de ficar apenas na teoria quando se fala sobre a negação de si mesmo. O importante não é saber tudo sobre a renúncia cristã, sobre sua beleza e utilidade, o importante é simplesmente negar a si mesmo. Um grande mestre espiritual da antiguidade dizia: "É possível quebrar dez vezes a própria vontade num tempo brevíssimo; e vou dizer como. Alguém está passando e vê algo; seu pensamento lhe diz: 'Olha para lá', mas ele responde a seu pensamento: 'Não, não olho', quebra assim a própria vontade e não olha. Depois encontra outros que estão falando e seu pensamento lhe diz: 'Dize tu também esta palavra', e quebra sua vontade e não a diz. E de novo seu pensamento lhe sugere: 'Vai perguntar ao irmão cozinheiro o que está preparando', e ele não vai e quebra sua vontade".[9]

---
[9] DOROTEU DE GAZA, *Obras espirituais* I, 20 (SCh 92, p. 177).

Como se vê, são exemplos tomados da vida monástica. Mas podem adaptar-se à vida de cada um. Há um espetáculo inconveniente na televisão; teu homem velho sugere: Fica assistindo; no fundo, és um homem, não uma criança; que mal te faz? Tu dizes: não! Quebraste tua vontade; conseguiste uma vitória sobre a carne e sobre o mundo; podes ir dormir tranquilo. Tens grande vontade de desafogar tua raiva contra alguém; já tens as palavras prontas na mente e nos lábios. E dizes: não! Renegaste a ti mesmo. Tens a ocasião de um ganho ilícito: dizes não e renegaste a ti mesmo. Acreditas ter recebido uma ofensa: para que todos o soubessem, gostarias de fechar-te num silêncio cheio de tácita repreensão. Dizes não, quebras o silêncio e abres novamente o diálogo. Renegaste a ti mesmo e salvaste a caridade. E assim por diante.

Este programa, eu dizia, é belo; mas devemos acrescentar logo, para não haver ilusão, que é também muito, mas muito difícil. A natureza põe em movimento todos os seus mecanismos de defesa antes de sujeitar-se; ela quer salvar sua própria vida, e não perdê-la. Defende palmo a palmo seu espaço. Procura manter Deus fora de seus limites, porque sabe que a aproximação de Deus significa o fim de seu sossego e de sua autonomia. Em seus próprios limites humanos ela vê uma proteção e, por isso, deseja apenas repousar em suas pequenas coisas humanas, deixando a Deus as coisas divinas. Tudo isso, conforme alguns teólogos medievais, é a essência mesma do pecado, o que fez cair Lúcifer e Adão e, acrescentamos nós, o que faz cair muitos espíritos orgulhosos de nosso tempo que desprezam a renúncia cristã. Deus conhece essa dificuldade e por isso sabe apreciar, melhor do que qualquer outro, cada pequeno esforço nosso de renúncia a nós mesmos; sabe apreciar até o simples desejo, contanto que sincero, de pô-la em prática.

Agora é o momento de lembrar que temos uma Mãe capaz de compadecer-se de nossas fraquezas, tendo ela mesma sido provada em tudo a nossa semelhança, exceto no pecado. Recorramos, pois, a ela e digamos-lhe com simplicidade: Maria, ajuda-nos a não fazer nossa vontade; faze que nós também descubramos a nova alegria de dar algo a Deus, enquanto estamos nesta vida, em vez de sempre pedirmos que ele nos dê.

V. "JUNTO DA CRUZ DE JESUS ESTAVA MARIA SUA MÃE"

Maria, mãe da Esperança

Contemplando Maria no mistério da Encarnação, lembramos o ícone de Nossa Senhora da Ternura ou de Vladimir. Nele se vê o Menino Jesus recostado na Mãe. Os contornos do Filho confundem-se com os da Mãe; ambos formam quase um só corpo. Maria com a mão esquerda cinge o Menino e com a direita convida quem olha a ir em direção a ele, a entrar em seu mundo. O Menino cinge com as mãos o pescoço da Mãe, comprimindo sua face contra a dela, aproximando sua boca à dela para lhe comunicar, ao que parece, o divino sopro da Sabedoria. Maria não tem nada da altivez e da alegria toda natural e irradiante da mãe feliz. Ela é toda sobriedade e reflexão, quase triste; vendo-a, porém, ninguém duvida que intimamente esteja repleta também de alegria espiritual.

Vamos passar ao ícone de Maria no Mistério Pascal, o ícone da crucifixão. Que contraste! Jesus já não está nos braços da Mãe, mas em outros braços; já não apoia a cabeça em sua face, mas na dura superfície da cruz. Maria agora esconde sob o xale suas mãos vazias e inúteis. Entre ela e o Filho na cruz parece haver uma distância infinita. Jesus está suspenso entre o céu e terra, "fora das portas da cidade" (cf. Hb 13,12) e acima delas. Entre ela e o Filho há todo um mundo de realidades e de figuras: à esquerda, um anjo que empurra uma mulher, símbolo da Igreja, em direção à cruz de Cristo; à direita, outro anjo que afasta da mesma cruz a mulher que simboliza a Sinagoga.

O confronto entre esses dois ícones faz-nos avaliar, num só lance de olhos, o caminho de despojamento e de desapego feito por Maria. No Salmo 22 entoado por Jesus na cruz (*Meu Deus, meu Deus, por que me abandonastes?*), a um certo momento, o texto diz: *Vós me tirastes do seio materno, confiastes-me aos peitos de minha mãe.* Que impressão pensar que na cruz talvez Jesus tenha murmurado em surdina essas palavras, tendo ali diante de si aquela mãe em cujo colo um dia repousara!

Nesta meditação vamos também nós para junto da cruz. *Saiamos, também nós, para ir a seu encontro fora do acampamento, levando seu opróbrio* (Hb 13,13). Se és homem, fica ao lado de João e inclina a cabeça adorando em silêncio, como ele faz. Se és mulher, fica ao lado de Maria, partilhando seu silêncio e sua pena, como fazem as piedosas mulheres do ícone.

1. Maria no Mistério Pascal

A palavra de Deus que nos acompanha em nossa meditação é a de João, aquele que "viu e que, por isso, sabe que diz a verdade" (Jo 19,35): *Junto da cruz de Jesus estavam sua mãe, a irmã de sua mãe, Maria, mulher de Cléofas, e Maria Madalena. Ao ver sua mãe e, junto dela, o discípulo que ele amava, Jesus disse a sua mãe: "Mulher, eis aí teu filho". Depois disse ao discípulo: "Eis aí tua mãe!" E, desde aquela hora, o discípulo recebeu-a em sua casa* (Jo 19,25-27).

Desse texto, tão denso, vamos considerar agora só a narrativa, deixando para o próximo capítulo a meditação do restante que contém as palavras de Jesus.

Já vimos que, no Novo Testamento, Maria está presente em cada um dos três momentos constitutivos do mistério cristão: Encarnação, Mistério Pascal e Pentecostes. Parece, porém, que Maria está presente só em parte, e não em todo o Mistério Pascal. De fato, o Mistério Pascal completo abrange indivisivelmente a morte e a ressurreição de Cristo. É sua passagem da morte para a vida, deste mundo ao Pai (cf. Jo 13,1), abrindo o caminho também para nós que cremos, para passarmos da morte à vida. Ora, Maria é lembrada a propósito da cruz e da morte de Jesus, mas não de sua ressurreição. Não há sinal, nos Evangelhos, de uma aparição do Ressuscitado à Mãe, e nós temos de nos ater aos Evangelhos.

Mas, atendo-nos aos Evangelhos e àquilo que está escrito, descobrimos que Maria viveu todo o Mistério Pascal, feito de morte e de ressurreição, de humilhação e de exaltação, e o viveu mais de perto que todos. De fato, quem nos fala de Maria aos pés da Cruz é o evangelista João. Ora, que representa a cruz de Cristo, o Calvário, no evangelho de João? Sabe-se muito bem. Representa sua "hora", a hora na qual o Filho do homem será glorificado; a hora para a qual ele veio ao mundo (cf. Jo 12,23.27). Dessa hora ele fala ao Pai, dizendo: *Pai, chegou a hora, glorifica teu Filho* (Jo 17,1). *Quando elevardes o Filho do homem* – diz Jesus, aludindo à própria morte –, *então sabereis que Eu Sou* (cf. Jo 8,27). O momento da morte é, pois, o momento no qual se revela totalmente a glória de Cristo, sua sabedoria divina, e ele aparece como aquele que dá o Espírito. *O Espírito ainda não viera* – lê-se – *por Jesus não ter sido ainda glorificado* (Jo 7,39).

Para João, no Calvário acontece a passagem da antiga à nova Páscoa. O evangelista o realça pondo cronologicamente a morte de Jesus na tarde do 14 de Nisã, quer dizer, no momento em que, no templo de Jerusalém, eram sacrificados os cordeiros da Páscoa, e mencionando uma prescrição do Êxodo relativa ao cordeiro pascal (cf. Jo 19,37; Êx 12,46). Além do desenvolvimento externo e cronológico dos fatos, o evangelista entende, por revelação divina, a realidade profunda do desígnio de Deus, para o qual a cruz é o momento da passagem da antiga para a nova aliança, das profecias para a realidade. O momento do "tudo está consumado" (Jo 19,30). A ressurreição é contemplada como já virtualmente presente e operante na maneira com a qual Cristo morre. É considerada em sua causa, que é a amorosa obediência do Filho ao Pai, levada até à morte, e da parte do Pai a promessa de glorificar o Filho.

Por isso, o episódio do sepulcro vazio e as aparições do Ressuscitado, ainda que relatados, não têm no Quarto Evangelho a mesma intenção apologética que têm nos Sinóticos. À luz das palavras de Jesus a Tomé, mais que algo intrinsecamente necessário para certificar o fato, as aparições são uma concessão à fraqueza da fé dos apóstolos, que *não tinham entendido ainda a Escritura, segundo a qual ele devia ressuscitar dos mortos* (Jo 20,9). *Bem-aventurados* – diz Jesus a Tomé – *os que, sem terem visto, acreditam* (Jo 20,29).

Nesta luz perde muito de sua importância e estranheza o fato de o Quarto Evangelho não mencionar nenhuma aparição do Ressuscitado à Mãe. As mulheres descobriram a ressurreição de Cristo ao amanhecer do terceiro dia, mas Maria descobriu-a ainda antes, ao amanhecer da ressurreição na cruz, quando de fato "ainda estava escuro" (cf. Jo 20,1). Dissemos que para João o momento do Calvário já abrange idealmente a ressurreição de Cristo: disso temos uma confirmação até pela história. Sabemos que as Igrejas da Ásia Menor, por ele fundadas ou guiadas, celebram a Páscoa no dia 14 de Nisã, isto é, no aniversário da morte de Cristo, não no de sua ressurreição como acontecia no restante da Igreja, que celebrava a Páscoa num domingo. E sabemos também pelos textos que, na liturgia dessas Igrejas, naquele dia não se comemorava só a morte de Cristo, mas igualmente sua vitória e sua ressurreição.

Portanto, apresentando-nos Maria aos pés da cruz, João colocou Maria no coração mesmo do Mistério Pascal. Ela não só assistiu à derrota e à morte do Filho, mas também a sua glorificação. "Nós vimos sua glória", exclama João no Prólogo, referindo-se principalmente à glória da cruz. E Maria pode dizer a mesma coisa: ela também viu sua glória, tão diferente, tão nova em comparação com qualquer tipo de glória que os homens possam imaginar. Viu "a glória de Deus" que é o amor.

2. Maria a "pura cordeira"

Mas então Maria não sofreu no Calvário? A cruz foi para ela só um breve momento de passagem? Por acaso não sofreu Jesus, que também chamava esta a hora de sua glória? Por acaso isso diminuiu a atrocidade de sua paixão? O Jesus do Quarto Evangelho conhece a perturbação do Getsêmani (cf. Jo 12,27), a coroação de espinhos, as bofetadas, os açoites (cf. Jo 19,1ss), a negação de Pedro, a traição de Judas e todo o restante. A glória coloca-se num outro plano que não o dos simples fatos históricos; diz respeito a seu significado, àquilo que Deus faz: *Deus glorificou e constituiu Senhor aquele Jesus que vós crucificastes* (At 2,36). A crucifixão pertence aos homens e situa--se na história; a glorificação pertence a Deus, situa-se no limite da história, na escatologia, e só é percebida na fé.

Por isso, também Maria bebeu até o fim o cálice da paixão. Dela, como da antiga filha de Sião, pode-se dizer que "bebeu da mão do Senhor o cálice de sua ira, o cálice que atordoa; bebeu-o e esgotou-o até ao fundo" (cf. Is 51,17). Se no Calvário, junto da cruz de Jesus, estava Maria, sua Mãe, isso quer dizer que ela estava em Jerusalém naqueles dias; se estava em Jerusalém, então viu tudo, assistiu a tudo. Ouviu os gritos: "Esse não, mas Barrabás!", assistiu ao *Ecce homo*, viu a carne e sua carne açoitada, sangrante, coroada de espinhos, seminua perante a multidão, estremecendo sacudida por arrepios de morte na cruz. Ouviu o barulho dos golpes de martelo e os insultos: "Se és o Filho de Deus...". Viu os soldados dividindo entre si as vestes, a túnica que talvez ela mesma tinha tecido. Teve, pois, razão a piedade cristã quando aplicou também a Maria junto da cruz as palavras pronunciadas pela filha de Sião em sua desolação: *Ó vós todos que passais pelo caminho, olhai e vede, se existe dor semelhante à dor que me atormenta!* (Lm 1,12). Se São Paulo podia dizer: *Eu trago em meu corpo as marcas do Senhor Jesus* (Gl 6,17), que deveria dizer Maria? Maria é a primeira estigmatizada do cristianismo; trouxe os estigmas invisíveis, gravados no coração, como se sabe que aconteceu depois com alguns santos e santas.

"Junto da cruz de Jesus estavam sua mãe, a irmã de sua mãe, Maria, mulher de Cléofas, e Maria Madalena." Havia, pois, um grupo de mulheres, quatro no total (como aparece no ícone). Maria não estava, pois, sozinha; era uma das mulheres. Sim, Maria estava ali como "sua mãe" e isto muda tudo, pondo Maria numa situação totalmente diferente. Assisti, às vezes, ao funeral de alguns jovens; penso particularmente no um rapaz. Várias mulheres seguiam o féretro. Todas vestidas de preto, todas chorando. Pareciam todas iguais. Mas entre elas havia uma diferente, uma na qual pensavam todos os presentes e para a qual todos olhavam disfarçadamente: a mãe. Era viúva e tinha só aquele filho. Olhava para o caixão, percebia-se que seus lábios repetiam sem parar o nome do filho. Quando os fiéis, no momento do *Sanctus*, começaram a proclamar: "Santo, Santo, Santo, é o Senhor Deus do universo", também ela, talvez sem o perceber, começou a murmurar: Santo, Santo, Santo... Naquele momento pensei em Maria aos pés da cruz. Mas a ela foi pedido algo de mais difícil: perdoar. Quando ouviu o Filho dizendo: *Perdoa-lhes, ó Pai, porque não sabem o que fazem* (Lc 23,34), ela entendeu o que o Pai do céu esperava dela: que dissesse com o coração as mesmas palavras: "Perdoa-lhes, ó Pai, porque não sabem o que fazem". E ela as disse. Perdoou.

O Evangelho não fala de gritos e lamentações de Maria aos pés da cruz como, pelo contrário, diz das mulheres que o acompanhavam na subida do Calvário (cf. Lc 23,27); não nos transmite palavras suas, como no reencontro de Jesus no templo ou em Caná da Galileia. Transmite-nos só seu silêncio. No evangelho de Lucas, Maria cala-se no momento do nascimento de Jesus; no evangelho de João, cala-se no momento da morte de Jesus. Na primeira carta aos Coríntios, São Paulo faz a oposição entre "a palavra da cruz" (*verbum crucis*) e a "sabedoria da palavra" (*sapientia verbi*); isto é, entre a linguagem da cruz e a linguagem da sabedoria humana. A diferença é esta: a sabedoria da palavra, ou a sabedoria do mundo, exprime-se através da palavra e dos belos discursos; a cruz, pelo contrário, exprime-se através do silêncio. A linguagem da cruz é o silêncio! O silêncio guarda só para Deus o perfume do sacrifício. Isso impede que o sofrimento se perca, procurando e achando aqui na terra sua recompensa.

Se Maria pôde ser tentada, como o foi também Jesus no deserto, isto aconteceu particularmente junto da cruz. E foi uma tentação profundíssima e dolorosíssima, porque tinha como causa o mesmo Jesus. Ela acreditava nas promessas, acreditava que Jesus era o Messias, o Filho de Deus; sabia que, se Jesus tivesse pedido, o Pai lhe teria enviado "mais de doze legiões de anjos" (cf. Mt 26,53). Mas percebe que Jesus não faz nada. Libertando a si mesmo da cruz, libertaria também a ela de sua terrível dor, mas não o faz. Maria, porém, não grita: "Desce da cruz; salva-te a ti mesmo e a mim!"; ou: "Salvaste muitos outros, por que não salvas agora também a ti mesmo, ó meu filho?", ainda que seja fácil entender como seria natural que semelhantes pensamentos e desejos surgissem no coração de uma mãe. Já nem mesmo pergunta a Jesus: *Filho, porque fazes isto?*, como disse quando o reencontrou no templo (Lc 2,48). Maria cala-se. "Consente com amor na imolação da vítima por ela mesma gerada", diz um texto do Vaticano II.[1] Celebra com ele sua Páscoa.

Os pais de Jesus – lê-se no evangelho de Lucas – "iam todos os anos a Jerusalém, pela festa da Páscoa". Quando Jesus completou doze anos foi com eles, mas ficou em Jerusalém e não voltou para casa (cf. Lc 2,41ss.). Eis que Maria acompanhou de novo Jesus a Jerusalém para celebrar aí sua última Páscoa. Mas, desta vez, a Páscoa era ele mesmo e já não voltaria para casa, nem depois de três dias. O bispo de uma daquelas Igrejas joaninas da Ásia Menor, das quais falei acima, reevocava assim o fato na homilia feita numa noite de Páscoa entre 160 e 180: "A lei tornou-se o Verbo; o mandamento, graça; o tipo, realidade; o cordeiro, o Filho... Este é o cordeiro sem voz... Este é aquele que foi gerado por Maria, a pura cordeira; este é aquele que à tarde foi imolado e dos mortos ressuscitou".[2]

Maria, já para esse antiquíssimo discípulo de João, mostra-se junto da cruz como a "pura cordeira" que está perto do Cordeiro imolado; como aquela que gerou a vítima pascal e com ela se ofereceu. A cordeira silenciosa ao lado do Cordeiro "que não abriu sua boca" (cf. Is 53,7). A liturgia bizantina usou este título de Maria "a bela cordeira" no ofício da Sexta-feira Santa, tomando-o de um hino de Romano Cantor.[3]

Essa visão de Maria que se une ao sacrifício do Filho encontrou uma expressão sóbria e solene num texto do Concílio Vaticano II: "Assim a Bem-aventurada Virgem avançou em peregrinação de fé. Manteve fielmente sua união com o Filho até à cruz, onde esteve não sem desígnio divino. Veementemente sofreu junto com seu Unigênito. E com ânimo materno se associou a seu sacrifício, consentindo com amor na imolação da vítima por ela mesma gerada".[4]

Maria não estava, pois, "junto da cruz de Jesus", perto dele, só num sentido físico e geográfico, mas também num sentido espiritual. Ela estava unida à cruz de Jesus; estava no mesmo sofrimento;

---
[1] *Lumen Gentium* 58.
[2] MELITÃO DE SARDES, *Sobre a Páscoa* 7.71 (SCh 123, p. 64.98).
[3] ROMANO CANTOR, *Hinos* XXXV,1 (SCh 128, p. 160).
[4] *Lumen Gentium* 58.

sofria com ele. Sofria em seu coração o que o Filho sofria na carne. E quem poderia pensar diversamente, se pelo menos sabe o que significa ser mãe? "Como Cristo grita: *Meu Deus, meu Deus, porque me abandonaste?* (Mt 27,46), assim também a Virgem Maria deve ter sido transpassada por um sofrimento que humanamente correspondia ao do Filho. *Uma espada trespassará a tua alma, a fim de se revelarem os pensamentos de muitos corações* (cf. Lc 2,35); também do teu, se ousares acreditar ainda, se fores ainda bastante humilde para acreditar que, de fato, és a escolhida entre as mulheres, aquela que encontrou graça diante de Deus!"[5] Devia ser um irmão protestante a escrever essas palavras; se tivesse sido um de nós, talvez parecesse excessivo dizer que Maria no Calvário foi trespassada por um sofrimento que, humanamente, correspondia ao do Filho. Mas é a pura verdade, desde que se preste atenção ao advérbio "humanamente".

Jesus era também homem; enquanto homem, diante de todos ele não é, neste momento, senão um filho justiçado na presença de sua mãe. De tanto tomar cuidado para não colocar no mesmo nível Maria e Cristo, o Salvador e a criatura salva, certa teologia polêmica (ou defensiva, em se tratando de católicos) corre o perigo real de esvaziar a encarnação, esquecendo que Cristo se tornou "em tudo semelhante a nós, exceto no pecado" (cf. Hb 4,15). Certamente não é "pecado" se um filho que morre naquelas condições, rejeitado por todos, procurar refúgio no coração e nos olhos da mãe que o gerou e que bem conhece sua inocência. Trata-se simplesmente de natureza e piedade humana. E como se trata de piedade humana, e não de pecado, Jesus a experimentou quando estava morrendo. A diferença infinita entre Cristo e Maria não nos deve fazer esquecer a semelhança, também infinita, que há entre eles; de outra maneira seria como negar que Jesus tenha sido homem de verdade; seria docetismo.

Jesus já não diz: *Que temos nós com isso, mulher? A minha hora ainda não chegou* (Jo 2,4). Agora que sua "hora" chegou, há entre ele e sua mãe algo de grande em comum: o mesmo sofrimento. Naqueles momentos extremos, quando também o Pai escondeu-se mis-

---

[5] S. KIERKEGAARD, *Diário*, XI[1] A 45 (trad. itai. citada, n. 2837).

teriosamente a seu olhar de homem, restou para Jesus somente ao olhar de sua mãe onde procurar refúgio e consolação. Por acaso vai desdenhar esta presença e esta consolação materna aquele que, no Getsêmani, suplicou aos três discípulos: *Ficai aqui e vigiai comigo* (Mt 26,38)? Estando ela "ereta" junto da cruz, seu rosto encontrava-se, mais ou menos, à altura do rosto de Cristo. Quando lhe disse: *Mulher, eis aí o teu filho!*, Jesus certamente estava olhando em sua direção, tanto que nem precisou chamá-la pelo nome. Quem poderia penetrar o mistério daquele olhar entre mãe e Filho numa hora semelhante? Em qualquer sofrimento humano, também no de Cristo e de Maria, há uma dimensão íntima e "particular", que se vive "em família", entre aqueles que estão unidos pelo vínculo do mesmo sangue.

Uma alegria imensamente sofredora passava de um para outra, como água entre vasos comunicantes, alegria porque já não opunham resistência à dor, já não tinham nenhuma defesa diante do sofrimento, mas deixavam-se invadir livremente por ele até o íntimo. A luta tinha sucedido a paz. Tinham-se tornado uma só coisa com a dor e com o pecado do mundo inteiro. Jesus diretamente, como "vítima de expiação pelos pecados de todo o mundo" (cf. 1Jo 2,2), e Maria indiretamente, por sua dupla união, carnal e espiritual, com o Filho.

A última coisa que Jesus fez na cruz, pronunciando as palavras: *Pai, nas tuas mãos entrego o meu espírito* (Lc 23,46), foi adorar amorosamente a vontade do Pai, antes de mergulhar na escuridão da morte. Maria entendeu que devia segui-lo também nisso, e também ela se pôs a adorar a insondável e santa vontade do Pai, antes que uma horrível solidão descesse sobre sua alma e ali se fixasse até à morte.

3. Estar junto da cruz de Jesus

Agora, seguindo como sempre nosso princípio-guia, conforme o qual Maria é tipo e espelho da Igreja, suas primícias e modelo, temos de nos perguntar: Que o Espírito Santo quis dizer à Igreja dispondo que na Escritura fosse registrada essa presença de Maria e essa palavra de Jesus sobre ela? Maria, como dissemos, é uma "carta viva" escrita pela própria mão de Deus; uma carta feita de tão poucas palavras que não podemos deixar nenhuma delas cair no vazio.

Também desta vez é a Palavra mesma de Deus que, implicitamente, indica a passagem de Maria à Igreja, dizendo o que cada crente deve fazer para imitá-la: "Junto da cruz de Jesus estava Maria, sua Mãe, e junto dela o discípulo que ele amava". Na *notícia* está contida a *parênese*. O que aconteceu naquele dia indica o que deve acontecer cada dia: é preciso ficar junto de Maria perto da cruz de Jesus, como aí ficou o discípulo que ele amava.

Há duas coisas escondidas nesta frase: primeiro, que é preciso ficar "junto da cruz" e, em segundo lugar, que é preciso ficar junto da cruz "de Jesus". Vamos considerar isso separadamente, começando da segunda, que é a mais importante.

Ficar perto da cruz "de Jesus". Essas palavras dizem-nos que a primeira coisa a ser feita, a mais importante de todas, não é ficar perto de qualquer cruz, mas ficar perto da cruz "de Jesus". Que não é suficiente ficar perto da cruz, no sofrimento, e aí ficar em silêncio. Não, não, não! Isto só já parece algo de heroico, todavia não é o mais importante. Pode, aliás, não ser nada. O decisivo é ficar perto da cruz "de Jesus". O que vale não é a própria cruz, mas a de Cristo. Não é o fato de sofrer, mas de acreditar, apropriando-se assim do sofrimento de Cristo. A primeira coisa é a fé. A realidade maior de Maria junto da cruz foi sua fé, maior ainda que seu sofrimento. Paulo diz que a palavra da cruz é "poder de Deus e sabedoria de Deus para aqueles que são chamados" (cf. 1Cor 1,18.24) e diz que o Evangelho é poder de Deus "para todos aqueles que creem" (cf. Rm 1,16). Para todos que são chamados e creem, não para todos os que sofrem, ainda que, como veremos, ambas as coisas geralmente estejam unidas.

Aqui está a fonte de toda a força e fecundidade da Igreja. A força da Igreja vem da pregação da cruz de Jesus – de algo que aos olhos do mundo é o próprio símbolo da loucura e da fraqueza –, renunciando a qualquer possibilidade ou vontade de enfrentar o mundo, descrente e leviano, com seus meios que são a sabedoria das palavras, a força da argumentação, a ironia, o ridículo, o sarcasmo e todas as outras "coisas fortes do mundo" (cf. 1Cor 1,27). É preciso renunciar a uma superioridade humana para que possa surgir e agir a força divina contida na cruz de Cristo. É preciso insistir neste primeiro ponto. A maioria dos crentes nunca foi ajudada a entrar neste mistério que é o coração do Novo Testamento, o centro do kerigma e que muda a vida.

"Ficar perto da cruz." Mas qual é o sinal e a prova de que se acredita verdadeiramente na cruz de Cristo, que "a palavra da cruz" não é apenas uma palavra, um princípio abstrato, uma bela teologia ou ideologia, mas que é verdadeiramente cruz? O sinal, a prova é: tomar sua própria cruz e ir atrás de Jesus (cf. Mc 8,34). O sinal é a participação em seus sofrimentos (Fl 3,10; Rm 8,17), é estar crucificado com ele (Gl 2,19), é completar, pelos próprios sofrimentos, o que falta à paixão de Cristo (Cl 1,24). Ávida inteira do cristão, como a de Cristo, deve ser um sacrifício vivo (cf. Rm 12,1). Não se trata só de sofrimento aceito passivamente, mas também de sofrimento ativo, procurado: *Castigo o meu corpo e o mantenho em servidão* (1Cor 9,27).

Insisto nisso porque, como sempre nestas meditações, procuramos fazer a síntese. A síntese de realidades que na Igreja acabaram, aos poucos, sendo contrapostas entre si, mas que deveriam estar sempre juntas. Maria é o sinal melhor de uma Igreja ainda não dividida, ainda não fracionada em denominações, escolas, correntes diferentes, e que pode, por isso, ajudar-nos a reencontrar a unidade, fazendo renascer em nós, antes de tudo, a saudade da unidade.

De fato, existem na Igreja duas maneiras diferentes de colocar-se diante da cruz e da paixão de Cristo: a primeira, mais característica da teologia protestante, baseada na fé e na apropriação, que se apoia na cruz de Cristo, que quer gloriar-se só na cruz de Cristo; a segunda – pelo menos no passado cultivada de preferência pela teologia católica – que insiste no sofrer com Cristo, no partilhar de sua paixão e, como no caso de alguns santos, até no reviver em si mesmo a paixão de Cristo.

Aqui percebemos como seja vital manter juntas, sem contrapô-las, essas duas atitudes. Também a propósito da cruz, como a propósito da graça e da fé, nós somos chamados a reconstituir a "totalidade" da fé cristã, superando as falsas antíteses, nascidas em momentos particulares por causa de abusos e desvios. O ecumenismo verdadeiro e profundo começa neste nível: juntando os dons, reencontrando o equilíbrio rompido. A palavra de Deus sugere que o importante não é escolher uma ou outra atitude, mas manter juntas as duas coisas, cultivar ambas as atitudes: a da fé e a da imitação. Não se trata, evidentemente, de pôr no mesmo plano a obra de Cristo e a nossa, mas de acolher a palavra da Escritura que afirma que tanto a fé como a obra estão mortas uma sem a outra (cf. Tg 2,14ss.).

Aliás, poderíamos dizer que o problema diz respeito à própria fé. É a fé na cruz de Cristo que precisa passar pelo sofrimento para ser autêntica. A primeira carta de Pedro diz que o sofrimento é o "crisol" da fé, que a fé precisa do sofrimento para ser purificada como o ouro no fogo (cf. 1Pd 1,6-7). Em outras palavras, nossa cruz não é salvação em si mesma, não é nem poder, nem sabedoria; por si mesma é pura obra humana, ou até mesmo um castigo. Torna-se poder e sabedoria de Deus enquanto – acompanhada pela fé, por disposição de Deus mesmo – nos une à cruz de Cristo. "Sofrer significa tornar-se particularmente receptivo, particularmente aberto à ação das forças salvíficas de Deus, oferecidas em Cristo à humanidade".[6] O sofrimento une à cruz de Cristo de maneira não só intelectual, mas existencial e concreta; é uma espécie de canal, de caminho para chegar à cruz de Cristo, não à margem da fé, mas fazendo uma coisa só com ela.

O querer sofrer com Cristo e participar de seus sofrimentos poderia fazer renascer o orgulho humano das obras? Certamente; mas o perigo do orgulho existe infelizmente também, e talvez de forma mais insidiosa ainda, quando se quer atingir uma fé em estado puro que dispense tudo, como se em nós homens pudesse haver algo em estado puro. Aqui se pode gloriar da própria fé, como do próprio sofrimento, e isso é mais perigoso, porque mais sutil e mais difícil de descobrir. Pensar o contrário é muito ingênuo e significaria acreditar que não houve nenhuma interferência de orgulho huma-

---
[6] JOÃO PAULO II, *Salvifici doloris* 23 (AAS 76, 1984, p. 231).

no, nenhum senso de superioridade, nenhum vestígio de sabedoria humana em todo o discurso que fizeram, no passado, os teólogos sobre a "fé somente" ou a "teologia da cruz".

Por outro lado, não se quer de modo algum dizer que o abraçar a cruz e o fazer penitência gerem necessariamente o orgulho. Nesses casos, é a cruz mesma que se encarrega de tirar qualquer veleidade de orgulho. O verdadeiro sofrer com Cristo mata a vanglória, pelo menos tanto quanto a mata a verdadeira fé. Existe até a possibilidade de um legítimo orgulho dos próprios sofrimentos, como nos mostra o Apóstolo quando escreve: *Portanto, prefiro gloriar-me das minhas fraquezas... Alegro-me nas minhas fraquezas e nas angústias sofridas por Cristo* (cf. 2Cor 12,9s.). Que eu sofri por Cristo, e não que o Cristo sofreu por mim! O mesmo Apóstolo valoriza tanto "nossa tribulação" que chega a dizer que ela "prepara-nos, para além de toda e qualquer medida, um peso eterno de glória" (2Cor 4,17).

4. A cruz que separa e une

Se precisamos estar com Maria "junto da cruz de Jesus", é necessário conhecermos sempre mais este mistério da cruz para revivê-lo. A propósito do poder da cruz de Cristo percebe-se nas cartas de São Paulo um aparente contraste. Num grupo de cartas, especialmente nas assim chamadas "protopaulinas" (do primeiro período de atividade do Apóstolo), a cruz é sobretudo aquilo que divide e separa. Separa o que provém do Espírito do que provém da carne (cf. Gl 5,24); o que provém da fé do que provém da lei (cf. Gl 5,11); o homem novo do homem velho (cf. Rm 6,6); os crentes dos não crentes: o cristão do judeu e do grego (cf. 1Cor 1,18ss.); o cristão do mundo: *O mundo está crucificado para mim e eu para o mundo*, diz o Apóstolo (Gl 6,14). Entre o cristão e o mundo está a cruz.

Num outro grupo de cartas, nas "deuteropaulinas" (do segundo período de atividade do Apóstolo, ou, segundo alguns, escritas por um de seus discípulos), a cruz é o que une, que derruba os muros de divisão, que reconcilia os homens entre si e com Deus. Basta ler o seguinte texto da carta aos Efésios que pertence a este grupo para dar-nos conta disso:

> Agora, porém, vós, que outrora estáveis longe,
> pelo sangue de Cristo, vos aproximastes.
> Ele é a nossa paz, ele que de dois povos fez um só,
> destruindo o muro de inimizade que os separava,
> anulando pela sua carne a Lei, os preceitos e as prescrições,
> a fim de, em si mesmo, fazer dos dois um só homem novo,
> estabelecendo a paz,
> e reconciliando com Deus, pela cruz,
> uns e outros num só corpo,
> levando, em si próprio,
> a morte e a inimizade.
> Ele veio para anunciar a paz
> a vós que estáveis longe,
> e a paz também àqueles que estavam perto.
> Portanto, é por ele que ambos temos acesso
> *junto ao Pai num mesmo Espírito* (Ef 2,13-18).

Graças à cruz de Cristo, os que estavam longe se tornaram próximos; o muro foi derrubado, tudo está reunido. Desse texto desenvolveu-se, na antiguidade cristã, o simbolismo da cruz cósmica, onde a cruz é vista como a árvore que mantém unido o universo: "Esta árvore de dimensões celestiais levantou-se da terra para o céu, fundamento de todas as coisas, sustentáculo do mundo inteiro, vínculo cósmico que mantém unida a instável natureza humana, segurando-a com os cravos invisíveis do Espírito, para que, estreitada à divindade, não possa nunca mais se separar dela. Com a extremidade superior toca o céu, com os pés torna firme a terra, com os braços imensos mantém estreito em toda parte o espírito copioso e intermédio do ar".[7]

Conforme esse simbolismo, o braço transversal, ou horizontal, da cruz reúne tudo aquilo que na terra está dividido: gentios e ju-

---
[7] *Antiga homilia pascal* 51 (SCh 27, p. 177s.).

deus, homem e mulher, livre e escravo... A haste vertical reúne a Deus todo este mundo agora reconciliado consigo mesmo; une a terra ao céu, o homem a Deus, de tal modo que, graças à cruz, nós podemos agora "uns e outros ter acesso junto ao Pai num mesmo Espírito" (sob essa luz percebe-se como, infelizmente, estão longe do espírito do Novo Testamento alguns ícones da crucifixão, como o que descrevemos no início deste capítulo, no qual se vê um anjo que leva a Igreja em direção da cruz, enquanto outro afasta a Sinagoga; no texto aos efésios diz-se que Cristo morreu para reunir judeus e gentios num só povo, não para dividi-los!).

Duas maneiras diferentes, pois, de conceber a função da cruz: numa, ela separa, e na outra une. Mas não há contradição, nem em Paulo, nem no Novo Testamento. A cruz é ambas as coisas ao mesmo tempo. É aquilo que distingue para unir. Separa do mundo para unir a Deus; tira da corrupção e une entre si aqueles que aceitam serem crucificados com Cristo, não obstante todas as diversidades que possam existir entre eles. Supera todas as diferenças, revelando seu caráter relativo e secundário diante da nova e radical diferença que faz a distinção entre os amigos e os "inimigos da cruz de Cristo" (cf. Fl 3,18).

Aqui também, pois, é preciso defender-nos da tentação de dividir a Bíblia para pegar aquilo que mais agrada, ou que parece dar razão nossa tradição teológica. "O homem não separe o que Deus uniu!". É preciso abraçar com gratidão ambas as perspectivas: a protopaulina e a deuteropaulina.

A cruz separa e divide: de fato, ela é o instrumento com o qual Deus poda os ramos da grande videira que é o corpo de Cristo, para que deem mais fruto. A escultura – dizia Michelangelo – é "a arte de tirar" e também a santidade se consegue assim: "pela arte de tirar", isto é, fazendo cair os pedaços inúteis, os desejos e as tendências da carne que encobrem a nova criatura. Um dia o grande escultor de Florença, passeando num jardim de sua cidade, viu um bloco de mármore abandonado num canto, meio coberto de terra. Parou de repente, como se tivesse visto alguém. "Naquele bloco – exclamou – está contido um anjo; quero tirá-lo fora". E aferrou o cinzel. Também Deus nos olha assim como somos, semelhantes àquele bloco de pedra bruta coberto de terra, e diz: "Ali dentro está escondida a imagem de meu Filho, há uma criatura nova e bela: quero tirá-la fora!". E é para isso que usa a cruz.

Mas a cruz é também principalmente o que une. Antes de tudo, une-nos entre nós. Une o homem a seu semelhante, cria compreensão e solidariedade. Como está escrito: *O homem, em opulência, não compreende; é semelhante aos animais que se abatem* (Sl 49,21). É verdade. Frequentemente quem sofre começa a sair de seu egoísmo, a entender as necessidades dos outros; não é mais impermeável à compaixão.

Mas a cruz sobretudo nos une a Deus. Isso é ilustrado de maneira muito sugestiva por São Boaventura em seu *Itinerário da Mente para Deus*. Ele quer traçar um caminho para a ascensão da alma até Deus e apresenta-o como tendo sete degraus. No primeiro, a alma aproxima-se de Deus através dos vestígios por ele deixados no universo; no segundo, através de seus vestígios contidos neste mundo visível; no terceiro, através de sua imagem impressa nas potências naturais do homem; no quarto, através de sua imagem renovada no homem pela graça; no quinto, através da contemplação da unidade de Deus; no sexto, através da contemplação da Trindade de Deus. Falta o sétimo degrau. Que pode haver de mais alto que a Trindade? Onde irá acontecer, para São Boaventura, a efetiva conjunção do homem com Deus?

Neste momento, o santo faz o leitor descer novamente à terra, leva-o ao Calvário, aponta-lhe a cruz dizendo: Eis o caminho, eis o meio, eis o lugar!: "Resta à alma – ele escreve – transcender e ultrapassar não só o estreito panorama do mundo sensível, mas até a si mesma. Nesta passagem para o alto, Cristo é caminho e porta, Cristo é escada e veículo: é ele 'o propiciatório colocado sobre a arca de Deus' (Êx 25,20), ele é 'o mistério escondido desde as origens' (Ef 3,9). Realiza esta passagem a alma que se volta totalmente para Cristo, o divino propiciatório, e com fé, esperança, caridade, devoção, admiração, alegria, reconhecimento, louvor e júbilo contempla-o pendurado na cruz e celebra junto com ele a Páscoa, que quer dizer exatamente passagem. Esta alma atravessa a pé enxuto o mar Vermelho, porque a vara da cruz divide diante dela as águas deste mar; sai do Egito e entra no deserto onde experimenta o maná escondido".[8]

Esta maneira de falar sobre a cruz leva-nos de volta à mais remota antiguidade cristã. Naquele hino à cruz cósmica que lembrei acima se lê: "Esta é para mim árvore de salvação eterna: dela me alimento, dela me nutro. Por suas raízes eu afundo minhas raízes, por seus ramos eu me expando, de seu orvalho me inebrio, por seu Espírito, como por sopro delicioso, sou fecundado. Debaixo de sua sombra plantei minha tenda e encontrei abrigo no calor do verão. Por suas flores floresço, de seus frutos me delicio com fartura, e apanho livremente os frutos a mim destinados desde as origens. Esta árvore é alimento para minha fome, nascente para minha sede, manto para minha nudez; suas folhas são espírito de vida e não folhas de figueira. Esta árvore é minha salvaguarda quando temo a Deus, apoio quando vacilo, prêmio quando combato, troféu quando venço. Esta árvore é para mim a senda angusta e o caminho estreito; é a escada de Jacó, é o caminho dos anjos, em cujo cimo está de fato o Senhor".[9]

5. "Esperou contra toda a esperança"

Não obstante tudo aquilo que se pode dizer do poder da cruz, sozinha ela não é suficiente. O Mistério Pascal não consiste só na cruz de Cristo, nem só em sua ressurreição, nem em ambas consideradas sucessivamente, justapostas e somadas, mas consiste na *passagem* de uma a outra, da morte à vida, na passagem "através da morte para a glória e o reino" (cf. Lc 24,26; At 14,22). Consiste, pois, em algo de dinâmico, não de estático; num movimento ou evento que, enquanto tal, não se pode dividir sem destruir.

A dificuldade de a mente humana abranger ao mesmo tempo os contrários mostrou-se aqui também. A dialética procurou colocar sua cunha também neste núcleo último da fé, separando e, às vezes, contrapondo segundo o princípio do *aut-aut*, morte e ressurreição,

---
[8] SÃO BOAVENTURA, Itinerário da mente para Deus VII, 1-2 (ed. Quaracchi 1938, p. 344s.).
[9] *Antiga homilia pascal* 51 (SCh 27, p. 177).

teologia da cruz e teologia da glória. Se no passado, às vezes, a tal ponto se realçava o triunfo de Cristo na ressurreição que se colocava na sombra a realidade permanente da cruz, hoje a tendência é cair no excesso contrário, exaltando a teologia da cruz a ponto de olhar com suspeita a teologia da glória, como se ela pudesse atenuar a cruz e desviar a Igreja de seu papel. Em reação contra essa tendência levantaram-se vozes do seio mesmo da teologia protestante que foi a pioneira em valorizar a teologia da cruz. "A acentuação unilateral da cruz infelizmente fechou a estrada para compreendermos a plenitude da mensagem neotestamentária."[10]

Por exemplo, não está certo dizer, citando Romanos 3,25, que Paulo faz depender a justificação só da cruz, porque alhures claramente ele põe a mesma justificação em relação com a ressurreição de Cristo (cf. Rm 4,25), e afirma que sem a ressurreição estaríamos ainda em nossos pecados (cf. 1Cor 15,17). Igreja, fé, justificação e remissão dos pecados: O Apóstolo faz tudo isso depender conjuntamente da morte e da ressurreição, do único Mistério Pascal; basta não se deter num texto apenas, mas levar todos em consideração.

Se, como João, no Calvário contemplamos ao mesmo tempo morte e ressurreição, será que isso não iria atenuar a dureza da cruz de Jesus, como se ele caminhasse para a morte tendo a certeza da ressurreição, como quem traz na manga um ás a ser tirado no momento oportuno? Esse modo de pensar, porém, denota insuficiente atenção aos caminhos de Deus, tais como se revelam também na vida dos santos. Jesus, enquanto homem, estava consciente de uma só coisa: que seu caminho era guiado pelo Pai e que a vitória final, de qualquer maneira se desenrolassem os acontecimentos, seria do Pai e não de seus inimigos, do amor e não do ódio. Os Evangelhos testemunham unânimes que Jesus guardou até o fim sua confiança no Pai; que não morreu como desesperado, mas sim como obediente. Paulo afirma que, exatamente por isso, por sua obediência, Deus o exaltou e o ressuscitou (cf. Fl 2,11). O nexo intrínseco entre a Sexta-feira Santa e a Páscoa da Ressurreição, se não está no *poder* de Cristo, está em sua *obediência*. Pedro, nos Atos dos Apóstolos, aplica a Cristo que morre as palavras do Salmo: *Minha*

---

[10] W. VON LÖWENICH, *Luthers Theologia crucis*, Munique 1954, p. 2.

carne repousará na esperança, porque não abandonarás a minha alma na habitação dos mortos (At 2,26-27). Também o famoso Salmo 22 que Jesus entoa na cruz "Meu Deus, meu Deus, por que me abandonastes?", termina com um grito de esperança: *Eu viverei para ele, a minha descendência o servirá. Falar-se-á do Senhor à geração vindoura...* Pois bem, tudo isso se aplica de maneira secundária também a Maria. Afirmar que no Calvário ela viveu todo o Mistério Pascal, e não apenas uma parte, significa que esteve junto da cruz "em esperança". Que partilhou com o Filho não só a morte, mas também a esperança de uma ressurreição. Não seria completa uma imagem de Maria aos pés da cruz simplesmente como Nossa Senhora das Dores, como sugerida pelo "Stabat Mater", "triste, aflita e chorando". Não levaria em conta que é João quem no-la apresenta ali, ele para quem a cruz significa também glória e vitória. No Calvário ela não é só a "Mãe das Dores", mas também a Mãe da esperança, "Mater Spei", como a invoca a Igreja num de seus hinos.

Foi pela fé – diz a Escritura – *que Abraão, quando foi posto à prova, ofereceu Isaac. E ofereceu seu único filho, apesar de ter recebido as promessas e de lhe ter sido dito: "De Isaac é que há de sair a descendência que terá o teu nome". Ele considerava que Deus é poderoso até para ressuscitar os mortos; por isso o recebeu na qualidade de figura* (Hb 11,17-19). De que Isaac foi "figura", isto é, profecia? Conforme uma tradição exegética, que remonta aos primórdios mesmos da Igreja, ele era figura da paixão e ressurreição de Cristo. E se Isaac era figura de Cristo, Abraão que o leva para imolar é figura de Deus Pai no céu e de Maria na terra.

São Paulo afirma que, nessa oportunidade, Abraão *acreditou esperando contra toda esperança* (Rm 4,18). O mesmo deve-se dizer, com maior razão, de Maria junto da cruz: ela acreditou esperando contra toda a esperança. Esperar contra toda a esperança significa: "sem ter nenhum motivo de esperança, numa situação humanamente de total desesperança e em total contraste com a promessa, continuar esperando unicamente por causa da palavra de esperança pronunciada por Deus".[11]

---

[11] H. SCHLIER, *Der Römerbrief*, Friburgo in Br. 1979, ad loc. (trad. ital. *La lettera ai Romani*, Paideia, Brescia 1982, p. 232s.).

Como Abraão, de uma maneira que não podemos explicar e que talvez nem ela conseguisse explicar para si mesma, também Maria acreditou que Deus era poderoso para ressuscitar seu Filho "até da morte". É preciso não saber até onde, em sua ousadia, pode chegar a esperança, para pensar que seja demais atribuir isso a Maria. Um texto do Concílio Vaticano II menciona esta esperança de Maria junto da cruz como um elemento determinante de sua vocação materna. Diz que, junto da cruz, "de modo inteiramente singular, pela obediência, fé, esperança e ardente caridade, ela cooperou na obra do Salvador".[12]

6. Cúmplices da menina Esperança

Agora, partindo também deste segundo movimento do Mistério Pascal, vamos voltar nosso olhar para a Igreja, isto é, para nós. "Nossa passagem da morte à vida pela fé – escreveu Santo Agostinho – realiza-se mediante a esperança da futura ressurreição e da glória final". Das três realidades que a Igreja comemora no tríduo pascal – crucifixão, sepultamento e ressurreição do Senhor – "nós, na vida presente, realizamos o que está significado na crucifixão, enquanto afirmamos pela fé e pela esperança o que está significado no sepultamento e na ressurreição".[13] Também a Igreja, como Maria, vive a ressurreição "em esperança". Também para ela a cruz é objeto de experiência, enquanto que a ressurreição é objeto de esperança. Maria, pois, que no mistério da Encarnação foi para nós mestra de fé, no Mistério Pascal é mestra de esperança.

Como Maria esteve perto do Filho crucificado, assim a Igreja é chamada a ficar perto dos crucificados de hoje: dos pobres, dos sofredores, dos humilhados e dos ofendidos. E como vai ficar perto deles a Igreja? Em esperança, como Maria. Não é suficiente compadecer-se de suas penas ou mesmo procurar suavizá-las. É muito pouco. Isso todos podem fazer, também os que não conhecem a

---

[12] *Lumen Gentium 61.*
[13] SANTO AGOSTINHO, *Cartas* 55,2,3; 14, 24 (CSEL 34,2 p. 171. 195).

ressurreição. A Igreja deve dar esperança, proclamando que o sofrimento não é absurdo, mas tem um sentido, porque haverá uma ressurreição da morte. Ela deve dar razão da esperança que possui (cf. 1Pd 3,15). Mais do que a reflexão sobre a vida precedente de Jesus, foi a luz da manhã da Páscoa que, aos poucos, manifestou à primeira comunidade cristã o sentido de sua morte desconcertante. E também hoje, somente à luz da ressurreição de Cristo e na esperança da nossa, é que podemos entender o sentido do sofrimento e da morte. A cruz é mais bem conhecida olhando para seus efeitos do que olhando para suas causas, que frequentemente continuam para nós misteriosas e sem explicação.

Os homens precisam da esperança para viver, como do oxigênio para respirar. É tão grande esta necessidade que, ouvindo falar de esperança, logo se erguem e, por assim dizer, te olham as mãos para ver se tens algo para oferecer a sua sede. Costumam dizer que, enquanto há vida, há esperança; mas é também verdade que, enquanto há esperança, há vida. Um sinal dessa necessidade, nos anos recentes, foi a acolhida encontrada pela "Teologia da Esperança". Também o pensamento secular ocupou-se da esperança, mas de uma esperança secularizada: do assim chamado "princípio-esperança". O princípio--esperança aqui significa a capacidade humana de esperar e de projetar um futuro terreno diferente. O contrário do que se entende por virtude teologal, que é dom, graça infusa, antes que obra do homem, e que tem por projeto direto Deus e a vida eterna, não só o futuro terreno utópico. Mas também isso serve para indicar pelo menos uma coisa: que o mundo tem saudade de esperança; que não pode viver sem ela e que, se desaparecer a esperança que vem de Deus, é preciso inventar uma outra esperança pequena, à medida do homem.

A esperança por muito tempo foi e continua sendo a irmã menor e a prima pobre entre as virtudes teologais. Fala-se com frequência da fé, e mais ainda da caridade, mas muito pouco da esperança. Aliás, na história do cristianismo houve quem (como no Quietismo) sentisse a necessidade de deixar de lado a esperança, pretextando que ela, prometendo-se algo, diminuiria a pureza da fé, atenuando sua gratuidade e obscuridade. Mas isso mostra que não se entendeu devidamente a natureza da esperança teologal. Existe um puro esperar, que tem por fundamento só Deus, e no qual esperamos algo quase mais por Deus do que por nós mesmos, para que sua fidelidade e sua bondade fiquem acima de qualquer discussão. Existe um "esperar contra toda esperança", como o de Maria. Nessa profundidade a esperança já não é algo de que o homem possa dispor a seu bel-prazer e sobre o qual se apoie para suavizar suas trevas e seu sofrimento. "Perdida a fé, está perdida a esperança", dizia Santa Catarina de Gênova,[14] no auge da noite de sua fé, ainda que na realidade continuasse acreditando e esperando sempre mais perfeitamente.

Há duas maneiras de pecar realmente contra a esperança: desesperar da salvação e presumir salvar-se sem merecimento; o desespero e a presunção. Aqui se percebe ainda a necessidade que temos de manter juntas a cruz e a ressurreição. Sofrer sem esperar ressurgir é desespero; esperar ressurgir sem sofrer é presunção.

Às vezes já me perguntei por que Deus gosta tanto da esperança, pedindo-nos continuamente que esperemos nele. Aos poucos estou descobrindo a resposta. Continuar esperando, apesar de tudo se tornar sempre mais difícil e de a evidência desmentir sistematicamente a expectativa, significa acreditar mais em Deus do que na evidência dos fatos; significa continuar reconhecendo a Deus um direito a mais, uma possibilidade a mais. Significa dar-lhe crédito. Digo que se, por absurdo, Deus não tivesse pensado antes em criar o paraíso, iria criá-lo porque seus filhos o esperam. Que pai, descobrindo que o filho tem certeza de receber um presente no Natal, no qual ele nem tinha pensado, não iria correndo providenciar esse presente para não o decepcionar? Uma criatura humana pode ter medo e não querer que se espere demais dela, porque conhece seu limite e sabe que, mesmo querendo, não poderá corresponder sempre às esperanças nela colocadas. Mas Deus não; Deus não tem problemas assim. Por isso, longe de ficar aborrecido pelo fato de se esperar demais nele, ele o deseja e espera. "Até agora – diz Jesus – nada pedistes (cf. Jo 16,24); tudo quanto pedirdes, orando, crede que o recebereis (isso é esperar!) e o obtereis" (cf. Mc 11,24).

---

[14] SANTA CATARINA DE GÊNOVA, *Vida*, cap. 19 (ed. Umile Bonzi, S. *Caterina Fieschi Adorno*, II, Turim 1962, p. 207).

A esperança contém um profundo mistério, que se descobre comparando-a com a fé. A fé diz respeito a Deus e às coisas feitas por Deus, as quais são independentes de nós. Que Deus existe, é objeto de fé; que Jesus Cristo é Deus, é objeto de fé; que morreu por nossos pecados, é objeto de fé; que haja uma vida eterna, é objeto de fé. Que nós acreditemos ou não, nada disso deixa de ser verdadeiro e de existir. Deus existe também se eu não acredito que ele existe. A fé acredita, pois, no que já existe. Mas o objeto da esperança não existe se eu não o espero. Sou eu que esperando o faço existir. De fato, a esperança diz respeito a coisas que Deus não irá fazer sem nossa liberdade. O objeto da fé é que Deus existe. O objeto da esperança é que eu possuirei Deus, que Deus será meu, que eu viverei eternamente. Se, porém, eu não esperar, nada disso vai existir. Deus nunca será meu. A esperança é constitutiva de nossa salvação. A frase de São Paulo: *Na esperança é que fomos salvos* (Rm 8,24), tem um sentido ainda mais profundo do que aparece à primeira vista.

É preciso – como diz nosso amigo poeta – que nos tornemos "cúmplices da menina esperança".[15] Tu esperaste algo ardentemente, uma intervenção de Deus, e nada aconteceu? Voltaste a esperar na próxima vez e ainda nada? Tudo continuou como antes, apesar de muitas súplicas e de muitas lágrimas e, talvez, até de muitos sinais de que serias ouvido? Continua esperando, espera ainda mais uma vez, espera sempre, até o fim. Torna-te cúmplice da esperança. Tornar-te cúmplice da esperança significa permitir que Deus te iluda, que ele te engane aqui na terra quantas vezes quiser. E mais: significa estar contente, em alguma parte mais profunda do próprio coração, que Deus não tenha escutado a primeira nem a segunda vez, e que continue a não te escutar, porque assim podes dar-lhe uma prova a mais, fazer um ato de esperança a mais, cada vez mais difícil. Ele te concedeu uma graça bem maior do que a pedida: a graça de esperar nele.

Mas é preciso prestar atenção. A esperança não é só uma bela e poética disposição interior que, por mais difícil que seja, acaba deixando a pessoa inerte e sem nenhuma tarefa real, sendo por isso

---

[15] Ch. PÉGUY, Le porche, in *Oeuvres poétiques*, citado, p. 655.

mesmo estéril. Pelo contrário, esperar significa descobrir que ainda há algo que se pode fazer, uma tarefa a ser cumprida; que não estamos, pois, condenados à inutilidade e à inércia paralisante. Esperar em Deus nas dificuldades significa reconhecer que se a prova continua, o motivo não está em Deus – que é sempre amor infinito –, mas em nós; e se o motivo está em nós, então ainda podemos fazer algo para mudar, ainda há uma tarefa a ser cumprida; se assim não fosse haveria razão para o desespero. Escreve nosso amigo filósofo: "Sendo que o homem diante de Deus sofre sempre como réu, há este motivo de alegria: existe sempre alguma coisa a ser feita, sempre existem tarefas e, com as tarefas, existe sempre a esperança que tudo pode e vai melhorar quando ele, o homem, melhorar; quando trabalhar mais, rezar mais, for mais obediente, mais humilde, mais entregue a Deus, mais imerso no amor, mais ardente no espírito. E, por acaso, não é isso um motivo de alegria?... Sim, quando não houver mais nada a fazer, quando nem o sofrimento for tarefa, então haverá o desespero. Enquanto houver tarefa, enquanto houver alguma proposta, o homem não está abandonado sem esperança... Por isso, ainda que me coubesse o destino mais duro jamais dado a um homem, ainda que nada mais pudesse ser feito, haveria ainda a alegria de uma tarefa a ser cumprida: a tarefa de suportar com paciência. E se fosse necessária uma paciência além de qualquer limite, como jamais pedida a qualquer homem, haveria ainda a alegria de uma tarefa: a tarefa de não perder a paciência, nem mesmo quando se chega aos extremos".[16]

Mesmo que não houvesse, pois, nada mais que pudéssemos fazer para mudar uma situação difícil, restaria sempre uma grande tarefa a cumprir, que nos manteria bastante empenhados e livres do desespero: a tarefa de tudo suportar com paciência até o fim. Esta foi a grande "tarefa" que Maria levou a termo esperando junto da cruz, e nisso ela agora está pronta para ajudar também a nós.

Vemos na Bíblia alguns ímpetos de esperança. Um deles se encontra na terceira Lamentação, canto da alma na maior desolação,

---

[16] S. KIERKEGAARD, *O Evangelho do sofrimento*, IV (trad. ital. in *Opere*, aos cuidados dc C. Fabro, Sansoni, Florença 1972, p. 863-866).

e que pode ser aplicada quase completamente a Maria aos pés da cruz: "Eu sou a pessoa que conheceu a aflição sob a vara de seu furor. Deus me fez caminhar nas trevas e não na claridade; cercou-me com um muro para que não possa sair. Não obstante meus gritos e apelos, ele rejeita minha prece. E eu disse: Desapareceu a minha força, minha esperança no Senhor". Mas eis o ímpeto de esperança que revira tudo. A certa altura o orante diz para si mesmo: "A misericórdia do Senhor não se esgotou; por isso esperarei nele! Porque o Senhor não repele para sempre. Após haver afligido, tem compaixão. Talvez encontre-se ainda esperança" (cf. Lm 3,1-32).

Quero voltar a esperar! Que glória para Deus, que conforto para o homem, poder dizer cada vez estas palavras! *Esperei no Senhor com toda a confiança; inclinou-se para mim,* diz um salmista que fez esta experiência de uma ressurreição graças à esperança (Sl 40,1). E outro salmista: *Eu espero no Senhor, a minha alma espera, confio em sua palavra* (Sl 130,5); *Israel, põe tua esperança no Senhor, desde agora e para sempre* (Sl 131,3).

A carta aos Hebreus fala da esperança como de uma âncora jogada não na terra, mas no céu; "Agarremo-nos – diz – à esperança que nos é proposta. Temos esta esperança como uma âncora segura e firme da alma, que penetra além do véu, onde Jesus entrou por nós" (cf. Hb 6,18-19).

Dirijamos nosso olhar, mais uma vez, àquela que soube permanecer junto da cruz, esperando contra toda a esperança. Aprendamos a invocá-la frequentemente como "Mãe da esperança", e se também nós, neste momento, somos tentados pelo desânimo, recuperemos a coragem repetindo-nos aquelas palavras: "Mas a misericórdia do Senhor não se esgotou: nele quero esperar!".

VI. "MULHER, EIS AÍ TEU FILHO!"

Maria, mãe dos crentes

Objeto de nossa reflexão, neste capítulo, é a segunda parte do trecho do evangelho de João: *Ao ver sua mãe e junto dela o discípulo que ele amava, Jesus disse a sua Mãe: "Mulher, eis aí teu filho!" Depois disse ao discípulo: "Eis aí tua mãe!" E, desde aquela hora, o discípulo recebeu-a em sua casa* (Jo 19,26-27).

No fim de nossas considerações sobre Maria no mistério da Encarnação, contemplamos Maria como Mãe de Deus; agora, no fim de nossas reflexões sobre Maria no Mistério Pascal, vamos contemplá-la como Mãe dos cristãos, como nossa Mãe.

1. "Cada um viva segundo a graça recebida"

É preciso dizer logo que não são dois títulos ou duas verdades a serem colocadas no mesmo plano. "Mãe de Deus" é um título definido solenemente; baseia-se numa maternidade real, não só espiritual; tem um relacionamento muito estreito e, aliás, necessário com a verdade central de nossa fé, que é Jesus Deus e Homem na mesma pessoa; e, por fim, é um título universalmente aceito na Igreja. "Mãe dos crentes", ou "Nossa Mãe", é título que indica uma maternidade espiritual; tem um relacionamento menos estreito com a verdade central do Credo; não se pode dizer que tenha sido aceito no cristianismo "em toda parte, sempre e por todos", mas reflete a doutrina e a piedade de algumas Igrejas, particularmente da Igreja católica, mas não só dela, como vamos ver.

Santo Agostinho ajuda-nos a perceber logo a semelhança e a diferença entre as duas maternidades de Maria. Ele escreve: "Maria, corporalmente, é mãe só de Cristo; mas, espiritualmente, enquanto faz a vontade de Deus, é para ele irmã e mãe. Espiritualmente ela não foi mãe da Cabeça, que é o próprio Salvador, do qual espiritualmente ela nasceu; mas certamente é mãe espiritual dos membros que somos nós, porque, com sua caridade, cooperou para o nascimento da Igreja dos fiéis, que são os membros daquela Cabeça".[1]

A diferença indicada entre os dois títulos de Maria, Mãe de Deus e Mãe dos cristãos, indica que é possível, e aliás obrigatório, admitir certa liberdade entre as várias Igrejas cristãs quanto ao segundo título. Ele reflete mais a piedade e a devoção do que o dogma e, apesar de bem baseado na Palavra de Deus como vamos ver, não é uma consequência que se imponha com a mesma força e evidência para todos. Nosso objetivo, nesta meditação, seria ver toda a riqueza que há atrás desse título e o dom de Cristo que ele contém, de maneira que possa servir não só para honrarmos a Maria com mais um título, mas, para nos edificar na fé e crescer na imitação de Cristo. Um segundo objetivo seria o de tornar esse título, e o sentido que tem para nós católicos, compreensível também aos irmãos protestantes, que não partilham conosco esse e outros títulos de Maria que indicam sua participação ativa na redenção e na vida, também atual, da Igreja.

Este me parece o momento em que é preciso lembrar o que se lê na Escritura sobre os diferentes dons particulares, ou carismas, que há no corpo de Cristo. *Cada um viva segundo a graça recebida, pondo-a a serviço dos outros, como bons administradores de uma multiforme graça de Deus* (1Pd 4,10). Esta palavra não se aplica só a cada indivíduo, mas também a setores da Igreja e às diferentes correntes e tradições que se formaram em seu seio. Neste sentido ela quer dizer: cada Igreja viva segundo a graça particular que recebeu, pondo-a humildemente a serviço das outras Igrejas, como fiéis depositárias de uma graça de Deus que é grande e rica demais para ser contida numa só "forma".

Certa maneira de cultivar a devoção a Nossa Senhora é um carisma e uma graça particular da Igreja católica, partilhada quase totalmente pela Igreja ortodoxa, que estas Igrejas devem cultivar

---
[1] SANTO AGOSTINHO, *Sobre a santa virgindade,* 5-6 (PL 40, 399).

também para outros cristãos, sem exigir que eles necessariamente façam o mesmo. É o que acontece com certa maneira de cultivar a Palavra de Deus escrita, isto é, as Escrituras, que tem sido um dom particular das Igrejas da Reforma, do qual também a Igreja católica e a ortodoxa estão agora se beneficiando.

O que se pede nesses casos, segundo a palavra de Deus, é o seguinte: primeiro, que vivamos a graça recebida, que a cultivemos e a façamos frutificar; em segundo lugar, que a coloquemos a serviço dos outros. É exatamente o que agora nos propomos fazer. Desse ponto de vista, o fato de o título "Mãe dos crentes" não ser vinculante para todos não diminui sua importância para nós, mas até a aumenta em certo sentido. Nós somos responsáveis desta graça também em favor dos outros.

2. "Ali todos nascemos"

Também a maternidade espiritual, analogamente à física, realiza-se em dois momentos e em dois atos: conceber e dar à luz. Nenhum deles sozinho é suficiente. Maria passou por esses dois momentos: espiritualmente nos concebeu e gerou. Concebeu-nos, isto é, acolheu-nos em si, quando – talvez no momento mesmo de seu chamado, na Anunciação, e certamente em seguida, quanto mais Jesus avançava em sua missão – foi descobrindo que aquele seu filho não era um filho como os outros, uma pessoa particular, mas era um *primogênito entre muitos irmãos* (Rm 8,29), que ao redor dele reunia-se um "resto", formava-se uma comunidade.

Espontaneamente – se nos permitimos a analogia – pensamos nas mães de alguns sacerdotes fundadores de obras religiosas – como, por exemplo, a mãe de dom Bosco – que em certo momento viram o filho trazer para casa fileiras cada dia mais numerosas de "pequenos amigos" ou de "pobres filhos". Em silêncio, sem necessidade de muitas explicações, começaram a organizar-se segundo as novas necessidades, preparando comida e pouso também para eles, como se fossem seus filhos, nem mais nem menos.

Mas no caso de Maria tratava-se de algo bem mais profundo. Esses novos que chegavam eram chamados pelo Filho: "irmãos, irmãs e mães"; deles ele dizia: *Sempre que fizestes isto* (vestir, dar a comer, visitar...) *a um destes meus irmãos mais pequeninos, a mim mesmo o fizestes* (Mt 25,40). Quando naqueles anos Maria ouvia ou era informada que o Filho dizia: *Vinde a mim, todos os que estais cansados e oprimidos...* (Mt 11,28), entendia que não podia recuar nem se recusar a acolher como seus todos esses convidados do Filho, a menos que não quisesse ser espiritualmente sua mãe.

Esse foi, pois, o tempo do concebimento, do sim do coração. Agora, junto da cruz, é o momento do sofrimento do parto. Neste momento Jesus dirige-se a sua mãe chamando-a de "Mulher". Ainda que não o possamos afirmar com certeza, sabendo que João costuma falar também usando alusões, essa palavra faz-nos pensar naquilo que disse Jesus numa outra oportunidade: *A mulher, quando está para dar à luz, sente tristeza porque é chegada a sua hora* (Jo 16,21), e naquilo que se lê no Apocalipse a respeito da "Mulher grávida que gritava com ânsias de dar à luz" (cf. Ap 12,1s.). Ainda que essa Mulher seja, em primeira linha, a Igreja, a comunidade da nova aliança que dá à luz o homem novo e o mundo novo, Maria também está pessoalmente contida nessa figura, como início e representante dessa comunidade crente. Esta aproximação entre Maria e a figura da Mulher, de qualquer maneira, foi algo aceito pela Igreja (já com Santo Irineu que foi discípulo de um discípulo de João, a saber, de São Policarpo), quando viu em Maria a nova Eva, a nova "mãe de todos os viventes".

Mas voltemo-nos agora para o texto de João, para ver se já contém algo disso que estamos dizendo. As palavras de Jesus a Maria: "Mulher, eis aí teu filho" e a João: "Eis aí tua mãe", têm certamente antes de tudo um significado imediato e concreto. Jesus entrega Maria a João e João a Maria. Não podemos passar rapidamente por sobre esse significado imediato, que nos diz algo de importante sobre o itinerário espiritual da Mãe de Deus. Ela aparece-nos aqui, mais uma vez, como a mulher peregrina e forasteira neste mundo, que não tem casa nem um lugar só para si, mas que se deixa "colocar" por Deus. No momento do nascimento do Filho, quando a palavra de Deus a colocou numa situação de solidão total diante dos homens, Deus mandou que José a acolhesse:

José, filho de Davi, não temas receber Maria (Mt 1,20). E José, despertando, recebeu-a em sua casa. Agora, no momento da morte do Filho, achando-se novamente sozinha no mundo, Deus manda que João a acolha, e João, "desde aquele dia, recebeu-a em sua casa". Maria é de fato a mulher desarraigada que, desde o início até o fim, deixa que Deus decida sobre sua vida. Maria mostra-se-nos na verdade como "Nossa Senhora Pobreza".

Mas isso não esgota o significado da cena. A exegese moderna, tendo feito enormes progressos no conhecimento da linguagem e dos modos de expressão do Quarto Evangelho, está ainda mais convencida disso do que nos tempos dos Santos Padres. Como dizem, se o trecho de João for lido só de maneira imediatista, como se fossem últimas disposições testamentárias, dá a impressão de ser "um peixe fora da água", totalmente dissonante com o contexto no qual se encontra. Para João, o momento da morte é o momento da glorificação de Jesus, do cumprimento definitivo das Escrituras e de todas as coisas. Imediatamente antes das palavras referentes a Maria, menciona-se o título "Rei dos Judeus" com uma clara alusão a seu significado profético e pleno; fala-se da túnica sem costuras (cf. Jo 19,23s.), que parece lembrar a túnica do sumo sacerdote que devia ser também tecida como uma só peça (Êx 28,31ss.) e que, de qualquer maneira, é a realização de uma profecia. Imediatamente depois daquelas palavras, afirma-se que Jesus "entregou o espírito", isto é, que morreu, e também que derramou o Espírito Santo, como é indicado também pela água e pelo sangue que lhe brotam do lado, se levamos em conta o que João escreve em sua primeira carta: *Três são os que testificam: o Espírito, a água e o sangue* (1Jo 5,7-8). O lado aberto refere-se à profecia de Ezequiel sobre o novo templo, de cujo lado sai o rio de água viva (cf. Ez 47,1ss.); de fato, Jesus mesmo define seu corpo destruído e reconstruído como o novo templo (cf. Jo 2,19s.).

Dado esse contexto, forçamos mais o texto vendo nele apenas um significado particular e pessoal do que lendo aí, com a exegese tradicional, também um significado mais universal e eclesial, ligado, de algum modo, à figura da "mulher" de Gênesis 3,15 e de Apocalipse 12. Este significado eclesial é que o discípulo não é apenas João, mas o discípulo de Jesus enquanto tal, todos os discípulos. Eles são entregues a Maria como filhos por Jesus no momento de sua morte, do mesmo modo que Maria é entregue a eles como mãe.

As palavras de Jesus às vezes descrevem algo já presente, isto é, revelam o que existe; às vezes, criam e mandam existir o que exprimem. A esta segunda ordem pertencem as palavras de Jesus dirigidas a Maria e a João no momento da morte. Dizendo: *Isto é o meu corpo...*, Jesus transformou o pão em seu corpo; assim também, com as devidas proporções, dizendo: *Eis aí tua mãe*, e *Eis aí teu filho*, Jesus constitui Maria mãe de João e João filho de Maria. Jesus não apenas proclamou a nova maternidade de Maria, mas a instituiu. Esta, pois, não vem de Maria, mas da Palavra de Deus; não se baseia no mérito, mas na graça.

Debaixo da cruz, Maria mostra-se, pois, como a filha de Sião que, depois do luto e da perda de seus filhos, recebe de Deus novos filhos, mais numerosos que antes, não segundo a carne, mas segundo o Espírito. Um salmo, que a liturgia aplica a Maria, diz: *Tiro, a Filisteia e até mesmo a Etiópia: estes ali nasceram. Mas de Sião se há de dizer: "estes e aqueles nela nasceram...". O Senhor há de apontar no registro dos povos: "Este nela nasceu"* (Sl 87,4ss.). É verdade: todos nascemos lá! Dir-se-á também de Maria, a nova Sião: estes e aqueles dela nasceram. De mim, de ti, de cada um, também daquele que ainda não o sabe, no livro de Deus está escrito: "Este ali nasceu".

Mas, por acaso, não "renascemos da Palavra de Deus viva e eterna" (cf. 1Pd 1,23)?; não "nascemos de Deus" (Jo 1,13), renascidos "da água e do Espírito" (Jo 3,5)? É a pura verdade, mas isso não impede que, num sentido diferente, subordinado e instrumental, tenhamos nascido também da fé e do sofrimento de Maria. Se Paulo, que é um servo e um apóstolo de Cristo, pode dizer a seus fiéis: *Fui eu quem vos gerei em Cristo Jesus, por meio do Evangelho* (1Cor 4,15), quanto mais pode dizê-lo Maria, que é a mãe dele! Quem mais do que ela pode fazer suas as palavras do Apóstolo: *Filhinhos meus, por quem de novo sinto as dores do parto* (Gl 4,19)? Ela nos gera "de novo" debaixo da cruz, porque já nos gerou uma primeira vez, não na dor, mas na alegria, quando deu ao mundo a Palavra viva e eterna" que é Cristo, na qual fomos regenerados.

As promessas de Deus não se referem a puras abstrações, nem a cidades ou muralhas. Referem-se a pessoas concretas, das quais todas aquelas coisas são símbolos e imagens. E, se se referem a pessoas concretas, a quem se referem aquelas palavras do salmo, em quem se realizaram de maneira mais clara do que em Maria, a humilde filha de Sião, início também cronológico daquele "resto", ao qual pertencem as promessas (cf. Rm 11,5ss.)?

Como antes aplicamos a Maria, sob a cruz, o canto de lamentação da Sião destruída, que bebeu do cálice da ira divina, assim agora, confiantes nas potencialidades e riquezas inesgotáveis da Palavra de Deus, que vão muito além dos esquemas exegéticos, aplicamos a ela também o canto da Sião reconstruída depois do exílio que, cheia de admiração, olhando para seus novos filhos, exclama: *Quem me gerou estes filhos? Eu não tinha filhos, era estéril, quem os criou?* (Is 49,21).

Não se trata de uma aplicação subjetiva, mas objetiva; isto é, não se baseia no fato de Maria ter ou não pensado, naquele momento, nessas palavras (de fato, é mais provável que não), mas no fato de essas palavras, por disposição divina, objetivamente terem se realizado nela. Isso se descobre por uma leitura espiritual da Escritura, feita com a Igreja e na Igreja. E como sai perdendo quem se coloca na impossibilidade de jamais a poder fazer! Perde o Espírito e contenta-se só com a letra. A moderna ciência da interpretação formulou um princípio interessante; afirma que, para entender um texto, não podemos prescindir do resultado por ele produzido, da ressonância que teve na história (*Wirkungsgeschichte*). Isto vale mais ainda para os textos da Sagrada Escritura; estes não se entendem, em todo o seu conteúdo e virtualidade, senão a partir da história do que produziram em Israel e depois na Igreja; a partir da vida e da luz que deles brotaram. E isto vale sobretudo para palavras como as que estamos examinando. Esta "história das realizações" é o que a Igreja chama de Tradição.

3. A síntese mariana do Concílio Vaticano II

A doutrina tradicional católica de Maria, Mãe dos cristãos, recebeu uma nova formulação na constituição sobre a Igreja do Concílio Vaticano II, em que ela está incluída no quadro mais amplo do lugar de Maria na história da salvação e no mistério de Cristo.

"Predestinada desde a eternidade junto com a Encarnação do Verbo divino, como Mãe de Deus, por desígnio da Providência divina, a Bem-aventurada Virgem foi nesta terra a sublime mãe do Redentor, singularmente mais que os outros sua generosa companheira e humilde serva do Senhor. Ela concebeu, gerou, nutriu a Cristo, apresentou-o ao Pai no templo, compadeceu com seu Filho que morria na cruz. Assim de modo inteiramente singular, pela obediência, fé, esperança e ardente caridade, ela cooperou na obra do Salvador para a restauração da vida sobrenatural das almas. Por tal motivo ela se tornou para nós mãe na ordem da graça."[2] O mesmo Concílio preocupa-se com determinar exatamente o sentido dessa maternidade de Maria, dizendo: "A materna missão de Maria a favor dos homens de modo algum obscurece nem diminui esta mediação única de Cristo, mas até ostenta sua potência, pois todo o salutar influxo da Bem-aventurada Virgem a favor dos homens não se origina de alguma necessidade interna, mas do divino beneplácito. Flui dos superabundantes méritos de Cristo, repousa em sua mediação, dela depende inteiramente e dela aufere toda a força. De modo algum impede, mas até favorece a união imediata dos fiéis com Cristo".[3]

Ao lado do título de Maria, Mãe de Deus, e dos crentes, a outra categoria fundamental que o Concílio usa para esclarecer a função de Maria é aquela de modelo ou de tipo: "Em virtude da graça da divina maternidade e da missão, pela qual ela está unida com seu Filho Redentor, e em virtude de suas singulares graças e funções, a Bem-aventurada Virgem está também intimamente relacionada com a Igreja. Já Santo Ambrósio ensinava que a Mãe de Deus é o tipo da Igreja na ordem da fé, da caridade e da perfeita união com Cristo".[4]

À luz desses textos e do que dissemos até aqui, podemos resumir o dúplice relacionamento de Maria com Jesus e com a Igreja da maneira seguinte: com respeito a Jesus, Maria é *mãe e discípula;* com respeito à Igreja, ela é *mãe e mestra,* isto é, modelo, tipo exemplar.

---

[2] *Lumen Gentium* 61.
[3] *Lumen Gentium* 60.
[4] *Lumen Gentium* 63.

Ela pode, de verdade, dizer como Paulo e mais do que Paulo: *Sede meus imitadores, como eu o sou de Cristo* (1Cor 11,1). De fato, ela é nosso modelo e mestra exatamente porque é perfeita discípula e imitadora de Cristo.

A novidade maior deste tratado sobre Maria consiste, como se sabe, em ele ser colocado no contexto do tratado sobre a Igreja. Com isso o Concílio – não sem sofrimentos e feridas, como é inevitável nesses casos – atuava uma profunda renovação na mariologia dos últimos séculos. O discurso sobre Maria já não está isolado, como se ela ocupasse uma posição intermediária entre Cristo e a Igreja, mas é reconduzido ao âmbito da Igreja, como havia sido na época dos Santos Padres. Maria é considerada, como dizia Santo Agostinho, como o membro mais excelente da Igreja, mas um membro seu, não fora ou acima dela: "Santa é Maria, bem-aventurada é Maria, mas a Igreja é mais importante que a Virgem Maria. Por quê? Porque Maria é uma parte da Igreja, um membro santo, excelente, superior a todos os outros, mas sempre um membro do corpo. E se é um membro do corpo, sem dúvida o corpo é mais importante do que um membro".[5]

Isso não impediu ao Concílio de realçar também o relacionamento único, não partilhado pelo resto da Igreja, que Maria tem com Cristo, enquanto sua mãe. De fato, o tratado sobre ela tem o título: "A bem-aventurada Virgem Maria, Mãe de Deus, no mistério de Cristo e da Igreja": não só, pois, no mistério da Igreja, mas também no mistério de Cristo, enquanto Verbo encarnado.

Logo depois do Concílio, Paulo VI desenvolveu ulteriormente a ideia da maternidade de Maria a respeito dos crentes, atribuindo a ela, explícita e solenemente, o título de Mãe da Igreja: "Para a glória, pois, da Virgem e para nossa consolação, nós proclamamos Maria Santíssima 'Mãe da Igreja', isto é, de todo o povo de Deus, seja dos fiéis como dos Pastores, que a invocam como Mãe amorosíssima; e queremos que com este suavíssimo título de agora em diante a Virgem seja ainda mais honrada e invocada por todo o povo cristão".[6]

---

[5] SANTO AGOSTINHO, *Sermão* 72 A (= Denis 25), 7 *(Miscellanea Agostiniana* I, p. 163).
[6] PAULO VI, *Discurso de encerramento do terceiro período do Concílio* (AAS 56, 1964, p. 1016).

4. Maria, mãe dos crentes, numa perspectiva ecumênica

Procuremos agora entender o sentido deste título de Maria, mãe dos crentes e mãe da Igreja, a partir de algumas categorias bíblicas, com a esperança que isso ajude também a tornar esta crença da Igreja católica compreensível – e não mais escandalosa – aos irmãos protestantes.

Esclareço, antes de tudo, o princípio que está na base das reflexões que se seguem. Se Maria, como foi visto, coloca-se fundamentalmente do lado da Igreja, consequentemente as categorias e as afirmações bíblicas de onde partir, para explicar quem é ela, são mais aquelas que se referem às pessoas humanas que constituem a Igreja, aplicadas a ela "a fortiori", do que aquelas que se referem às pessoas divinas ou a Cristo, aplicadas a ela por redução. Para entender, por exemplo, da maneira mais correta o conceito delicado da mediação de Maria na obra da salvação, talvez seja mais útil e mais oportuno partir da mediação da criatura, como a de Abraão, de Paulo, dos apóstolos, do que da mediação divino-humana de Cristo. De fato, a distância maior não é a que existe entre Maria e o resto da Igreja, mas a que existe entre Maria e a Igreja de um lado e Cristo com a Trindade do outro lado; entre as criaturas e o Criador. Não é possível, ou é perigoso, fazer uma cristologia a partir "de baixo", isto é, a partir do homem antes que de Deus, porque "ninguém subiu ao céu a não ser aquele que desceu do céu" (cf. Jo 3,13); ninguém pode pleitear para Cristo a dignidade de Deus, se ele não for Deus já na origem; pois é possível tornar-se homem, mas não se tornar Deus. É possível, porém, e até obrigatório procurar uma mariologia a partir "de baixo". Houve um tempo no qual praticamente todos os títulos de Maria eram deduzidos de um princípio dogmático, como "cheia de graça" ou "Mãe de Deus". Mas agora, à luz do tratado do Concílio Vaticano II, podemos utilizar o outro caminho, por indução, a partir da Palavra de Deus.

A primeira analogia, a partir "de baixo", que a Bíblia nos apresenta, para falar de Maria, é a de Abraão. Várias vezes tocamos de leve na comparação entre Abraão e Maria, mas agora chegou o momento de considerá-la mais profundamente. É um fato singular que Cristo, no

Novo Testamento, nunca é chamado de novo Abraão, ao passo que é chamado, pelo menos implicitamente, de novo Adão, novo Isaac, novo Jacó, novo Moisés, novo Aarão etc. É Isaac, o filho, que é tipo de Cristo. Abraão não tem sua realidade correspondente em Cristo, mas em Maria, porque ele é constituído pai pela fé e representa a fé: algo que o Novo Testamento nunca atribui a Jesus, mas atribui a Maria, quando a proclama bem-aventurada por sua fé (cf. Lc 1,45).

A comparação entre a fé de Abraão e a de Maria está esboçada no relato mesmo da Anunciação. A Maria, que em contraste com a promessa que lhe é feita lembra ao anjo sua situação de virgem, é dada a mesma resposta (no texto dos LXX a identidade é ainda mais clara) que foi dada a Abraão, depois que Sara tinha feito a mesma observação a propósito de sua velhice e esterilidade: *Nada é impossível a Deus* (Lc 1,37; Gn 18,14).[7]

Mas esta correspondência aparece sobretudo a partir dos fatos. Na vida de Abraão encontramos dois grandes atos de fé. Primeiro, pela fé Abraão acreditou na promessa de Deus que teria um filho, *não tomando em consideração seu próprio corpo, já sem vigor por ser quase centenário, nem o seio de Sara, já sem vida* (Rm 4,19; cf. Hb 11,11); depois, *foi pela fé que Abraão, quando foi posto à prova, ofereceu Isaac. E ofereceu seu único filho, apesar de ter recebido as promessas* (Hb 11,17).

Também na vida de Maria encontramos dois grandes atos de fé. Maria acreditou quando Deus anunciava a ela, virgem, o nascimento de um filho que seria o herdeiro de todas as promessas. Acreditou, em segundo lugar, quando Deus lhe pediu que assistisse à imolação do Filho que lhe tinha dado. Aqui se apagam todas as luzes e a pessoa humana entra, de verdade, nas trevas da fé. Parece que Deus se contradiz e esquece suas promessas. Tinha sido dito: *Será grande e se chamará Filho do Altíssimo*, e, ao invés, é como que esmagado pelos insultos e pelas pancadas; tinha sido dito: *Reinará eternamente sobre a casa de Jacó*, e é cravado numa cruz! Até o último momento Maria deve ter esperado – porque ela também caminhava na fé e na esperança e não na visão – que Deus interviesse,

---

[7] Cf. M. THURIAN, *Marie, Mère du Seigneur, figure de l'Église,* Taizè 1963 (Trad. ital. Morcelliana, Brescia 1987, p. 94 s.).

que as coisas mudassem de rumo. Esperou isso depois que Jesus foi preso, quando estava diante de Pilatos, antes que fosse emitida a sentença, e no Calvário antes que fosse batido o primeiro cravo até que, inclinando a cabeça, entregou o espírito! Mas nada!

A Maria é pedido mais que a Abraão. Com Abraão Deus parou no último momento e poupou a vida do filho; com Maria não, mas ultrapassou a linha sem retorno da morte. Nisso se percebe a diferença entre o Antigo e o Novo Testamento: "Abraão empunha a faca, mas obtém novamente Isaac; e a coisa não foi a sério. O cume da seriedade esteve na prova, mas depois volta a alegria desta vida. Bem diferente acontece no Novo Testamento. Não era uma espada pendente de uma crina de cavalo sobre a cabeça de Maria Virgem, para ver se ela naquele momento manteria a obediência da fé; não, a espada chegou de fato a transpassar, a despedaçar seu coração, mas com isso ela teve um penhor sobre a eternidade: isto Abraão não teve".[8]

Agora vamos tirar a conclusão de tudo isso. Se Abraão pelo que fez mereceu na Bíblia o nome de *"pai"* (cf. Lc 16,24), de *"pai de todos nós"*, de todos os crentes (cf. Rm 4,16), que haverá de estranho se Maria for chamada de "Mãe de todos nós", mãe de todos os crentes? Abraão não recebeu este título durante sua vida, mas na reflexão posterior de seu povo que repensava sua fé. Também Maria recebeu esse título na reflexão posterior de seu povo que é a Igreja. Durante a vida, também dela foi ressaltado apenas que acreditou no cumprimento das palavras do Senhor. O título de Abraão, "pai dos crentes", está contido nas Escrituras; goza, pois, de autoridade universal e indiscutida; mas não deveria gozar pelo menos de respeito e de piedosa veneração o mesmo título quando dado a Maria pela Igreja, sendo que está tão fundamentado nas mesmas Escrituras?

Mas da comparação Abraão-Maria podemos receber uma luz ainda maior, que diz respeito não só ao simples título, mas também a seu conteúdo ou significado. Mãe dos crentes é um simples título de honra ou algo mais? Calvino interpreta o texto de Gênesis – no qual Deus diz a Abraão: *Todas as famílias da terra serão em ti abençoadas* (Gn 12,3)

---

[8] S. KIERKEGAARD, *Diário* X⁴ A 572 (trad. ital. citada, n. 2689).

–, no sentido que "Abraão será não só exemplo e patrono, mas também causa de bênção".⁹ Um conhecido exegeta protestante moderno escreve no mesmo sentido: "Perguntou-se se aquelas palavras (Gn 12,3) querem afirmar apenas que Abraão se tornará uma espécie de fórmula para abençoar e que a bênção por ele recebida se tornará proverbial... Mas, do ponto de vista hermenêutico, é errôneo limitar a um só significado, e ao mais tênue, uma proposição tão programática e estilisticamente elevada... Deve-se, pois, retornar à interpretação tradicional que entende a palavra de Javé 'como uma ordem dada à história' (B. Jacob). A Abraão é reservada, no plano salvífico de Javé, a função de mediador da bênção para todas as gerações da terra".¹⁰

Tudo isso nos ajuda muito a entender o que a tradição, a partir de Santo Irineu, diz de Maria: ela não é só um *exemplo* de bênção e de salvação, mas, de alguma maneira, dependente só da graça e da vontade de Deus, é também *causa* – secundária e instrumental – de salvação; sua maternidade em relação à Igreja não é só de honra ou uma simples maneira de dizer. "Como Eva, pois, desobedecendo tornou-se causa de morte para si e para todo o gênero humano, assim Maria... obedecendo tornou-se *causa de salvação* para si e para todo o gênero humano."¹¹

Irmãos protestantes, as palavras *"Todas as gerações me hão de chamar bem-aventurada"* (Lc 1,48) não as colocamos nós, católicos, na Escritura; colocou-as o Espírito Santo. Por acaso não devem também elas serem consideradas como "uma ordem dada por Deus à história", como as palavras dirigidas a Abraão: *Todas as famílias da terra serão em ti abençoadas*? Se se reconhece uma função de "mediador" a Abraão, como não reconhecer com maior razão a mesma função também a Maria?

Não se pode afirmar que uma mediação real, como aquela de Abraão, era ainda possível na economia do Antigo Testamento, mas não na do Novo, quando temos afinal o Mediador único entre Deus e os homens, o homem Cristo Jesus (cf. 1Tm 2,5). De fato, a media-

---

⁹ CALVINO, *Le livre de la Genèse*, I, Genebra 1961, p. 195.
¹⁰ G. VON RAD, *Das erste Buch Moses, Genesis*, Gotinga 1972⁹ (trad. ital. *Genesi*, Paideia, Brescia 1978, p. 204).
¹¹ SANTO IRINEU, *Contra as heresias*, III, 22,4 (SCh 211, p. 442s.).

ção única de Cristo se exerce, também na nova aliança, através das mediações criadas e humanas, por ele mesmo instituídas, como as mediações dos sinais sacramentais e da pessoa dos apóstolos.

Essas observações não são feitas no espírito de quem diz aos outros: "ex ore tuo te iudico, eu te julgo por tuas mesmas palavras"; mas são feitas para mostrar a contribuição insubstituível que os irmãos protestantes podem trazer, com seu senso da Escritura, à edificação da fé comum, inclusive no tocante a Maria. Expressam não um juízo de coerência ou de incoerência, mas sim um convite e um desejo de comunhão. De fato, parece sempre mais claro que será exatamente no campo da Bíblia que católicos e protestantes poderão encontrar uma plena comunhão também a respeito da Mãe de Deus.

Se Maria está do lado da Igreja e pelo Concílio Vaticano II foi colocada coerentemente na constituição sobre a Igreja, Maria é também um capítulo, e capítulo importante, da Escritura e da Palavra de Deus e deve ser explicada levando-se em conta também a constituição sobre a revelação, a *Dei Verbum*. "Deus – dizia São Gregório Magno – às vezes nos instrui com as palavras, às vezes com as obras".[12] E um texto da *Dei Verbum* diz, no mesmo sentido, que a revelação se realiza de duas maneiras: através de acontecimentos e através de palavras *(gestis verbisque)*.[13] Isto esclarece um fato muito conhecido da Bíblia, que ela contém não só palavras, mas também gestos e ações simbólicas, ou também vidas que são em si mesmas proféticas. Maria é uma dessas vidas proféticas e, enquanto tal, é veículo de revelação, não só e não tanto por aquilo que diz, quanto por aquilo que faz e é. Maria é também ela, à sua maneira, uma "palavra visível", uma palavra "em ato", como Santo Agostinho define o "sinal sacramental".[14]

Uma segunda analogia, a partir de baixo, depois daquela de Abraão, diz respeito aos apóstolos. Na carta aos Efésios, lê-se que os crentes *estão edificados sobre o alicerce dos Apóstolos e dos Profetas, tendo Cristo por pedra angular* (Ef 2,20). Como é que aqui os após-

---

[12] SÃO GREGÓRIO MAGNO, *Homilias sobre o Evangelho* XVII, 1 (PL 76, 1139).
[13] *Dei Verbum* 2.
[14] SANTO AGOSTINHO, *Comentário ao Evangelho de João* 80,3 (CC 36, p. 529).

tolos e os profetas são chamados de "alicerce", se está escrito que *ninguém pode pôr outro fundamento diferente do que foi posto, isto é, Jesus Cristo* (1Cor 3,11)? A resposta é a seguinte: há diferentes maneiras de estarmos "fundados" sobre alguém; e se podemos estar "edificados" sobre os apóstolos porque eles foram os primeiros a nos transmitir a Palavra de vida, muito mais se pode dizer que estamos "edificados" sobre Maria e somos "gerados" por Maria, pois foi ela quem nos transmitiu o autor mesmo da Palavra e o transmitiu não a esta ou àquela Igreja, como cada um dos apóstolos, mas ao mundo inteiro.

Como Deus não desdenhou chamar criaturas – o homem e a mulher – para colaborar com ele no dar a vida natural, assim, se ele quiser, pode muito bem chamar uma criatura – Maria e, de maneira diferente, qualquer pessoa – para colaborar com ele no dar a vida sobrenatural e ser "instrumento de sua graça". Mesmo assim a criatura continua sendo um nada diante de Deus; tudo é pura e unicamente graça. Não aconteça que, para ressalvar a transcendência de Deus, vamos fazer dele uma ideia mesquinha, como se fosse um Deus "ciumento" à maneira humana, como um deus grego, e não no sentido bíblico. Na Bíblia o "ciúme" de Deus diz respeito aos ídolos, não a seus instrumentos e intermediários.

É um fato animador descobrir que os próprios iniciadores da Reforma reconheceram a Maria o título e a prerrogativa de Mãe, também no sentido de Mãe nossa e mãe da salvação: "Esta – escreve Lutero num sermão para a Missa do Natal – é a consolação e a transbordante bondade de Deus: que o homem, enquanto crê, possa gloriar-se de um bem tão precioso, que Maria seja sua verdadeira mãe, Cristo seu irmão, Deus seu Pai... Se acreditares assim, então estás de verdade no seio da virgem Maria e és seu filho querido".[15]

Zwínglio, num sermão de 1524, diz que Maria é a "pura virgem Maria, mãe de nossa salvação" e afirma nunca ter "pensado, nem muito menos ensinado ou afirmado em público algo de ímpio, desonroso, indigno ou mau"[16] a seu respeito.

---

[15] LUTERO, Kirchenpostille (ed. Weimar, 10,1, p. 73) (Trad. ital. in *Scritti religiosi,* citado, p. 546).
[16] H. ZWÍNGLIO, Predigt von der reinen Gottgebärerin Maria, (in ZWÍNGLIO, *Hauptschriften, der Prediger* I, Zurique 1940, p. 159).

Como, então, chegamos à atual situação em que os irmãos protestantes têm tanta dificuldade a respeito de Maria, a ponto de alguns grupos marginais acreditarem até ser seu dever diminuir Maria, por isso atacando continuamente os católicos e, pelo menos, deixando de lado tudo o que dela diz a Escritura? Aconteceu com Maria algo de análogo àquilo que aconteceu com a doutrina eucarística. O que devia ser para todos os cristãos sinal e fator mais forte de unidade e, no caso da Eucaristia, o sacramento mesmo da unidade, tornou-se a ocasião mais patente de discórdia e de desunião.

Não pretendo dar uma resposta a essas perguntas; quero somente dizer qual me parece ser o caminho para sair desta triste situação a respeito de Maria. Este caminho passa por um sincero reconhecimento de nossa parte, católicos, que muitas vezes, especialmente nos últimos séculos, contribuímos de maneira determinante para tornar Maria inaceitável para os irmãos protestantes, honrando-a de um modo às vezes exagerado e inconsiderado e, sobretudo, não colocando essa devoção num contexto bíblico bem claro que manifestasse sua função subordinada com relação à Palavra de Deus, ao Espírito Santo e ao próprio Jesus. A mariologia nos últimos séculos tornara-se uma fábrica contínua de novos títulos, novas devoções, frequentemente em polêmica com os protestantes, servindo-se às vezes de Maria – a Mãe comum! – como de uma arma contra eles. O Concílio Vaticano II reagiu a esta tendência, recomendando que os fiéis "com diligência afastem tudo que, por palavras ou por fatos, possa induzir os irmãos separados ou quaisquer outros em erro acerca da verdadeira doutrina da Igreja" e lembrando aos mesmos fiéis que "a verdadeira devoção não consiste num estéril e transitório afeto, nem numa certa vã credulidade".[17]

Do lado protestante, creio eu, deve-se considerar o influxo negativo que não só a polêmica anticatólica, mas também o racionalismo tiveram em sua atitude para com Maria.

Maria não é uma ideia; é uma pessoa concreta, uma mulher, e como tal não se presta a ser facilmente teorizada ou reduzida a um princípio abstrato. Ela é o ícone mesmo da simplicidade de Deus.

---

[17] *Lumen Gentium* 67.

Por isso, num clima dominado por um exasperado racionalismo, não podia senão ser eliminada do horizonte teológico. Uma luterana, muito fiel a sua fé, depois de lembrar vários textos de Lutero cheios de admiração para com Nossa Senhora, escreve: "Lendo estas palavras de Lutero, que até o fim de sua vida honrou a Maria, guardou suas festas e todos os dias cantou o *Magnificat*, percebe-se o quanto em geral nos afastamos da reta atitude que Lutero, tendo por base a Escritura, ensinou-nos a ter para com ela... Vemos o quanto nós, evangélicos, nos deixamos submergir pelo racionalismo. O racionalismo não entendeu absolutamente nada do mistério da santidade de Deus... O homem racionalista quis compreender tudo e eliminou o que não conseguia entender... O racionalismo, que admite somente o que se pode entender com a razão, difundindo-se, varreu das Igrejas evangélicas as festas de Maria e tudo o que lhe diz respeito e deixou sem sentido qualquer referência bíblica a Maria: e ainda hoje sofremos dessa herança. Se Lutero com a seguinte frase: 'Depois de Cristo, ela é em toda a cristandade a joia preciosa, nunca suficientemente louvada', inculca-nos esse louvor, eu devo confessar que estou entre os que, por longos anos, não o têm feito, deixando assim também de cumprir o que diz a Escritura: *Desde agora as gerações me hão de chamar bem-aventurada* (Lc 1,48). Eu não me tinha colocado entre essas gerações".[18]

Todas essas premissas permitem-nos cultivar uma esperança no coração: que um dia, não distante, católicos e protestantes possamos ser já não divididos, mas unidos por Maria numa comum veneração para com ela, talvez diferente nas formas e na expressão, mas concorde em reconhecer nela a Mãe de Deus e, num sentido diferente, também a Mãe dos crentes. Estamos no terceiro milênio. Estaria certo que, no aniversário de Jesus, nos esquecêssemos completamente daquela que o deu ao mundo? Seria cristão e, antes de tudo, humano? Mas sobretudo, o Cristo que anunciamos seria de verdade a Palavra feito carne, o Deus que entrou na história, que se tornou em tudo semelhante a nós: no nascer, no viver e no morrer?

---

[18] M. BASILEA SCHLINK, *Afano, der Weg der Mutter der Herrn*, Darmstadt 1982⁴, p. 149-152 (trad. ital. Àncora, Milão 1983, p. 102-103).

5. "E desde aquela hora o discípulo recebeu-a em sua casa"

Este seria o momento, seguindo o método adotado para este nosso caminho, de passar da contemplação de um título ou de um momento da vida de Maria a sua imitação prática, de considerar Maria enquanto tipo e espelho da Igreja. Neste capítulo, porém, no qual contemplamos Maria como "nossa mãe", a aplicação prática é de um tipo particular. Não consiste evidentemente em imitar Maria, mas em acolhê-la. Devemos imitar a João, tomando, desde agora, Maria conosco em nossa vida.

A frase: "E o discípulo recebeu-a consigo" *(eis tá ídia)*, no texto original, pode significar duas coisas, que talvez tenham de se manter unidas: recebeu-a "em sua casa" e recebeu-a "entre suas coisas mais caras".

Pensa-se muito pouco no que essa breve frase contém. Por detrás dela há uma notícia de enorme importância e historicamente certa, porque dada pela pessoa interessada. Maria passou os últimos anos da vida com João. Aquilo que se lê no Quarto Evangelho, a propósito de Maria em Caná da Galileia e debaixo da cruz, foi escrito por alguém que vivia debaixo do mesmo teto com Maria, porque é impossível não admitir um relacionamento estreito, senão a identidade, entre "o discípulo que Jesus amava" e o autor do Quarto Evangelho. A frase: "E o Verbo se fez carne", foi escrita por alguém que vivia debaixo do mesmo teto com aquela em cujo seio este milagre se realizara, ou ao menos por alguém que a tinha conhecido e frequentado.

Quem pode dizer o que significou, para o discípulo que Jesus amava, ter consigo Maria, em casa, dia e noite? Rezar com ela, com ela tomar as refeições, tê-la como ouvinte quando falava aos fiéis, celebrar com ela o mistério do Senhor? Pode-se pensar que Maria tenha vivido no círculo do discípulo que Jesus amava, sem ter tido nenhum influxo no lento trabalho de reflexão e de aprofundamento que levou à redação do Quarto Evangelho? Parece que na antiguidade Orígenes ao menos intuiu o segredo que há debaixo deste fato e ao qual os estudiosos e os críticos do Quarto Evangelho e os pesquisadores de suas fontes não dão, geralmente, nenhuma atenção. Ele escreve: "Primícias dos Evangelhos é o de João, cujo sentido profundo não pode colher quem não tenha colocado a cabeça sobre o peito de Jesus e não tenha recebido dele Maria, como sua própria mãe. Quem for um outro João deve tornar-se tal que seja, por assim dizer, indicado por Jesus, como João que é Jesus. De fato, se não há outro filho de Maria senão Jesus, segundo a opinião daqueles que pensam corretamente sobre ela, e mesmo assim Jesus diz a sua Mãe: 'Eis aí teu filho', e não: 'Eis, também este é teu filho', isto quer dizer: 'Este é Jesus que deste à luz'. De fato, quem é perfeito já não vive, mas nele vive o Cristo (cf. Gl 2,20); e, como nele vive o Cristo, quando se fala dele a Maria diz-se: 'Eis ai teu filho', isto é, Cristo".[19] Este texto mostra que Orígenes, baseando-se na doutrina do corpo místico e do cristão perfeito que é um outro Cristo, já interpreta a palavra de Cristo, no momento da morte, como dirigida não só a João, mas a cada discípulo.

Agora nós nos perguntamos: que pode significar para nós concretamente receber Maria em nossa casa? Este, creio, é o lugar onde colocar o núcleo sóbrio e sadio da espiritualidade monfortiana da entrega a Maria. Essa consiste em "fazer todas as ações por meio de Maria, com Maria, em Maria e para Maria, para poder cumpri--las do modo mais perfeito por meio de Jesus, com Jesus, em Jesus e para Jesus". "Devemos abandonar-nos ao espírito de Maria para sermos movidos e guiados segundo seu querer. Devemos colocar--nos e ficarmos entre suas mãos virginais como um instrumento nas mãos de um operário, como um alaúde entre as mãos de um hábil tocador. Nem devemos perder-nos e abandonar como pedra que se joga ao mar. É possível fazer tudo isso simplesmente e num instante, com um só olhar interior ou um leve movimento da vontade, ou também com alguma breve palavra."[20]

Mas assim não se usurpa o lugar do Espírito Santo na vida cristã, uma vez que nos devemos "deixar guiar" pelo Espírito Santo (cf. Gl 5,18), deixando que ele aja e reze em nós (cf. Rm 8,26s.), para nos as-

---

[19] ORÍGENES, *Comentário ao Evangelho de João* I, 6, 23(SCh 120, p.70-72).
[20] S. L. GRIGNION DE MONTFORT, Tratado da verdadeira devoção a Maria, n. 257. 259 (in *Oeuvres complètes*, Paris 1966, p. 660-661).

semelhar ao Cristo? Não está escrito que o cristão deve fazer qualquer coisa "no Espírito Santo"? Este inconveniente – o de atribuir pelo menos de fato, tacitamente, a Maria as funções próprias do Espírito Santo na vida cristã – foi reconhecido como presente em algumas formas de devoção mariana anteriores ao Concílio.[21] Isso era devido à falta de uma clara e operante consciência do lugar do Espírito Santo na Igreja. O desenvolver-se de um forte sentido da pneumatologia não leva, porém, minimamente à necessidade de rejeitar esta espiritualidade da entrega a Maria, mas só esclarece sua natureza. Maria é exatamente um dos meios privilegiados através dos quais o Espírito Santo pode guiar as almas e levá-las à semelhança com Cristo, exatamente porque Maria faz parte da Palavra de Deus, sendo ela mesma uma palavra de Deus em ação. A frase "Ad Jesum per Mariam", a Jesus por Maria, é aceitável só enquanto significa que o Espírito Santo nos guia a Jesus servindo-se de Maria. A mediação criada de Maria, entre nós e Jesus, reencontra toda a sua validade quando entendida como meio da mediação incriada que é o Espírito Santo.

Aqui também, para entender, recorremos a uma analogia a partir de baixo. Paulo exorta seus fiéis a olharem o que ele faz e a fazerem, eles também, como o veem fazer: *O que aprendestes, recebestes, ouvistes de mim e vistes em mim é o que deveis praticar* (Fl 4,9). Ora, é certo que Paulo não quer colocar-se no lugar do Espírito Santo; simplesmente pensa que imitá-lo significa abrir-se ao Espírito, porque pensa ter ele também o Espírito de Deus (cf. 1Cor 7,40). Isto vale *a fortiori* de Maria e explica o sentido do "fazer tudo com Maria e como Maria".

Uma analogia do alto, ao invés, poderia ser a da Sabedoria divina. Maria não se identifica com a Sabedoria de Deus, que é, antes, a Palavra ou o Espírito. É, porém, considerada pela Igreja latina e oriental como a "sede da Sabedoria", aquela que se deixou plasmar por ela. Neste sentido derivado o cristão pode dizer de Maria o que o discípulo dizia da Sabedoria no Antigo Testamento: *Portanto, resolvi tomá-la por companheira da minha vida, sabendo que ela será para mim uma boa conselheira, e minha consolação nos cuidados e*

---

[21] Cf H. MÜHLEN, *Uma mística pessoa,* Paderborn 1967 (trad. ital. Città Nuova, Roma 1968, p. 575ss.).

nas penas... Ela sabe o que é agradável a vossos olhos e o que é reto segundo os vossos preceitos (Sb 8,9; 9,9).

Isto é, num sentido espiritual, receber Maria consigo: recebê-la como companheira e conselheira, sabendo que ela conhece, melhor do que nós, quais são os desejos de Deus a nosso respeito. Se aprendemos a consultar e a escutar Maria em todas as coisas, ela se torna para nós a mestra incomparável dos caminhos de Deus, mestra que ensina interiormente, sem barulho de palavras. Não se trata de uma possibilidade abstrata, mas de uma realidade experimentada, hoje como no passado, por inúmeras almas. Eis, por exemplo, um testemunho vivo desta experiência de vida com Maria: "De um tempo para cá nasceu-me o desejo de dar sempre mais espaço a Maria em minha vida; aliás, gosto de convidá-la para reviver em mim seu amor a Jesus e à Trindade, seu silêncio, sua oração. Com muita confiança, ofereço-me a ela para ser um espaço concreto onde ela possa descer e reviver na terra; ofereço-me a ela para ser como que a continuação de sua humanidade aqui na terra. Por isso, parece que eu deva tornar-me espaço, concha, espera de Deus, com o coração e o pensamento fixos em Maria".

Talvez seja preciso acrescentar que, mesmo assim entendida, a vida com Maria não é um caminho necessário e único que se deva impor a todos. O mesmo Espírito Santo, que guia algumas almas com este belíssimo meio, pode guiar outras com outros meios, com a Palavra de Deus escrita que é a Bíblia, por exemplo, lida ela também com o Espírito Santo, como na "lectio divina". Não é preciso, pois, absolutizar essa prática, por mais salutar que seja. Ela pode, em alguns casos, durar a vida toda. Mas pode também, como frequentemente acontece, servir por um tempo para alimentar e guiar uma alma, ajudando-a a fazer uma parte de estrada, para depois deixar lugar a uma outra maneira de Deus conduzir aquela mesma alma. Deus não guia todas as almas com um só método, nem guia uma alma em particular sempre com o mesmo método. Acontece frequentemente que aquilo que era uma grande luz, uma nascente que jorrava sempre que procurada, de repente acaba apagando-se e secando. Então a alma deve ser dócil e aceitar a mudança de alimento, sem pretender que Deus mude seu plano e seus caminhos.

É um péssimo hábito, pois, o de julgar os irmãos baseando-nos em nossa própria devoção mariana, ou até mesmo em algumas formas particulares de devoção. Pode acontecer que um pároco por anos ou até por toda a vida não fale do Pai nem do Espírito Santo, sem que ninguém dê importância a isso ou se escandalize; se alguém, porém, duas ou três vezes fizer a homilia sem falar de Nossa Senhora, pode acontecer, e já aconteceu, que seja repreendido e acusado de não amar a Maria.

A história da espiritualidade cristã mostra que a ação materna de Maria, apesar de voltada para todos os crentes, em algumas épocas e ambientes, foi muito sóbria e discreta, quase totalmente implícita, como na espiritualidade dos Padres do deserto e de alguns místicos, entre os quais São João da Cruz. Aqui também se deve aplicar o princípio acima lembrado a respeito do ecumenismo: *Cada um viva segundo a graça recebida, pondo-a a serviço dos outros, como bons administradores de uma multiforme graça de Deus* (1Pd 4,10).

6. "A coragem que tiveste..."

Chega uma hora na vida, quando é preciso ter uma fé e uma esperança como aquela de Maria. Isso quando parece que Deus já não escuta nossas súplicas, quando se diria que ele desmente a si mesmo e suas promessas, quando nos faz passar de derrota em derrota, e os poderes das trevas parecem triunfar em todas as frentes a nosso redor, e dentro de nós se faz noite, como naquele dia "sobre toda a terra" (Mt 27,45). Quando, como diz um salmo, ele parece "ter fechado em sua ira suas entranhas e ter esquecido de ter compaixão" (Sl 77,10). Quando chegar para ti esta hora, lembra-te da fé de Maria e grita como outros fizeram: "Pai meu, já não te entendo, mas confio em ti!".

Talvez Deus esteja pedindo-nos agora mesmo que lhe sacrifiquemos, como Abraão, nosso "Isaac": a pessoa, a coisa, o projeto, a fundação, o cargo que apreciamos, que o próprio Deus um dia nos confiou e ao qual dedicamos toda a nossa vida. Esta é a ocasião que Deus nos oferece para lhe mostrar que ele nos é mais caro do que tudo, acima também de seus dons, acima também do trabalho que fazemos por ele. Deus pôs à prova Maria no Calvário – como pôs à prova seu povo no deserto – "para ver o que tinha no coração" (cf. Dt 8,2), e no coração de Maria reencontrou intacto, e até mais forte, o "sim" e o "amém" do dia da Anunciação. Tomara que, nesses momentos, ele encontre também nosso coração pronto para lhe dizer "sim" e "amém". Estando "junto da cruz de Jesus", é como se Maria continuasse repetindo, no silêncio, com os fatos: "Eis-me! Aqui estou, meu Deus; aqui estou sempre para ti!". Humanamente falando, Maria tinha todos os motivos para gritar a Deus: "Tu me enganaste!" ou, como um dia gritou o profeta Jeremias: "Tu me seduziste e eu me deixei seduzir!" (cf. Jr 20,7), e fugir do Calvário. Ela, pelo contrário, não fugiu, mas ficou "de pé", em silêncio, tornando-se assim, de maneira toda especial, mártir da fé e, seguindo o Filho, testemunha suprema da confiança em Deus.

Deus disse a Abraão: *Por teres procedido dessa forma e por não me teres recusado teu filho, teu único filho, eu te abençoarei e multiplicarei a tua descendência... Eu farei de ti o pai de inúmeros povos* (Gn 17,5; 22,16s.). A mesma coisa, e muito mais, diz agora a Maria: Eu te farei mãe de muitos povos, mãe da minha Igreja! Todas as famílias da terra serão em ti abençoadas. Todas as gerações te hão de chamar bem-aventurada!

Por isso, como os israelitas nos momentos de grande provação se dirigiam a Deus dizendo: "Lembra-te de Abraão, nosso pai", nós podemos dizer: "Lembra-te de Maria, nossa mãe!". E como eles diziam a Deus: *Não nos retireis vossa misericórdia, em atenção a Abraão, vosso amigo* (Dn 3,35), nós podemos dizer-lhe: Não nos retireis vossa misericórdia, em atenção a Maria, vossa amiga.

No capítulo precedente dissemos que, no Calvário, Maria uniu-se ao Filho na adoração da santa vontade do Pai. Nisso ela realizou até a perfeição sua vocação de "tipo da Igreja". Ela agora está ali, esperando-nos. Disseram de Cristo que ele "está em agonia até o fim do mundo e não devemos deixá-lo sozinho".[22] E se Cristo está em agonia e na cruz até o fim do mundo, de maneira para nós incompreensível mas verdadeira, onde pode estar Maria senão com ele, "junto da cruz"? Ali ela convida e marca encontro com as almas generosas, para que se unam com ela na adoração da santa vontade do Pai. Adorar

---

[22] B. PASCAL, *O mistério de Jesus* (= *Pensamentos*, n. 553 Brunschwicg).

essa vontade, mesmo sem entendê-la. Não pode ser deixada sozinha. Maria sabe que esta é a coisa absolutamente maior, mais bela, mais digna de Deus que possamos fazer na vida, pelo menos uma vez antes de morrer. Algo que não nos desobriga nem nos afasta da procura de alívio para os sofrimentos concretos dos que sofrem a nosso redor e no mundo inteiro; pelo contrário, torna-nos até mais atentos a isso, porque unidos ao coração de Deus. Exatamente porque é "mãe das dores", Maria é também "consoladora dos aflitos".

Está escrito que quando Judite voltou, depois de ter arriscado a vida por seu povo, os habitantes da cidade correram a seu encontro e o sumo sacerdote abençoou-a dizendo: *Tu és bendita do Senhor, Deus Altíssimo, minha filha, entre todas as mulheres da terra... jamais os homens cessarão de celebrar teu louvor* (Jt 13,18s.). Nós dirigimos a Maria as mesmas palavras: Bendita és tu entre as mulheres! A coragem que tiveste jamais desaparecerá do coração e da lembrança da Igreja!

Vamos agora resumir toda a participação de Maria no Mistério Pascal aplicando a ela, com as devidas diferenças, as palavras com as quais São Paulo resumiu o Mistério Pascal de Cristo:

> Maria, que era a Mãe de Deus,
> não reivindicou o privilégio de sua proximidade com Deus;
> mas despojou-se a si mesma tomando a condição de serva,
> tornando-se semelhante a qualquer outra mulher.
> Viveu na humildade e no escondimento,
> obedecendo a Deus, até a morte do Filho, morte na cruz.
> Por isso é que Deus a exaltou e lhe deu um nome
> que, depois daquele de Jesus, está acima de todo o nome,
> para que ao nome de Maria todas as cabeças se inclinem,
> nos céus, na terra e nos infernos, e toda língua confesse
> que Maria é Mãe do Senhor, para glória de Deus Pai. Amém!

Terceira parte

MARIA
UM ESPELHO PARA A IGREJA

NO PENTECOSTES

VII. "PERSEVERANTES NA ORAÇÃO COM MARIA, A MÃE DE JESUS"

Com Maria no Cenáculo, à espera do Espírito Santo

Nos Atos dos Apóstolos, depois de ter apresentado a lista dos onze apóstolos, Lucas continua com estas palavras tão caras ao coração dos cristãos: *E todos, profundamente unidos, perseveravam na oração junto com algumas mulheres, entre as quais Maria, mãe de Jesus, e com seus irmãos* (At 1,14). Com essa meditação vamos transferir-nos do Calvário ao Cenáculo; vamos passar do Mistério Pascal ao Mistério do Pentecostes.

O Pentecostes está no fim da vida de Jesus, depois que a história da salvação atingiu seu cume. E entende-se também o porquê disso. Entre nós e o Espírito Santo havia como que dois muros de separação que o impediam de comunicar-se a nós: o muro da natureza e o muro do pecado. O muro da *natureza*, porque o Espírito Santo é espírito e nós somos carne; ele é Deus e nós somos homens (cf. Is 31,3). Entre ambas as realidades há um abismo. O muro do *pecado*, porque à distância criada pela natureza tinha-se acrescentado a do pecado: *Foram os vossos pecados que cavaram um abismo entre vós e o vosso Deus* (Is 59,2). Era preciso que fossem derrubados esses dois muros, ou preenchidos esses dois abismos, para que o Espírito pudesse ser derramado em nós. E isso é o que aconteceu graças à obra redentora de Cristo. Com sua Encarnação ele derrubou o muro de separação da natureza, unindo em si mesmo Deus e o homem, o Espírito e a carne; criou uma ponte indestrutível entre as duas realidades. Com sua Páscoa ele derrubou o muro de separação do pecado. *O Espírito ainda não viera* – lê-se no Evangelho de João – *por Jesus não ter sido ainda glorificado* (Jo 7,39). Era necessário que antes Jesus morresse, para que o Consolador pudesse vir (cf. Jo 16,7). De fato, morrendo pelos pecados, Jesus derrubou este segundo muro; "destruiu – diz São Paulo – o corpo do pecado" (Rm 6,6). Agora não há mais nada que impeça o Espírito de derramar-se, como de fato vai acontecer com o Pentecostes.

Mas se o Pentecostes está no final da realização da salvação, está no início de sua aplicação a nós. Ou, com palavras mais claras: nós não terminamos com o Espírito Santo, mas começamos com ele. Na vida da Igreja e de cada um de nós, o Espírito Santo não chega ao fim, como coroamento de tudo, ou como prêmio por aquilo que fizemos e sofremos. É o contrário que acontece. Não poderíamos fazer nada, nem dizer meritoriamente: "Jesus é o Senhor!", se não tivéssemos o Espírito Santo (cf. 1Cor 12,3). Nossa vida espiritual começa com o batismo, que é exatamente nosso Pentecostes.

Tudo isso é suficiente para fazer-nos entender como este terceiro momento de nosso itinerário nas pegadas de Maria não é uma espécie de apêndice, um acréscimo às grandes coisas que contemplamos na Encarnação e no Mistério Pascal, mas algo necessário para que essas grandes realidades se tornem atuantes em nossa vida. É graças ao Espírito Santo que podemos imitar Maria na Encarnação, concebendo e dando à luz Cristo e tornando-nos espiritualmente, também nós, sua mãe; é ainda graças ao Espírito Santo que podemos imitar Maria no Mistério Pascal, estando com ela, com fé e esperança, debaixo da cruz.

1. Maria durante e depois do Pentecostes

Sendo que o Novo Testamento fala tão pouco de Maria, é surpreendente encontrá-la de novo pontualmente presente, depois do Calvário, também no Cenáculo por ocasião do Pentecostes. Dessa maneira acaba estando presente em todos os três momentos constitutivos do mistério cristão e da Igreja que, como dissemos, são a Encarnação, o Mistério Pascal e o Pentecostes.

Antes de tudo é preciso afastar uma falsa impressão. Também no Cenáculo, como no Calvário, Maria é lembrada juntamente com algumas mulheres. Dir-se-ia, pois, que ela está ali como uma delas, nem mais nem menos. Mas aqui também a qualificação "mãe de Jesus", que segue a menção de seu nome, muda tudo e coloca Maria num plano totalmente diferente, superior não só ao das mulheres, mas também ao dos apóstolos. Que significa o fato de Maria estar ali como a mãe de Jesus? Que o Espírito Santo, que está para vir, é "o Espírito de seu filho"! Entre ela e o Espírito Santo há uma ligação objetiva e indestrutível, que é o próprio Jesus que juntos geraram. No Credo afirma-se que Jesus se encarnou "por obra do Espírito Santo, nascendo da Virgem Maria". No Cenáculo Maria não é, pois, simplesmente uma das mulheres, ainda que exteriormente nada a distinga das outras, nem faça ela algo para se distinguir.

Maria, que debaixo da cruz se mostrou como Mãe da Igreja, aqui, no Cenáculo, mostra-se como sua madrinha. Uma madrinha forte e firme. A madrinha, para poder desempenhar essa função, deve ser alguém que já recebeu o batismo. Era o caso de Maria: uma batizada pelo Espírito que agora apresenta a Igreja para o batismo do Espírito. Se os batizados são adultos, a madrinha assiste-os na preparação; é o que Maria fez com os apóstolos e faz conosco.

Agora, antes de nos despedir da Mãe de Deus nesta terra, vamos olhar para sua vida após o Pentecostes. Aqui não temos nenhuma fonte escrita de informação. Historicamente sabemos só que ela viveu na casa de João. Todavia há para nós uma fonte de conhecimento especial, também esta "por indução", que remonta da experiência dos santos à experiência da Toda-santa. A Constituição do Vaticano II sobre a divina revelação diz que a compreensão tanto das coisas como das palavras da Escritura cresce "seja pela contemplação e estudo dos que creem, seja pela íntima compreensão que desfrutam das coisas espirituais".[1] Quer dizer, cresce não só se baseando na exegese da Palavra, mas também partindo dos frutos e das realizações que a mesma Palavra produziu na Igreja. Da experiência dos santos não podemos extrair nada que diga respeito à vida exterior de Maria; podemos, porém, extrair algo que diga respeito a sua vida interior, porque há certas leis e certos elementos constantes também no campo da santidade, como há algo de semelhante no campo da arte e da ciência. Isto não tem nada a ver com o conhecimento deduzido de verdadeiras ou pressupostas revelações privadas sobre a vida de Nossa Senhora, que pretendem conhecer também as vicissitudes externas e os acontecimentos de sua vida antes ou depois da Páscoa.

---
[1] *Dei Verbum* 8.

Antes de tudo um fato negativo, que constitui, porém, uma indicação muito positiva sobre Maria. Através das cartas dos Apóstolos e especialmente das saudações finais dessas cartas, conhecemos inúmeros personagens, também mulheres, da primitiva comunidade cristã, seus nomes, seus trabalhos. Conhecemos Lídia, negociante de púrpura de Filipos; Áquila e Priscila, que eram tecelões de tendas como Paulo... Uma vez encontramos também o nome de certa Maria (cf. Rm 16,6), mas não é a Mãe do Senhor. Sobre Maria, a Mãe de Jesus, nada. Ela desaparece no mais profundo silêncio. Maria – assim gosto de pensar – foi a primeira monja da Igreja. Depois de Pentecostes, é como se ela tivesse entrado para a clausura. A sua agora é "uma vida escondida com Cristo em Deus" (cf. Cl 3,3). Eis um caso no qual o argumento "do silêncio", diferentemente do que geralmente acontece, é o mais seguro e eloquente de todos. Maria inaugurou na Igreja aquela segunda alma, ou vocação, que é a alma escondida ou orante, ao lado da alma apostólica ou ativa. Os apóstolos, depois de ter recebido o Espírito Santo, vão logo à praça para pregar; depois partem, fundam e dirigem Igrejas, enfrentam processos, convocam até um Concílio. A respeito de Maria nada; ela permanece, idealmente, em oração com as mulheres no Cenáculo, mostrando que na Igreja a atividade, mesmo pelo Reino, não é tudo, sendo indispensáveis as almas orantes que a sustentam. Maria é o protótipo desta Igreja orante.

Isso é o que quis representar o ícone de Maria na Ascensão de Jesus para o céu, ícone que nos acompanhará nestas últimas meditações. Esse ícone não só fixa o momento da Ascensão, mas através desse momento mostra qual é o carisma e o lugar de Maria no tempo da Igreja, tempo que se abre com o desaparecimento de Jesus. Isto é tão verdadeiro que no ícone é representado também São Paulo (à direita de quem olha a Virgem) que, no entanto, não estava presente no momento da Ascensão de Cristo. Maria está de pé, com os braços abertos em atitude orante, isolada do restante da cena pelas figuras dos dois anjos em vestes brancas, que formam como que um muro a seu redor. Ela está no centro, como o mastro principal, que mantém o equilíbrio e dá estabilidade ao barco. Ao redor dela os apóstolos, todos erguendo um pé ou uma mão, em movimento, representam a Igreja ativa, que vai para a missão, que fala e age. Maria está imóvel, debaixo de Jesus, no ponto exato de onde ele subiu, quase como para manter viva sua memória e sua espera.

Podemos entender este carisma de Maria, remontando a ela – como dizia – a partir da experiência dos santos. Santa Teresinha do Menino Jesus descreve como descobriu sua vocação na Igreja. Ouvindo São Paulo fazer a lista dos vários carismas, ela se inflamava do desejo de exercê-los todos. Teria desejado ser apóstolo, sacerdote, mártir... Mas como fazer tudo isso? Esses desejos tinham-se tornado para ela um verdadeiro martírio, até que um dia eis a descoberta: o corpo de Cristo tem um coração, que move todos os membros e sem o qual tudo pararia. E no auge da alegria exclamou: "No coração da Igreja, minha mãe, eu serei o amor e assim serei tudo!"[2] O que descobriu Teresa naquele dia? Descobriu a vocação de Maria. Ser, na Igreja, o coração que ama, o coração que ninguém vê, mas que move tudo.

De que era, pois, tecida a vida de Maria depois de Pentecostes? Era entretecida de oração. O biógrafo de São Francisco de Assis afirma que, pelo fim da vida, Francisco já não era um homem que rezava, mas "um homem feito de oração".[3] Que dizer, aqui também, da Mãe de Deus?

Não sabemos como era feita essa oração de Maria; podemos, porém, intuir algo, partindo daquele "conhecimento das coisas espirituais" que deduzimos da vida dos santos. Os santos, e especialmente os místicos, descreveram o que acontece na alma depois que passou pela noite da fé e se transformou toda em Cristo. A alma torna-se como um fogo de amor. Sua vida torna-se, segundo a definição de Santo Agostinho, "toda ela um santo desejo".[4] São João da Cruz escreveu um poemeto intitulado *"Cântico da alma que se consome pelo desejo de ver a Deus"*. Cada estrofe desse cântico termina com o refrão: "Morro porque não morro".[5] Nessa etapa, a separação de Deus é para a alma muito mais dolorosa e

---

[2] *Escrito autobiográfico* B, n. 254 (trad. ital. *Gli scritti,* citado, p. 238).
[3] TOMMASO DA CELANO, *Vida segunda de São Francisco de Assis,* 95 (Fonti Francescane, n. 682).
[4] SANTO AGOSTINHO, *Comentário à primeira carta de João* 4,6 (PL 35, 2008).
[5] SÃO JOÃO DA CRUZ, *Obras* (citado, p. 1043).

insuportável do que a separação do corpo. Por isso diz: "Morro porque não morro". Um místico siríaco da antiguidade, expressando os mesmos sentimentos de São João da Cruz, precisa: "Não é pelo banquete que elangueşço, mas pelo desejo do Esposo".[6] Quer dizer, não é para receber a recompensa que a alma anela pelo céu, mas unicamente por puro amor de Deus.

De fato, é tão grande nessa etapa a necessidade e o desejo da alma de unir-se com Deus e de possuí-lo plenamente, que continuar a viver aqui na terra – dizem esses santos – torna-se um verdadeiro martírio. Ela não consegue entender porque Deus ainda a mantém longe dele, no exílio, como que esquecido completamente dela, apesar de saber que já não pode viver separada dele. Temos o caso de uma mulher mexicana, mãe de família e depois viúva, cujo processo de canonização está em andamento, que teve uma vida mística comparável, segundo alguns, à de Santa Teresa de Ávila. Sobre ela escreveu-se que "nos últimos anos de sua existência, por inspiração divina, desenvolveu-se nela uma nova forma de devoção mariana: a imitação da solidão da Mãe de Deus no entardecer da vida, quando sua vida de amor alcançou o ápice".[7] Essa solidão – ou, como ela dizia, *soledade* – de Maria significa ao mesmo tempo solidão e isolamento, martírio silencioso na pura fé, na aparente ausência de Deus e de seu Filho já no céu.

Tudo isso nos abre uma nova perspectiva sobre a vida de Maria depois da Páscoa. Que devia experimentar Maria quando em algumas circunstâncias, como todos os outros crentes, rezava o Salmo 42 que *diz: A minha alma tem sede do Senhor, do Deus vivo: quando poderei eu chegar, para contemplar a face de Deus?* (Sl 42,3). Quando poderei chegar, quando? Jesus diz que onde está nosso tesouro, aí está também nosso coração (cf. Mt 6,21): e onde estava agora o tesouro de Maria? Onde estava Jesus? Se isso acontece, humanamente, com muitas mães que perderam o filho em idade jovem e ficaram sozinhas, pensemos como o experimentou Maria. Se Paulo, que era um grande amigo de Jesus, mas um ami-

---

[6] SÃO GREGÓRIO DE NAREK, *Orações* (SCh 78, p. 103).
[7] M.-M. PHILIPON, *Conchita. Journal spirituel d'une mère de farnille,* Paris 1974 (trad. ital. Città Nuova, Roma 1985, p. 210ss.).

go, não a mãe, podia dizer: "Desejo partir para estar com Cristo" (cf. Fl 1,23), que dizer de Maria? De novo, que poderia ter experimentado quando rezava os Salmos de peregrinação que dizem: *Meu corpo anela por vós... Minha alma desfalece e consome-se pelos átrios do Senhor* (Sl 63,2; 84,3)? Depois do êxtase em Óstia, quando com seu filho Agostinho tinha prelibado algo da vida eterna, Santa Mônica repetia: "Que faço ainda aqui?", e depois de poucos dias morreu.[8] "Que faço ainda aqui?": essas palavras não teriam, às vezes, brotado também dos lábios da mãe de Jesus? Kierkegaard – filósofo e protestante – escreveu: "Podem os doutos discutir sobre a assunção ao céu de Nossa Senhora; para mim não parece incompreensível, porque ela já não pertencia ao mundo".[9]

Dissemos que Maria, no Pentecostes e no período sucessivo, é o protótipo da alma orante. Podemos saber algo desta oração da Virgem? Santo Agostinho explicou bem que a essência da oração é o desejo de Deus que "brota da fé, da esperança e da caridade": "Teu desejo é tua oração; se o desejo for contínuo, a oração vai ser contínua, porque o Apóstolo não disse em vão: *Orai sem cessar* (1Ts 5,17). Podemos sem cessar dobrar o joelho, prostrar o corpo ou levantar as mãos, para cumprir a ordem: *Orai sem cessar*? Se entendermos a oração assim, acho que não podemos fazê-la sem interrupção. Mas existe uma outra oração interior que não conhece interrupção: é o desejo. Qualquer coisa que faças, se desejares aquele 'sábado', nunca cessas de rezar. Se não quiseres interromper a oração, nunca cesses de desejar. Teu desejo contínuo será tua voz contínua".[10] Maria conheceu a oração contínua, porque contínuo era seu desejo de Deus e daquele "sábado" eterno, quando haverá o descanso na celeste Jerusalém.

Também no tempo depois de Pentecostes, a vida de Maria certamente manteve aquela característica fundamental que se observa, dizíamos uma vez, em todas as grandes obras de Deus: uma grande

---

[8] SANTO AGOSTINHO, *Confissões* IX, 10ss.
[9] SÃO KIERKEGAARD, *Diário de um sedutor* (trad. ital. Rizzoli, Milão 1955, p. 46).
[10] SANTO AGOSTINHO, *Comentários sobre os Salmos*, 37,14 (CC 38, 392).

simplicidade exterior, unida à grandiosidade e ao esplendor da realidade interior. Exteriormente, como alguém escreveu, Maria devia apresentar-se como "uma velhinha miúda, sempre mais cheia de rugas e cada vez mais doce" (I. A. Chiusano). Além de *virgem* e mãe, Maria foi também *viúva* e mãe, santificando com sua vida também essa condição que é a de muitas mulheres.

Como Maria era "por dentro", esse é um segredo que Deus guardou só para si. Um antigo autor descreveu como se desenrola a vida interior das pessoas que chegaram à plenitude da união com Deus. A leitura desse perfil do perfeito espiritual pode ajudar a intuir algo daquilo que se passava na mente e no coração da Mãe de Deus: "Às vezes, eles estão como que mergulhados na tristeza e no pranto pelo gênero humano, desfazem-se em lágrimas pelo ardente amor que nutrem para com a humanidade. Outras vezes, pelo contrário, são inflamados pelo Espírito Santo de tanta alegria e amor que, se fosse possível, levariam todos em seu coração sem nenhuma distinção: bons e maus. Outras vezes, ainda, por sua humildade sentem-se abaixo de todos os outros... Frequentemente sua alma repousa num místico silêncio, na tranquilidade e na paz, goza de toda a delícia espiritual e da perfeita harmonia. Recebe dons especiais de inteligência, de sabedoria inefável e de impenetrável conhecimento do Espírito. E assim a graça os instrui sobre coisas que não se podem explicar com a língua, nem expressar com palavras. Outras vezes, pelo contrário, comportam-se como uma pessoa qualquer".[11]

Também aquilo que escreve sobre si mesma a bem-aventurada Ângela de Foligno pode ajudar-nos a intuir algo do que acontecia no segredo entre Deus e Maria no período final de sua peregrinação aqui na terra: "Ainda que eu possa, conforme a ocasião e com medida, provar alegrias e dores que me vêm de fora, todavia dentro de minha alma há um quarto onde não entra nem alegria, nem tristeza, nem deleite de alguma virtude, nem prazer de qualquer coisa definível, mas ali mora

---

[11] *Homilias espirituais atribuídas a S. Macário, o Egípcio, 18,7ss. (PG 34, 649).*

aquele único Bem fora do qual não há outro bem... Vejo-me sozinha com Deus, toda pura, toda santa, toda verdade, toda retidão, toda segura, toda celestial nele. E quando me encontro nesse estado, não me lembro de nenhuma outra coisa. Uma vez, enquanto me encontrava nesse estado, Deus assim se dirigiu a mim: 'Filha da divina Sabedoria, templo do Amado, alegria do Amado e filha da paz, em ti repousa toda a Trindade, toda a verdade, assim tu me tens e eu te tenho'".[12]

São os primeiros esplendores da vida eterna que preanunciam o encontro face a face com Deus. Em Maria, com certeza, estes foram muito mais intensos do que em todos esses santos.

2. Rezar para obter o Espírito Santo

Agora vamos passar, como de costume, a considerar Maria como tipo e espelho da Igreja. Que nos diz Maria com sua presença no Cenáculo no momento de Pentecostes e, depois de Pentecostes, com sua presença orante na comunidade cristã? Querendo manter-nos o mais possível aderentes à informação dos Atos, eu creio que podemos recolher em três pontos o ensinamento que, nesta ocasião, nos vem de Maria: primeiro, que antes de empreender qualquer coisa e de atirar-se pelas estradas do mundo, a Igreja precisa receber o Espírito Santo; em segundo lugar, que para a vinda do Espírito Santo nós nos preparamos sobretudo com a oração; em terceiro lugar, que esta oração deve ser concorde e perseverante.

Antes de tudo, pois, a necessidade que a Igreja tem do Espírito Santo. Aos apóstolos que perguntavam se aquele era o tempo da vinda do Reino, Jesus respondeu: *Ides receber uma força, a do Espírito Santo, que descerá sobre vós, e sereis minhas testemunhas* (At 1,6-8). Por isso, Jesus recomendava que eles não se afastassem de Jerusalém até que se cumprisse a promessa e tivessem sido batizados no Espírito Santo (At 1,4-5). Com esta recomendação encerrava-se também o Evangelho de Lucas: *Permanecei na cidade, até serdes revestidos com a força lá do Alto* (Lc 24,49).

---
[12] *O livro da B. Angela,* citado, p. 388-390.

Os discípulos tinham uma ideia ainda errada do Reino e de sua vinda. Jesus, com estas palavras, dá a entender o que seja o Reino e como vem. Eles receberão o Espírito Santo; com este Espírito irão dar testemunho de Jesus, isto é, irão proclamar seu Evangelho; as pessoas se converterão, e este será o Reino que vem. A continuação do relato mostra o pontual cumprimento de tudo isso. Os discípulos esperam; vem o Espírito Santo; recebem uma força do alto; começam a pregar com coragem às multidões, três mil pessoas emocionam-se até ao fundo do coração, e nasce a primeira comunidade cristã. Isto é claramente uma espécie de lei, de paradigma, colocado no início da narração da história da Igreja, para indicar à Igreja de todos os tempos como vem o Reino, qual é a lei e quais são as exigências ou a dinâmica de seu desenvolvimento. Isso vale, pois, também para nós hoje. Não se vai pregar com fruto na praça sem antes passar pelo Cenáculo e sem receber a força do alto. Tudo na Igreja ou recebe força e sentido do Espírito Santo, ou não tem força nem sentido cristão. Afirmou-se com toda a verdade: "Sem o Espírito Santo, Deus está distante; o Cristo permanece no passado; o evangelho é letra morta; a Igreja, uma simples organização; a autoridade, uma dominação; a missão, uma propaganda; o culto, um arcaísmo; o agir cristão, uma moral de escravos. Mas com o Espírito Santo, o cosmos é levantado e geme no parto do reino; o homem luta contra a carne; o Cristo está presente; o Evangelho é força de vida; a Igreja é sinal de comunhão trinitária; a autoridade é serviço libertador; a missão é um Pentecostes; a liturgia é memorial e antecipação; a ação humana é deificada".[13]

O segundo ponto é que nos preparamos para o Pentecostes e para o dom do Espírito Santo com a oração. De fato, como se prepararam os apóstolos para a vinda do Espírito Santo? Por acaso discutindo sobre a natureza do Espírito Santo ou de outras maneiras? Não, rezando! É necessário fazer uma pequena observação que realça mais este fato. Nos Atos dos Apóstolos, depois da informação a respeito do pequeno grupo assíduo na oração (At 1,14), fala-se da

---

[13] METROPOLITA INÁCIO DE LAODICEIA, Discurso à III Assembleia Mundial das Igrejas, Uppsala 3-19 de julho de 1968.

eleição do sucessor de Judas (At 1,15-26), e o relato de Pentecostes (At 2,1ss.) segue imediatamente este último episódio. Parece, pois, que o Espírito Santo não desce sobre os Apóstolos enquanto estão em oração, mas enquanto estão discutindo ou deliberando. Mas o exame do texto permite perceber facilmente que o episódio descrito em Atos 1,15-26 constitui um entreato aqui inserido, mas acontecido provavelmente em outro momento e em outro lugar (fala-se aí de 120 pessoas reunidas, que dificilmente podiam caber na sala do andar superior da qual se fala antes). O relato da vinda do Espírito Santo liga-se claramente à situação descrita antes de ardente oração do grupo restrito.[14]

Repete-se, pois, o que tinha acontecido no batismo de Jesus: *No momento em que Jesus se encontrava em oração, depois de ter sido batizado, o céu abriu-se e o Espírito Santo desceu sobre ela* (Lc 3,21-22). Dir-se-ia que, para São Lucas, foi a oração de Jesus que rasgou os céus e fez descer sobre ele o Espírito. O mesmo acontece agora. Enquanto a Igreja estava em oração, *subitamente ressoou, vindo do céu, um som comparável ao de forte rajada de vento... E todos ficaram cheios de Espírito Santo* (At 2,2-4).

É impressionante a constância com a qual, nos Atos dos Apóstolos, a vinda do Espírito Santo está relacionada com a oração. Saulo "estava rezando" quando o Senhor lhe enviou Ananias para que recuperasse a vista e ficasse repleto do Espírito Santo (cf. At 9,9.11). Depois da prisão e da libertação de Pedro e João, a comunidade tinha "acabado de rezar, quando o lugar estremeceu e todos ficaram cheios do Espírito Santo" (At 4,31). Quando os Apóstolos souberam que a Samaria tinha acolhido a Palavra, enviaram Pedro e João; eles desceram e rezaram para os samaritanos receberem o Espírito Santo" (At 8,15). Quando, na mesma ocasião, Simão, o Mago, procurou obter o Espírito Santo com dinheiro, os apóstolos reagiram indignados (cf. At 8,18ss.). O Espírito Santo não pode ser comprado, pode apenas ser implorado pela oração. É a única arma que temos e é uma arma, assegura-nos Jesus, infalível.

---

[14] Cf. G. SCHNEIDER, *Die Apostelgeschichte*, I, Friburgo in Br. 1980, ad loc. (trad. ital. *Gli Atti degli apostoli*, I, Paideia, Brescia 1985, p. 286).

De fato, o mesmo Jesus tinha vinculado o dom do Espírito Santo à oração, dizendo: *Portanto, se vós, maus como sois, sabeis dar coisas boas a vossos filhos, quanto mais o Pai do céu dará o Espírito Santo para aqueles que lhe pedem!* (Lc 11,13). Tinha-o vinculado não só a *nossa* oração, mas também e sobretudo a *sua* quando disse: *Eu rogarei ao Pai e ele vos dará outro Consolador* (Jo 14,16). A oração dos apóstolos, reunidos no Cenáculo com Maria, é a primeira grande epiclese, é a inauguração da dimensão epiclética da Igreja, daquele "Vem, Espírito Santo" que continuará a ressoar na Igreja por todos os séculos e que a liturgia irá antepor a todas as suas ações mais importantes.

Mas aqui surge uma primeira objeção. Se o Espírito Santo é "dom", aliás o Dom por excelência de Deus, por que é preciso obtê--lo com a oração? Que dom seria, se não fosse gratuito? Ambas as coisas são verdadeiras: que é um dom e que Deus não o dá, habitualmente, senão para quem lho pede. Deus não impõe seus dons, mas os oferece. A oração é exatamente a expressão desta aceitação e deste desejo da criatura. É a expressão da liberdade que se abre à graça.

Uma segunda objeção. No Novo Testamento encontramos afirmações que parecem dizer o contrário, isto é, que é preciso ter o Espírito Santo para poder rezar. De fato, São Paulo diz que o Espírito Santo vem em ajuda de nossa fraqueza, rezando em nós e ensinando-nos a rezar (cf. Rm 8,26s); que sem a ação preveniente do Espírito Santo, não poderíamos nem dizer que Jesus é o Senhor (cf. 1Cor 12,3), que é a mais simples das orações. Como, então, dizer que Deus dá o Espírito Santo para quem lho pede? Vem antes o Espírito ou a oração? Aqui também, ambas as coisas são verdadeiras. Entre oração e dom do Espírito há a mesma circularidade e compenetração que há entre graça e liberdade. Nós precisamos receber o Espírito Santo para poder rezar e precisamos rezar para receber o Espírito Santo! No começo há o dom de graça, mas depois é preciso rezar para que esse dom se mantenha e aumente.

Não há um só Pentecostes. Nós o vemos lendo os mesmos Atos dos Apóstolos. No começo há a oração assídua dos apóstolos com Maria (cf. At 1,14), seguida pela descida do Espírito Santo (cf. At 2,1ss.). A este ponto, poder-se-ia pensar que tudo está feito. A Igreja já tem o necessário para prosseguir sozinha, até a parusia. Mas eis, pelo contrário, pouco depois, que diante de uma situação de grave dificuldade a Igreja deve pôr-se novamente em oração e obter uma nova efusão do Espírito Santo, para poder continuar a proclamar com liberdade a Palavra (cf. At 4,23-31). Saída do Cenáculo, a Igreja deve periodicamente voltar para ali, para poder sempre de novo "receber a força do alto".

Mas tudo isso não deve ser apenas um ensinamento abstrato e genérico. Deve dizer algo para mim singularmente. Queres receber o Espírito Santo? Também te sentes fraco e desejas receber o poder do alto? Tu te sentes morno e queres ser afervorado? Árido e queres ser irrigado? Endurecido e queres ser dobrado? Descontente da vida passada e queres ser renovado? Reza, reza, reza! Que nos teus lábios não se apague o grito submisso: *Veni Sancte Spiritus,* vinde Espírito Santo! "Espírito de Deus, desce sobre mim: funde-me, plasma-me, enche-me, usa-me...". Se alguém ou um grupo de pessoas, com fé, põe-se em oração e em retiro, decidido a não se levantar enquanto não tiver recebido a força do alto e o batismo no Espírito, essa pessoa ou esse grupo não vai levantar-se sem ter recebido o que pedia, e até muito mais.

3. Perseverantes na oração

Mas vamos ao terceiro ponto que é o que mais nos interessa. Como deve ser a oração para obter o Espírito Santo? Como foi a oração de Maria e dos apóstolos? Foi uma oração "concorde e perseverante". Concorde ou unânime *(homothymadon)* significa, ao pé da letra, feita com um só coração (con-corde) e com "uma alma" só. Jesus tinha dito que quem se apresenta diante de Deus para fazer a oferta deve estar reconciliado com o irmão (cf. Mt 5,23). São Paulo exorta os cristãos a terem uns para com os outros os mesmos sentimentos "para glorificar a Deus *com um só coração (*a mesma palavra usada em At 1,14!) e uma só voz" (Rm 15,5-6).

O Espírito Santo é comunhão, é o vínculo mesmo da unidade, tanto na Trindade como na Igreja. Não o pode receber quem se coloca fora da unidade. "O que é a alma para nosso corpo – escreve Santo Agostinho – é o Espírito Santo para o Corpo de Cristo que é a Igreja."[15] Ora, se um membro do corpo, por exemplo a mão, pretendesse viver sozinho, não mais unido ao restante do corpo, por acaso a alma deixaria o restante do corpo para ir com ela? Não; seria ela, a mão, a ficar sem alma e sem vida. Tornar-se-ia "mão ressequida", como a daquele homem do Evangelho (cf. Mt 12,10). Assim acontece no plano espiritual. Isto explica a importância decisiva da unidade, da concórdia, da reconciliação entre aqueles que se preparam para receber o Espírito Santo. É preciso – diz São Paulo – "ser solícitos em conservar a unidade do Espírito mediante o vínculo da paz" (cf. Ef 4,3).

Poucas semanas antes, encontrando-se com Jesus naquele mesmo Cenáculo para ali celebrar a Páscoa, os apóstolos discutiam ainda entre si *qual deles devia ser considerado o maior* (cf. Lc 22,24). Agora, pelo contrário, ouvimos pelo mesmo São Lucas que eles são concordes, que formam um só coração. Talvez a presença entre eles da Mãe de Jesus tenha contribuído para criar esta nova atmosfera de unidade e de paz. Como eles rezam com um só coração, ninguém reza só por si, mas cada um reza por todos; a oração sobe a Deus do corpo todo. E, como cada um reza por todos, todos rezam por cada um. É o milagre da caridade, que multiplica a força da oração. Tinha, pois, razão Santo Agostinho de concluir aquele seu mencionado discurso de Pentecostes dizendo: "Se quiserdes, pois, receber o Espírito Santo, procurai conservar a caridade, amai a verdade, desejai a unidade".[16]

Vamos agora passar para a outra característica da oração de Maria e dos apóstolos, sobre a qual iremos deter-nos por mais tempo: uma oração "perseverante". O termo original grego que expressa esta qualidade da oração cristã *(proskarteroúntes)* indica uma ação firme, insistente, o ocupar-se com assiduidade e constância em algo. É traduzido com o termo "perseverantes" ou "assíduos" na oração. Poder-se-ia também traduzir por "firmemente agarrados" à oração.

---

[15] SANTO AGOSTINHO, *Sermões* 267,4 (PL 38, 1231).
[16] *Ibidem*.

Essa palavra é importante porque é a que volta com maior frequência, cada vez que no Novo Testamento se fala de oração. Nos Atos volta logo depois, quando se fala dos primeiros crentes vindos à fé, que eram "assíduos ao ensino, à fração do pão e às orações" (At 2,42). Também São Paulo recomenda sermos "perseverantes na oração" (Rm 12,12; Cl 4,2). Num trecho da carta aos Efésios lemos: *Orai incessantemente e em união com o Espírito, multiplicando invocações e súplicas; perseverai em vossas vigílias* (Ef 6,18).

A substância desse ensinamento provém de Jesus que contou a parábola da viúva importuna, exatamente para dizer que é preciso "orar sempre, sem desfalecer" (cf. Lc 18,1). A mulher cananeia é uma viva ilustração desta oração insistente, que não se deixa desanimar por nada e que, no fim, exatamente por isso, consegue o que deseja. Ela pede uma primeira vez a cura da filha, e Jesus – como está escrito – "não lhe respondeu palavra". Ela insiste, e Jesus responde não ter sido enviado senão às ovelhas de Israel. Prostra-se diante dele, e Jesus replica que não é justo que se tome o pão dos filhos para lançar aos cachorros. Tudo isso era mais que suficiente para desanimar qualquer um. Mas a mulher cananeia não se dá por vencida e diz: "É verdade, mas também os cachorrinhos...", e Jesus feliz exclama: *Ó mulher, grande é tua fé. Faça-se como desejas* (Mt 15,21ss.).

Rezar bastante, com perseverança, não significa rezar com muitas palavras, abandonando-se a uma vã tagarelagem como os pagãos (cf. Mt 6,7). Perseverar na oração significa pedir frequentemente, não parar de pedir, não parar de esperar, nunca se dar por vencido. Significa não se dar repouso, nem o dar a Deus: *Vós, os que recordais o Senhor, não repouseis, e não o deixeis descansar, até que se restabeleça Jerusalém* (Is 62,6-7).

Mas por que a oração deve ser perseverante e por que Deus não escuta logo? Não é, por acaso, ele mesmo que na Bíblia promete escutar logo que se pede, e até ainda antes de se ter acabado de pedir? *Antes que eles me chamem* – ele diz – *eu lhes responderei; estando eles ainda a falar, eu os atenderei* (Is 65,24). Jesus reforça: *E Deus não fará justiça a seus eleitos, que a ele clamam dia e noite, e os fará esperar? Far-lhes-á justiça prontamente, eu vos digo* (Lc 18,7).

A experiência, por acaso, não desmente clamorosamente essas palavras? Não, Deus prometeu escutar sempre e escutar logo nossas orações, e assim ele faz. Somos nós que precisamos abrir os olhos. É verdade; ele mantém sua palavra: atrasando o socorro, ele já está socorrendo; aliás, até esse adiar já é um socorrer. Isto para que não aconteça que, escutando muito depressa a *vontade* daquele que pede, Deus acabe não lhe concedendo a perfeita *saúde*. É preciso distinguir entre atender segundo a vontade do orante e o atender segundo a necessidade do orante, que é sua salvação. Deus concede sempre e logo o que está de acordo com a salvação do orante (que no fundo é também, ou deveria ser, a vontade mais profunda de quem reza); mas nem sempre atende sua vontade do momento, que pode não ser boa.[17] As vezes também nós dizemos com os Salmos: "Senhor, ouvi as minhas palavras, escutai minha súplica... Atendei à voz de meu clamor..." e parece-nos que Deus não escuta. Mas bem que te escutou! Se continuas rezando é porque te escutou, caso contrário não rezarias.

Deus prometeu dar sempre para quem reza "coisas boas", o "Espírito Santo". Prometeu fazer qualquer coisa que lhe peçamos "segundo sua vontade" (cf. 1Jo 5,14). Ele não nos dá o que não é segundo sua vontade, ou que não é "coisa boa" para nós e que, por isso, nos faria mal. Mas isso já não é, por acaso, escutar e tomar a peito nossa vida e nossa oração? Se o filho pedisse ao pai um pão, este lhe daria, por acaso, uma serpente? Não! (cf. Mt 7,7ss.). Mas se o filho pedisse ao pai uma serpente, talvez sem perceber que é uma serpente, por acaso o pai lhe daria uma serpente, mesmo que a criança chorasse acusando-o de não amá-la? Preferirá ser acusado injustamente antes lhe dar o que seria venenoso para ela.

Deus, pois, escuta também quando não escuta. Sua demora em conceder mesmo coisas boas é, também ela, um escutar e um atender. De fato, não atendendo logo ele faz crescer nossa fé, ajuda-nos a pedir melhor. Nós comumente no começo nos apresentamos a Deus para pedir coisas pequenas, para as necessidades mínimas da vida presente. Não conhecemos as que de fato são importantes.

---

[17] Cf. SANTO AGOSTINHO, *Comentário à primeira carta de João*, 6,6-8 (PL 35,2023s.).

Atrasando o atendimento, aos poucos emergem em nós as verdadeiras necessidades, a necessidade de ter Deus, a fé, a paciência, a caridade, a humildade, mais do que as coisas materiais. E assim, no fim, tendo dilatado nosso coração, Deus pode preenchê-lo numa medida digna de sua generosidade. Vamos refletir sobre o exemplo da cananeia. Se Jesus a tivesse escutado logo, no primeiro pedido, que teria acontecido? Sua filha teria sido libertada do demônio, mas tudo mais teria continuado como antes, e mãe e filha teriam concluído seus dias como todos. Mas não a atendendo logo, Jesus possibilitou que sua fé e sua humildade fossem crescendo, até arrancar-lhe aquele grito de alegria: Ó *mulher, grande é tua fé!* (Mt 15,28). Agora ela vai para a casa e não só encontra sua filha curada, mas também a mesma transformada: passou a acreditar em Cristo. Uma das primeiras crentes entre os pagãos, por ser ela uma siro-fenícia. E isso por toda a eternidade. É o que acontece quando não somos atendidos logo, contanto que continuemos a rezar.

Quando o objeto de nossa oração for o dom que é bom por excelência, aquele que Deus mesmo quer dar-nos sobre todas as coisas – o Espírito Santo –, é preciso prestar atenção a um possível engano. Até do Espírito Santo conseguimos fazer um dom que é mau. Isto quando, mais ou menos conscientemente, concebemos o Espírito Santo apenas como uma poderosa ajuda do alto, um sopro de vida que venha reavivar agradavelmente nossa oração e nosso fervor, tornar eficaz nosso ministério e fácil o carregar a cruz. Rezaste desta maneira, por anos, para ter teu Pentecostes, e tens a impressão de que não houve nem o menor hálito de vento. Nada aconteceu de tudo aquilo que esperavas. É que o Espírito Santo não é dado para fortalecer nosso egoísmo. Presta mais atenção ao redor de ti. Talvez todo aquele Espírito Santo que pedias para ti, Deus já o concedeu, mas para outros. Talvez a oração de outros ao teu redor renovou-se por tua palavra, enquanto que tua oração continuou arrastando-se como antes; outros se sentiram traspassar o coração, tiveram a compunção e em pranto se arrependeram, e tu estás ainda a pedir exatamente essa graça. Deixa a Deus toda a liberdade; faze disso uma questão de honra. É esta a maneira, a mais bela, que ele escolheu para dar-te seu Espírito Santo. Quem sabe se algum apóstolo, no dia de Pentecostes, vendo toda aquela multidão arrependida bater no peito, traspassada pela Palavra de Deus, e perguntando: "que havemos de fazer, irmãos?", quem sabe, se algum apóstolo não experimentou inveja e confusão, pensando que ainda não tinha chorado por ter crucificado Jesus de Nazaré. São Paulo, que na pregação era acompanhado pela manifestação do Espírito e de sua potência, pediu três vezes para ser libertado do aguilhão em sua carne, mas não foi atendido, e precisou resignar-se a viver com ele para que se manifestasse melhor a potência de Deus (cf. 2Cor 12,8s.).

Às vezes, perseverando na oração, especialmente se a pessoa tiver uma vida espiritual séria e profunda, acontece algo de estranho que é bom conhecer para não perder uma ocasião preciosa. As partes invertem-se: Deus torna-se aquele que pede, e tu aquele a quem se pede. Tu começaste a rezar para pedir algo a Deus e, uma vez em oração, percebes aos poucos que é ele, Deus, que te estende a mão pedindo algo. Foste pedir-lhe que tirasse aquele aguilhão de tua carne, aquela cruz, aquela provação, que te libertasse daquela função, daquela situação, da proximidade com aquela pessoa... E eis que Deus te pede exatamente que aceites aquela cruz, aquela situação, aquela função, aquela pessoa.

Há uma poesia de Tagore que me parece ajuda a entender o que estou dizendo. É um mendigo que fala e conta sua experiência. Diz mais ou menos assim: Tinha ido pedir esmola de porta em porta, ao longo da ruela do vilarejo, quando apareceu ao longe uma carruagem de ouro. Era a carruagem do filho do rei. Pensei: esta é a ocasião de minha vida, e sentei-me escancarando o alforje, esperando que a esmola me fosse dada, sem eu pedi-la, que até chovessem riquezas no chão a meu redor. Mas qual não foi minha surpresa quando, chegando perto, a carruagem parou. O filho do rei desceu e, estendendo a mão direita, disse-me: "Que tens para me dar?". Que gesto majestoso foi aquele de estender a mão!... Confuso e hesitante, tirei do alforje um grão de arroz, um só, o menor, e lho ofereci. Que tristeza quando, à noite, rebuscando em meu alforje, encontrei um pequeno grão de ouro. Chorei amargamente por não ter tido a coragem de dar-lhe tudo.[18] Que não aconteça também a nós, no entar-

---

[18] TAGORE, *Gitanjali*, 50 (trad. ital. Newton Compton, Roma 1985, p. 91).

decer da vida, de chorar por não termos dado tudo aquilo que Deus nos pedia. "Que gesto majestoso foi aquele de estenderes a mão para pedir a um pobre!" Sim, que gesto divino é esse da parte de Deus: torna-se mendigo para permitir-nos ter algo para doar.

O caso mais sublime dessa inversão das partes é Jesus. Jesus no Getsêmani pede que o Pai lhe tire o cálice. O Pai pede a Jesus que o beba. Isso é necessário para que ele recupere todos os outros filhos. Jesus diz: *Não a minha, mas a tua vontade seja feita*, e dá ao Pai o sim esperado. Doa não uma, mas todas as gotas de seu sangue. Mas eis o que encontra Jesus à noite, depois de ter esvaziado o cálice: encontra o Pai que o constitui, também como homem, Senhor; que o glorifica dando-lhe o nome que está acima de qualquer outro nome. Não se pode dizer o que lhe dá em troca daquele "grão de romã" que foi seu "sim".

4. A oração contínua

Depois que os apóstolos, Maria e os outros receberam o Espírito Santo, lê-se de novo que eram "assíduos na oração" (At 2,42). Algo, todavia, parece ter mudado. Mudou o objeto e a qualidade da oração. Eles agora não fazem senão "anunciar as maravilhas de Deus" (At 2,11). Também tomando as refeições, "estavam cheios de alegria e louvavam a Deus" (At 2,46s.). Sua se tornou uma oração de louvor. Já não é unicamente de pedido. Repete-se, para a Igreja, o que antes tinha acontecido com Maria. Ela também, recebido o Espírito Santo na Anunciação, começou a magnificar o Senhor, a exultar em Deus e a proclamar as grandes coisas feitas em seu favor (cf. Lc 1,46s.). A vinda do Espírito Santo não põe fim à oração assídua, mas enriquece e dilata seu horizonte; ergue a oração a suas formas mais altas e mais dignas de Deus, que são o louvor, a adoração, a proclamação de sua grandeza e santidade.

O Novo Testamento não fala de perseverança só quando se trata de pedir algo, mas também e até mais quando se trata de louvar, agradecer, bendizer. No mesmo contexto da carta aos Efésios acima lembrado, lê-se: *Não vos embriagueis com vinho, que leva à luxúria, mas enchei-vos do Espírito. Recitai entre vós salmos, hinos e cânticos espirituais, cantando e louvando ao Senhor em vossos corações, dando sempre graças, por tudo, a Deus Pai em nome de nosso Senhor Jesus Cristo* (Ef 5,18-20). Dir-se-ia que este é o objetivo verdadeiro pelo qual somos levados a invocar e esperar o Espírito Santo: para poder depois, repletos dele, adorar a Deus "em Espírito e verdade", bendizê-lo, glorificá-lo diante de todos os homens. Antes que para pregar, o Espírito Santo serviu aos apóstolos para orar em línguas (cf. At 2,4ss.). O mesmo aconteceu quando o Espírito Santo desceu sobre Cornélio e os de sua casa: *Eles os ouviam falar em línguas e glorificar a Deus* (At 10,46).

É pensando nessa oração no Espírito, feita de invocação e mais ainda de louvor, que Paulo formulou o princípio da oração contínua, destinado a ter uma imensa ressonância na história da espiritualidade cristã: *Andai sempre alegres, orai sem cessar, e, em todas as circunstâncias, dai graças* (1Ts 5,16-18). Esse é o eco do que disse Jesus, segundo o qual é preciso "orar sempre sem desfalecer" (Lc 18,1). Com este princípio supera-se certa concepção ritualista e legalista da oração, ligada a tempos e lugares determinados, para fazer dela uma atitude de fundo e uma orientação constante, uma atividade espontânea, quase como o respirar para o corpo. Quantas vezes se deve perdoar? Jesus responde: Sempre! (cf. Mt 18,22). Quantas vezes se deve rezar? Jesus responde: Sempre! Perguntar quantas vezes ao dia é preciso rezar a Deus, seria como perguntar quantas vezes ao dia é preciso amar a Deus. A oração, como o amor, não suporta o cálculo das vezes. Pode-se amar com diferentes graus de consciência, mas não com intervalos mais ou menos regulares.

Este ideal sublime da oração contínua realizou-se de formas diferentes no Oriente e no Ocidente. A espiritualidade oriental realizou-o com a assim chamada oração de Jesus, da qual foi dada a seguinte descrição: "A oração de Jesus, interior e constante, é a invocação contínua e ininterrupta do nome de Jesus, com os lábios, com o coração e com a inteligência, na certeza de sua presença em qualquer lugar, em qualquer tempo, também durante o sono. Expressa-se com as seguintes palavras: 'Senhor Jesus Cristo, tem piedade de mim!'. Quem se acostumar com essa invocação recebe dela uma grande consolação e experimenta a necessidade de dizer sempre esta oração; depois de um pouco de tempo já não pode viver sem ela, e ela flui nele como que sozinha".[19] Em sua forma mais elevada, essa oração aos poucos acaba tirando à inteligência qualquer pensamento, deixando-lhe como única atividade a oração. Seu meio é a sobriedade, isto é, a vigilância e a abstinência de tudo o que não leva a Deus, e seu fruto é a pureza do coração. Essa oração manteve legiões de almas unidas, já nesta vida, com Deus e numa tranquilidade *(hesychía)* profunda. A *Filocalia* – obra fundamental da espiritualidade russo-ortodoxa – foi toda escrita para ajudar a cultivar essa oração contínua.

Esse tipo de oração contínua cultivado no Oriente, por sua mesma índole, está relacionado, mas não exclusivamente, com um tipo de vida monástico. Também o Ocidente, com Santo Agostinho, formulou o princípio de uma oração contínua, mas de maneira mais dúctil, de modo que pôde ser proposto a todos e não só aos que fazem profissão explícita de vida monástica. Santo Agostinho – lembramos isso acima, falando da oração de Nossa Senhora – diz que a essência da oração é o desejo. Se o desejo de Deus for contínuo, a oração também é contínua. Sem ele, podemos gritar o quanto quisermos, para Deus estaremos mudos. Ora, esse desejo secreto de Deus, feito de lembrança, de tensão constante para o Reino, de saudade de Deus, pode permanecer vivo também quando a pessoa é forçada a fazer outras coisas: "Não é mau nem inútil rezar longamente quando temos tempo, isto é, quando isso não impede outras obrigações de ações boas e necessárias, ainda que mesmo nessas ações seja preciso rezar sempre com o desejo. De fato, rezar muito não corresponde, como alguns acreditam, a rezar com muitas palavras. Uma coisa é falar bastante, e outra coisa é um íntimo e durável desejo... Rezar muito consiste em suscitar um contínuo e devoto impulso do coração para aquele que invocamos".[20]

---

[19] ANÔNIMO, *Relatos de um peregrino russo* I (trad. ital. Rusconi, Milão 1980, p. 33; trad. brasileira, Paulinas, S. Paulo).
[20] SANTO AGOSTINHO, *Cartas* 130, 10, 19-20 (CSEL, 44, p. 62s.).

Um autor anônimo da Idade Média diz: "Presta, pois, atenção a esse maravilhoso trabalho da graça em tua alma. Para quem o entende bem, não é senão um impulso que surge sem nenhum aviso prévio e se orienta diretamente para Deus, como uma faísca que se desprende do fogo. É incrível o número dos impulsos que surgem, no breve espaço de uma hora, na alma de quem está disposto a fazer esse trabalho. E, todavia, é suficiente uma só destas labaredas para esquecer completamente e de repente o mundo externo. Mas, logo depois de cada impulso, a alma pode recair, por causa da corrupção da carne, nos pensamentos precedentes e na lembrança das coisas feitas ou não feitas. Mas não acabou ainda: num piscar de olhos pode reacender-se de novo como antes".[21] Aquele impulso não é senão "um puro anelo em direção a Deus". Puro ou nu, porque não procura senão a Deus; anelo ou ímpeto, porque é o ato com o qual a vontade se protende em direção a Deus.

Como o mar não se cansa de lançar suas ondas, umas altas, outras baixas, em direção à praia, assim nesta oração a alma não se cansa de lançar seu pensamento e o impulso de seu coração em direção a Deus. O corpo participa, repetindo longamente uma palavra, como "Deus" ou "Jesus", ou uma outra invocação brevíssima, que só serve para manter a mente concentrada, dando-lhe o mínimo indispensável de atividade que sirva para mantê-la firme. Não é preciso ver ou ouvir nada. Aliás, a condição mais frequente desta oração é a de realizar-se entre duas nuvens: a nuvem do esquecimento abaixo de ti, entre ti e todas as coisas, e a nuvem da obscuridade e da fé – a nuvem do não conhecimento – acima de ti, entre ti e Deus.

Esta é uma oração semelhante àqueles rios que, às vezes, fluem na superfície e, outras vezes, debaixo da terra. Quando encontram certo tipo de terreno compacto, fluem na superfície; depois, se encontrarem um terreno diferente, poroso, descem e continuam fluindo invisíveis, até emergir de novo. Assim acontece com essa oração. Às vezes, quando a atividade cessa e estamos livres para rezar, essa oração emerge na superfície, torna-se oração consciente de louvor, de adoração etc. Outras vezes, quando as atividades nos absorvem,

---

[21] ANÔNIMO, *A nuvem do não conhecimento* 4, citado.

a oração desce ao fundo do coração e ali continua em segredo, como invisível tensão de amor em direção a Deus, pronta a acordar logo que puder. Dessa maneira, ela pode continuar também durante o sono, como diz a esposa no Cântico: *Eu durmo, mas meu coração vela* (Ct 5,2). Conheci até mesmo operários que tiveram o dom dessa oração por longos períodos; ela, portanto, com a graça de Deus, não é incompatível com nenhuma profissão. Uma dessas pessoas acordava de noite e tinha a impressão de que sua alma estivesse rezando, porque nada mais fazia senão continuar rezando. Pensando no que a esperava de manhã, queria dormir novamente, mas não se decidia a interromper uma experiência tão doce. E de manhã, levantando-se, percebia que estava tranquila e repousada como se tivesse dormido toda a noite.

Seria um grave erro cultivar a assim chamada oração contínua e não dedicar tempos precisos e específicos à oração. Jesus passava as noites em oração, mas depois ia ao templo ou à sinagoga para rezar com os outros, e três vezes ao dia – ao nascer do sol, à tarde durante os sacrifícios vespertinos e ao pôr do sol – unia-se aos israelitas piedosos voltando-se na direção do templo e recitando as orações rituais. "Nós, pois – escreve Santo Agostinho –, rezamos sempre com desejo contínuo que brota da fé, esperança e caridade. Mas, com intervalos fixos de horas e em determinadas circunstâncias, rezamos a Deus também com palavras, para que através daqueles sinais das coisas estimulemos a nós mesmos e nos demos conta do quanto progredimos neste desejo e nos estimulamos mais vivamente para aumentá-lo em nós".[22]

5. Quando a oração se torna cansaço e agonia

Não devemos esquematizar a oração nem achar que, uma vez descoberto certo tipo de oração, podemos continuar com ele até a morte. A oração é como a vida e está, pois, sujeita ao alternar-se das estações. Uma delas, o inverno, cedo ou tarde nunca deixa de chegar. Não nos iludamos. Vem o tempo quando a oração, como a

---

[22] SANTO AGOSTINHO, *Cartas* 130, 9, 18 (CSEL 44, p. 60s.).

natureza no inverno, fica despida, aparentemente morta. A oração torna-se, então, luta, cansaço, agonia. Aqui a oração já não é água que chove do céu ou que flui sozinha na superfície ou no subsolo; como diria Santa Teresa d'Ávila, é água que precisamos erguer com um balde do fundo do poço, com a força dos braços, e sempre perdendo um bom tanto no percurso.[23]

Há dois diferentes tipos de luta na oração. O primeiro é a *luta contra as distrações*. Luta experimentada também pelos santos. A mesma Santa Teresa d'Ávila confessa: "Acontece-me, às vezes, que não consigo formar um pensamento sensato nem a respeito de Deus, nem a respeito de nada de bom, nem fazer oração, apesar de estar em solidão. Sei apenas que conheço a Deus. O dano me vem do intelecto e da imaginação. A vontade parece-me tranquila e bem disposta, mas o intelecto tumultua de tal forma que parece um louco furioso que ninguém consegue amarrar: não consigo mantê-lo tranquilo nem pelo espaço de um credo".[24]

Pôr-se a rezar nessas condições de aridez é como sair ao mar aberto num barquinho que faz água por várias fendas. Gasta-se o tempo todo para esvaziar o barco e não é possível fazer outra coisa; quando se para um pouco, logo o barco está cheio de água e ameaça afundar. Não podes, pois, cruzar os braços e contemplar o céu. Chega o tempo de voltar à praia, percebes que não pudeste nem um pouco olhar tranquilamente o azul do céu e a vastidão do mar que vieste contemplar, e que não pescaste nenhum peixe, mas só tiraste água do barco. Pomo-nos em oração para desfrutar de Deus, contemplar suas maravilhas, escutá-lo, descobrir coisas novas sobre ele e sobre nós; mas nossa mente está "dissipada" e nada faz senão se encher de distrações. Assim toda a oração transforma-se numa luta extenuante contra os pensamentos vãos e não há via de escape: é preciso continuar lutando.

Quando a luta é contra as distrações, é preciso armar-se de paciência e coragem, e não cair no erro de crer que assim seja inútil

---

[23] SANTA TERESA D'ÁVILA, *Vida* XI, 9 (trad. ital. *Opere,* aos cuidados da Postulação geral dos Carmelitas Descalços, Roma 1985 p. 116).
[24] SANTA TERESA D'ÁVILA, *Vida* XXX, 16.

continuar rezando. É preciso adaptar-se humildemente. Fazer orações mais curtas, procurando dizer depressa, quase correndo, tudo aquilo que nos interessa comunicar a Deus. Para dizer: "Jesus, eu te amo! Senhor, creio e espero em ti. Arrependo-me de meus pecados. Perdoo a todos. Obrigado pelo dom do Espírito Santo. Obrigado, porque estás aí e sei que me escutas!", quanto tempo gastei nisso? Poucos segundos, todavia, disse o essencial e Deus escutou. É preciso redescobrir a beleza das orações "jaculatórias" que, ao pé da letra, significam orações breves, atiradas depressa como dardos *(iacula)*. Outros, pelo contrário, nessas circunstâncias acham útil repetir devagar as palavras de orações prediletas: "Às vezes – escreve Santa Teresinha do Menino Jesus – se meu espírito está em aridez tão grande que me é impossível tirar dele um pensamento para me unir ao bom Deus, recito bem devagar um Pai-nosso e depois a saudação angélica; então essas orações me arrebatam, alimentam muito mais a alma do que se as tivesse recitado precipitadamente uma centena de vezes".[25]

Cada um tem seu método, que nunca vai ser perfeito nem vai dar sempre certo, exatamente porque esse é o tempo de derrota, o tempo no qual devemos tomar consciência de nossa radical impotência para rezar e reconhecer que, se às vezes conhecemos a oração fervorosa, isso era obra só de Deus. Há um versículo do Salmo 31 que descreve perfeitamente o que acontece nesta oração:

Eu dizia em meu temor:
"Fui expulso para longe de seus olhos".
Porém, ouvistes o brado de minhas súplicas,
quando a vós clamava.

Como não sentimos nada, parece-nos que também Deus não sente e não escuta, que estamos excluídos de sua presença, rejeitados. E, no entanto, ele está escutando mais atento e mais contente do que nunca.

É importante não se dar por vencido, nem começar a omitir aos poucos a oração para se entregar ao trabalho, achando que

---

[25] SANTA TERESA DO MENINO JESUS, *Escrito autobiográfico* C, n. 318 (trad. citada, p. 289).

adianta muito pouco a oração. Quando Deus não está presente, é importante que pelo menos seu lugar fique vazio e não seja tomado por algum ídolo, o do trabalho, por exemplo. Para impedir que isso aconteça é bom interromper de vez em quando o trabalho para dirigir pelo menos um pensamento a Deus ou pelo menos para sacrificar-lhe simplesmente um pouco de tempo. Esta é oração muito agradável para Deus, ainda que para nós seja como o "comer pão de tanta fadiga" (cf. Sl 127,2).

Na vida dos padres do deserto, lê-se a seguinte anedota sobre o grande Antão, o pai dos eremitas: "Um dia, o santo padre Antão, quando estava sentado no deserto, foi tomado por desconforto e por densa treva de pensamentos. E dizia a Deus: 'Ó Senhor, eu quero salvar-me, mas meus pensamentos me impedem. Que posso fazer em minha aflição?'. Ora, inclinando-se um pouco viu um outro monge como ele, que estava sentado trabalhando, interrompia o trabalho, levantava-se e rezava, depois novamente se sentava para tecer cordas, e novamente se levantava e rezava. Era um anjo do Senhor, enviado para corrigir Antão e dar-lhe força. E ouviu o anjo que dizia: 'Faze assim e serás salvo'. Ouvindo aquelas palavras, foi tomado por grande alegria e coragem: assim fez e salvou-se".[26] Antão entendeu que, não conseguindo rezar por muito tempo sem distrações, devia pelo menos de vez em quando interromper o trabalho para fazer breves orações. Talvez aquele anjo neste momento diga, também para mim que escrevo e para ti que lês, o que um dia disse para Antão: "Faze assim e serás salvo!".

Nada disso é inútil. O Senhor, por acaso, precisa de nosso fervor ou é consolado por nossos êxtases? Que lhe acrescentam nossos êxtases? Ele exige e quer nossa submissão, humildade, fidelidade, e tudo isso é possível com a oração, exatamente quando essa se torna luta extenuante.

Mas existe um outro tipo de oração de luta, muito mais delicada e difícil: *é a luta com Deus*. Não com a própria mente, mas com Deus. Isto acontece quando Deus te pede algo que tua

---

[26] *Apoftegmas dos Padres,* Antão 1 (PG 65, 76).

natureza não está pronta a lhe dar e quando o agir de Deus se torna incompreensível e desorientador. Jacó conheceu esta luta. Talvez conheceu-a também Maria, em algum momento de sua vida, como debaixo da cruz. Mas conheceu-a sobretudo Jesus no Getsêmani. Ele – está escrito – *cheio de angústia (agonia) pôs--se a orar mais instantemente* (Lc 22,44). Tomado pela angústia, Jesus não para de rezar, mas reza "ainda mais instantemente". Torna-se o exemplo mais sublime da oração perseverante.

Mas por que Jesus luta? Aqui está a grande lição que devemos aprender. Não é para dobrar Deus sua vontade, mas para dobrar sua vontade humana a Deus. Na Bíblia há uma situação semelhante a esta, que permite medir a diferença entre Jesus e qualquer outro orante. Trata-se de Jacó que luta com Deus (cf. Gn 32,23-33). Também essa luta acontece de noite, do outro lado de uma torrente – a de Jaboc –, como a de Jesus que acontece de noite, do outro lado da torrente de Cedron. Mas por que Jacó luta com o anjo em sua oração? "Não te deixarei partir – diz – enquanto não me abençoares", isto é, enquanto não fizeres aquilo que te peço. E ainda: "Dize-me teu nome!". Está convencido que, se possuir aquele nome, com sua força poderá prevalecer sobre o irmão que o persegue, usando o poder que dá o conhecimento do nome de Deus. Mas Deus o abençoa sem lhe dizer seu nome.

Jacó reza para dobrar Deus sua vontade; Jesus, para se dobrar à vontade de Deus. Com quem nos parecemos quando rezamos em tempos de angústia? A maioria das vezes, se prestarmos atenção, somos parecidos com Jacó, o homem do Antigo Testamento, não com Jesus. Lutamos para persuadir a Deus que mude sua decisão, e não para mudar a nós mesmos e aceitar sua vontade. Lutamos para que nos tire aquela cruz, mais que para conseguir carregá-la com ele. Mas também os resultados das duas orações são diferentes. A Jacó Deus não revela o nome que é símbolo de seu poder, mas a Jesus dá o nome que está acima de qualquer outro nome e com ele todo poder (cf. Fl 2,11).

6. A oração violenta

Nesta situação de aridez e de luta, é preciso descobrir um tipo de oração especial: a oração violenta. "É coisa boa e muito agradável a Deus – escreve uma santa que já conhecemos – que rezes com o fervor da graça divina, que vigies e te esforces para cumprir toda boa ação; mas é mais agradável e aceito ao Senhor se, faltando-te a graça, não reduzes tuas orações, tuas vigílias, tuas boas obras. Age sem a graça, como agias quando possuías a graça... Tu fazes tua parte, meu filho, e Deus irá fazer a sua. A oração forçada, violenta, é muito aceita a Deus".[27] A oração de Jesus no Getsêmani foi uma oração violenta. Ele – está escrito – caiu com a face por terra, levantou-se, foi ter com os discípulos, voltou a ajoelhar-se, suou como que gotas de sangue (cf. Mt 26,36ss.; Lc 22,44). A este momento se refere a afirmação segundo a qual Jesus, quando vivia na carne, "ofereceu orações e súplicas, com grande clamor e lágrimas" (cf. Hb 5,7).

Esta é uma oração que se pode fazer mais com o corpo do que com a mente. Frequentemente a vontade manda na mente e não é obedecida, manda no corpo e é obedecida. Há uma secreta aliança entre a vontade e o corpo, e é preciso usá-la para reduzir a mente... à razão. Frequentemente quando nossa vontade não consegue mandar na mente para ter ou não ter certos pensamentos, consegue mandar no corpo: nos joelhos para dobrar-se, nas mãos para juntar-se, nos lábios para abrir-se e pronunciar certas palavras; por exemplo: "Glória ao Pai e ao Filho e ao Espírito Santo".

Não se deve desprezar essa oração corporal que, às vezes, é a única que resta. Nela há um segredo. Quando dentro de ti tudo é um grito de revolta, ou um tumulto de pensamentos e sentimentos hostis aos irmãos, vais para diante do tabernáculo ou de um crucifixo e te pões simplesmente de joelhos. Que fizeste? Colocaste todos os inimigos de Cristo como escabelo de seus pés! Levanta-te, venceste. Há uma palavra de Isaac, o Sírio, que me parece muito bela: "Quando o coração está morto e já não temos a menor ora-

---

[27] *O livro da B. Angela,* citado, p. 575ss.

ção ou qualquer súplica, possa ele encontrar-nos prostrados ininterruptamente com a face por terra".

O simples ficar com o corpo na igreja, ou no lugar que escolheste para tua oração, o simples "estar" em oração, é então a única maneira que nos resta para continuar a ser perseverantes na oração. Deus sabe que poderíamos ir e fazer mil outras coisas mais úteis, mais gratificantes; mas ficamos ali, gastando no vazio o tempo a ele destinado por nosso horário ou propósito, e isso é para ele "perfume de filho". A um discípulo que se queixava de não poder rezar devido aos pensamentos de distração, um monge ancião, ao qual se dirigira, respondeu: "Que teu pensamento vá aonde quiser, mas que teu corpo não saia da cela".[28]

É um conselho que vale também para nós, quando nos encontramos em situação de distrações crônicas, que não podemos controlar: que nosso pensamento vá aonde quiser, mas que nosso corpo fique em oração! E se não puderes fazer outra coisa, põe teu pobre irmão corpo de joelhos e, levantando os olhos para o céu, dize a Deus: "Senhor, meu corpo está rezando para ti!" Com todo este esforço, aparentemente inútil, consegue-se realmente o Espírito Santo.

Nestes casos devemos lembrar-nos de que temos uma mãe que é mestra de oração. Passei, anos atrás, um tempo num pequeno e solitário convento de capuchinhos. Uma menina do lugar vinha frequentemente se colocar de joelhos perto de um ou de outro que via em oração; juntava as mãozinhas e, olhando-lhe nos olhos, dizia com toda segurança: "Vamos, faze-me rezar!" Nós podemos imitar aquela menina: colocar-nos, em espírito, perto de Maria e dizer-lhe: "Faze-me rezar!".

Esta nossa longa meditação sobre a oração foi, a seu modo, uma maneira de estarmos perseverantes na oração, na espera do Espírito Santo. Uma maneira prática e simples para sermos perseverantes na oração com Maria, a Mãe de Jesus, é o Rosário, com o qual podemos reviver todos os mistérios e transformar em oração a Bíblia inteira

---

[28] Apoftegmas dos Padres do manuscrito Coislin 126, n. 205 (ed. F. Nau, in *"Revue de l'Orient* Chrétien" 12, 1907).

e toda a história da salvação. Peçamos a Maria que seja também para nós a madrinha forte e amável que nos prepara para o batismo do Espírito e para o Pentecostes. Pudesse, por sua intercessão, cumprir-se também para nós aquela promessa de Jesus: *Dentro de pouco tempo vós sereis batizados no Espírito Santo!* (At 1,5).

VIII. "O ESPÍRITO SANTO VIRÁ SOBRE TI"

Maria, a primeira pentecostal e carismática da Igreja

1. O despertar do Espírito

Se se pode falar de uma graça particular na Igreja de nosso tempo, essa está relacionada, acredito, à pessoa do Espírito Santo. Nosso século vai ser lembrado na história da Igreja, entre outras coisas, como o século do despertar do Espírito Santo. Isso não só pela redescoberta do lugar do Espírito Santo na teologia e na liturgia católica depois do Concílio, mas também e em primeiro lugar pela experiência que a Igreja fez, em ondas sucessivas, de uma efusão do Espírito Santo "sobre toda a carne" e da qual floresceram, em quase todas as confissões cristãs, os vários movimentos pentecostais e carismáticos. A profecia de Joel já não é para muitos cristãos apenas uma bela citação feita por Pedro em seu discurso de Pentecostes, mas uma realidade patente a todos. Eles podem testemunhar que, "nos últimos dias, o Senhor derramou seu Espírito sobre todos: sobre os filhos e as filhas, sobre os jovens e os anciãos, sobre os servos e sobre as servas" (cf. Jl 3,1ss.; At 2,17-18).

O sopro de Pentecostes circula de novo poderosamente na Igreja, apesar de todas as dificuldades, e constitui a maior esperança para uma reunião dos cristãos. Foi ele que realizou no começo a primeira unidade ecumênica. Naquele tempo a grande divisão, o grande cisma, era entre judeus e gentios. Sabemos do sofrimento que isso provocou na Igreja primitiva. Como fez o Espírito Santo para levar a Igreja em direção aos pagãos e para convencê-la de que era necessário acolhê-los na mesma fé de Cristo? Chamou Pedro, o chefe da Igreja, para a casa do centurião pagão Cornélio (era conveniente ter uma testemunha, a mais qualificada possível) e enquanto ele ainda estava explicando os motivos pelos quais um judeu não podia entrar na casa de um pagão, fê-lo assistir a um novo Pentecostes sobre os presentes, com todos os sinais e características do que viera inicialmente sobre os apóstolos. A Pedro não restou senão tirar a conclusão: *Se Deus lhes concedeu o mesmo dom que a nós..., quem era eu para me opor a Deus?* (At 11,17).

Algo de semelhante está repetindo-se na Igreja de hoje que conhece outros cismas, outras divisões, desta vez entre os próprios cristãos. Ele envia seu Espírito, frequentemente da mesmíssima forma, sobre crentes de confissões cristãs diferentes, para que tiremos a mesma conclusão de Pedro: quem somos nós para rejeitar esses irmãos ou considerá-los fora do verdadeiro corpo de Cristo, se Deus dá também para eles o mesmo Espírito que dá a nós? Como podem não pertencer eles também ao *corpo* de Cristo, se são animados pelo *Espírito* de Cristo?

Um dos pontos, nos quais o Espírito Santo está curando as feridas e preparando a unidade, é exatamente o que diz respeito à Mãe de Deus. E eu gostaria de dar para isso uma pequena contribuição com este livro. O despertar do interesse pelo Espírito Santo na reflexão teológica católica depois do Concílio contagiou também a mariologia. Aqui houve um movimento até certo ponto contrário: não de Maria para a Igreja, mas da Igreja para Maria. Uma Igreja que novamente se descobre pneumática, isto é, movida e animada pelo Espírito, também nisso procura espontaneamente seu modelo em Maria que, por obra do Espírito Santo, concebeu sua Cabeça e seu Salvador.

O relacionamento "Maria – Espírito Santo" é um aspecto bastante novo na reflexão tanto da Igreja latina quanto da oriental. Tudo que se pode respigar nos Padres e nos autores medievais, incluído São Bernardo, não vai além da repetição do pouco que a Bíblia nos diz, a saber, que Maria concebeu "por obra do Espírito Santo", com algum esporádico comentário, voltado geralmente para um esclarecimento sobre a pessoa do Espírito Santo, mais do que sobre Maria. Agora, pelo contrário, estamos assistindo a diferentes tentativas sistemáticas para enquadrar e expressar teologicamente o relacionamento entre Maria e o Espírito Santo. Como em todo o restante, aqui também quero ater-me à Palavra de Deus, isto é, ao dado da Escritura. Este permite falar menos, impõe a sobriedade, mas, em compensação, permite-nos ficar num terreno mais seguro e aceitável por parte de todos os cristãos, enquanto que as grandes sínteses teológicas necessariamente devem dar muito espaço para hipóteses e princípios dependentes deste ou daquele sistema e, por isso, mais particulares.

Uma nova luz sobre o relacionamento entre Maria e o Espírito Santo creio que hoje nos possa vir sobretudo de um fato: do melhor conhecimento que temos, em comparação com o passado, do desenvolvimento da revelação sobre o Espírito Santo na Bíblia, isto é, do melhor conhecimento da pneumatologia bíblica. Esta é uma contribuição que precisamos agradecer aos modernos estudos bíblicos e em particular àquela nova ciência, desconhecida aos Santos Padres, que é a Teologia Bíblica. Lendo a Escritura os Santos Padres seguiam o método analítico próprio de seu tempo, que consistia em explicar cada livro, texto por texto, e cada texto, palavra por palavra. Eles não tinham o método histórico, que permite considerar o desenvolvimento de um tema através de toda a Bíblia e perceber as diferenças e as semelhanças que existem na Bíblia entre uma época e outra, entre um ambiente e outro, entre um autor e outro. Tinham o sentido da unidade mais que o da variedade da Bíblia. Poderíamos dizer que eles liam sempre "o todo na parte": em cada texto viam refletida a Bíblia toda, sem nenhum contraste. Nós, pelo contrário, gostamos de ler "a parte no todo", o texto em seu contexto, um passo bíblico à luz do gênero literário e do ambiente onde se coloca.

Aplicado ao tema "Maria e o Espírito Santo", o método que entendo seguir é simples e consiste no que agora vou procurar explicar. Quem fala do relacionamento entre o Espírito Santo e Maria na Encarnação e em Pentecostes é São Lucas e – no tocante apenas à Encarnação – Mateus. Vamos, pois, ver qual é a concepção que especialmente Lucas tem do Espírito Santo, de seu agir quando vem a uma pessoa ou à Igreja. Desta maneira vamos descobrir o que, segundo ele, o Espírito Santo operou em Maria. Dessa maneira procuramos valorizar os poucos e sumários acenos relativos a Maria e ao Espírito Santo; não mediante uma amplificação sistemática e especulativa, necessariamente aberta a elementos subjetivos, mas mediante uma amplificação no interior da própria Bíblia, homogênea e objetiva, porque feita dentro de um mesmo quadro mental e com a linguagem de um mesmo autor. Será o mesmo que interpretar um texto a partir do "contexto", como quem analisa um pedaço de pano levando em conta o "tecido" do qual foi tirado. Veremos como em Maria se reflete, em miniatura, a obra que o Espírito Santo realiza em toda a Igreja.

2. Maria e o Espírito Santo no Evangelho de Lucas

Maria, que Lucas nos apresentou nos Atos perseverante na oração esperando o Espírito Santo, é a mesma que o evangelista, no início de seu evangelho, apresenta-nos como aquela sobre a qual desceu o Espírito Santo. Alguns elementos fazem pensar em um estreito paralelismo entre a vinda do Espírito Santo sobre Maria na Anunciação e a vinda sobre a Igreja no Pentecostes, seja este paralelismo *querido* pelo evangelista, ou *devido* à correspondência objetiva entre as duas situações.

O Espírito Santo é prometido a Maria como "força do Altíssimo", que "virá" sobre ela (cf. Lc 1,35); da mesma forma, é prometido aos Apóstolos como "força" que "descerá" sobre eles "lá do Alto" (cf. Lc 24,49; At 1,8). Recebido o Espírito Santo, Maria põe-se a proclamar *(megalynei),* numa linguagem inspirada, as grandes obras *(megala)* feitas nela pelo Senhor (cf. Lc 1,46.49); da mesma maneira, os apóstolos, recebido o Espírito Santo, põem-se a proclamar em várias línguas as grandes obras *(megaleia)* de Deus (cf. At 2,11). Também o Concílio Vaticano II relaciona entre si os dois eventos quando diz que no Cenáculo "vemos Maria implorando com suas preces o dom do Espírito, o qual já na Anunciação a havia coberto com sua sombra".[1]

Mas tudo isso tem importância relativa, em comparação com aquela clara afirmação do Evangelho: *O Espírito Santo virá sobre ti e a força do Altíssimo estenderá sobre ti sua sombra* (Lc 1,35). Ao lado dessa afirmação precisa podemos colher, no Evangelho de Lucas,

---

[1] *Lumen gentium* 59.

um outro fato indicativo. Todos aqueles aos quais Maria é enviada, depois desta descida do Espírito Santo, são também tocados ou movidos pelo Espírito Santo (cf. Lc 1,41; 2,27). É certamente a presença de Jesus que irradia o Espírito, mas Jesus está em Maria e age através dela. Ela apresenta-se como a arca ou o templo do Espírito, como o sugere também a imagem da nuvem que a cobriu com sua sombra. De fato, essa nuvem lembra a nuvem luminosa que, no Antigo Testamento, era sinal da presença de Deus ou de sua vinda à tenda (cf. Êx13,22; 19,16).

Mateus confirma esse dado fundamental dizendo que Maria *ficou grávida por obra do Espírito Santo* (Mt 1,18) e que o que ela havia concebido era obra "do Espírito Santo" (Mt 1,20).

A Igreja colheu esse dado revelado e bem cedo o colocou no centro de seu símbolo de fé. Desde o fim do século segundo temos comprovada, no assim chamado Símbolo apostólico, a frase segundo a qual Jesus "nasceu do Espírito Santo e da Virgem Maria". O Concílio Ecumênico de Constantinopla, do ano de 381, que definiu a divindade do Espírito Santo, colocou este artigo também no símbolo Niceno-Constantinopolitano, no qual lemos que Cristo "encarnou-se do Espírito Santo e da Virgem Maria".

Trata-se, pois, de um dado de fé, aceito por todos os cristãos no Oriente e no Ocidente, por católicos e protestantes. É uma base sólida e não pequena. Maria aparece unida ao Espírito Santo por um vínculo objetivo, pessoal e indestrutível: a pessoa mesma de Jesus que juntos geraram, ainda que mediante contribuições totalmente diferentes. Para manter separados Maria e o Espírito Santo é preciso dividir o próprio Cristo, no qual suas diferentes operações se concretizaram e objetivaram para sempre. Queiramos ou não chamar Maria de esposa do Espírito Santo, como o fizeram São Francisco de Assis e outros depois dele, o certo é que Jesus uniu Maria e o Espírito Santo muito mais do que qualquer filho jamais uniu entre si seu pai e sua mãe. Se qualquer filho, por sua simples existência, proclama que seu pai e sua mãe estiveram unidos um instante segundo a carne, este filho que é Jesus proclama que o Espírito Santo e Maria estiveram unidos "segundo o Espírito", e por isso de maneira indestrutível. Também na Jerusalém celeste Jesus ressuscitado continua sendo aquele que foi "gerado pelo Espírito Santo e pela Virgem Maria". Também na Eucaristia, recebemos aquele que foi "gerado pelo Espírito Santo e pela Virgem Maria".

Agora procuramos descobrir, em Lucas e nos Sinóticos em geral, quem é e que faz o Espírito Santo. Este é o ponto no qual podemos valer-nos daquele progresso no conhecimento do Espírito Santo do qual falava acima. Lucas e, mais ainda, Mateus estão no final de uma linha de desenvolvimento da revelação sobre o Espírito Santo que vem do Antigo Testamento. Trata-se de uma linha que vê no Espírito Santo "a força de Deus que possilita pronunciar palavras e realizar atos que antes estavam além das forças humanas".[2]

Para entender em que consiste a particularidade desta visão, é preciso acenar para a outra grande linha de desenvolvimento da revelação sobre o Espírito Santo que chegará à maturação com João e Paulo, e que consiste em considerar o Espírito Santo como um poder de santificação que toma posse da pessoa, mudando seu coração e fazendo dela uma nova criatura. No primeiro caso, o Espírito Santo vem a uma pessoa para permitir-lhe fazer algo que está acima de suas forças; sua ação não para no sujeito que a recebe – profeta, chefe, inspirado – mas, através dele, está destinada à comunidade ou à história. Ele pode permanecer, em si mesmo e diante de Deus, o que era antes, pouco ou nada transformado pela passagem do Espírito. No segundo caso não; a ação do Espírito Santo é dirigida para a pessoa que o recebe, para nele, permanece nele, gerando uma nova situação e uma nova vida. Não se trata, está claro, de uma contradição na Bíblia, mas de duas maneiras, igualmente autênticas e salvíficas, de manifestar-se o mesmo Espírito. Quem lê a Escritura não deve separar ou contrapor (como infelizmente às vezes se faz) essas duas manifestações, mas mantê-las unidas. Aqui também é preciso reencontrar "a totalidade" e, neste caso, a totalidade é o Espírito Santo em sua plenitude que compreende, ao mesmo tempo, carisma e caridade.

---

[2] E. SCHWEIZER, *Pneuma*, in Th. W.N.T., VI, p. 401.

O conceito do Espírito Santo como força de Deus, que possibilita realizar ações acima das forças humanas, emerge quase todas as vezes que os sinóticos mencionam o Espírito. O Espírito Santo vem sobre Jesus no batismo, e eis que vemos Jesus vencer Satanás nas tentações, expulsar os demônios, anunciar o Reino, ensinar com autoridade e fazer prodígios (cf. Mt 12,28). Onde ocorre uma ação do Espírito, acontece sempre algo de tangível. A singularidade de Jesus está em ele ser o portador definitivo do Espírito, agir constantemente no Espírito e estar "repleto" do Espírito Santo (cf. Lc 4,1.14.18). Não como os profetas ou os inspirados do passado, que só ocasionalmente agiam pelo Espírito.

Esta linha provém – eu dizia – do Antigo Testamento. No Antigo Testamento, o Espírito (*rûah*) é frequentemente considerado como força divina criadora que vem sobre o homem e o enche de sabedoria ou de capacidade artística (cf. Êx 31,3; 35,31); vem sobre outro homem e infunde-lhe o carisma profético (cf. Mq 3,8); vem sobre outro ainda e lhe confere capacidades extraordinárias de governo (cf. Is 11,2) ou de discernimento no julgamento (cf. Dn 13,45-46).

Duas citações, ambas feitas por São Lucas, uma no Evangelho e uma nos Atos, mostram claramente esta sua concepção do Espírito na linha do Antigo Testamento. Uma é a citação de Isaías 61,1: *O Espírito do Senhor está sobre mim...* Quer dizer que em Jesus, enquanto homem e Messias, derramou-se em plenitude a força carismática do Espírito que o torna apto para anunciar aos pobres a boa-nova, devolver a vista aos cegos e libertar os oprimidos. A outra citação é a de Joel 3, com a qual Lucas vai afirmar a mesma coisa, desta vez com referência à Igreja. Com esta citação Lucas diz que o Espírito Santo é que torna a Igreja pronta para sua missão profética, infundindo-lhe toda a espécie de carisma: sonhos, visões e sobretudo profecia (cf. At 2,17-18).

Uma coisa, todavia, distingue a ação carismática e profética do Espírito na Igreja, com relação ao Antigo Testamento. Ali essa ação era reservada a poucos indivíduos, e mesmo para esses só em algumas ocasiões da vida, em vista de funções especiais. Agora essa ação do Espírito é dada a todos e a cada um dos membros da nova comunidade, e de maneira permanente. Realizou-se o desejo de Moisés que dizia: *Oxalá que todo o povo do Senhor se compusesse de profetas e que o Senhor fizesse repousar seu Espírito sobre eles!* (Nm 11,29). Agora este desejo tornou-se uma realidade: todos são profetas no meio do povo de Deus.

3. Maria, a primeira carismática da Igreja

Que nos diz tudo isso sobre o relacionamento entre Maria e o Espírito Santo? Que Maria é, depois de Jesus, a maior carismática da história da salvação. Não no sentido de ela ter tido o maior número de carismas. Que milagres fez Maria? Diz-se dos apóstolos que até sua sombra curava os doentes (cf. At 5,15). Mas de Maria, enquanto vivia, não se conhece nenhum milagre, nenhuma ação prodigiosa e clamorosa. Ela é a maior carismática porque nela o Espírito Santo realizou a maior de suas ações prodigiosas, suscitando em Maria não uma palavra de sabedoria, não uma grande capacidade de governo, não uma visão, não um sonho, não uma profecia, mas a vida mesma do Messias!

De fato, quando lemos no Evangelho de Lucas: *O Espírito Santo virá sobre ti e a força do Altíssimo estenderá sobre ti sua sombra,* sabemos agora o que significa "Espírito Santo". Significa exatamente "a força do Altíssimo", a força divina criadora que forma a vida deste Menino sem par. Neste texto e em Mateus 1,20, "a fé na intervenção criadora e singularíssima de Deus uniu-se à ideia, já presente no Antigo Testamento, da força criadora do Espírito de Deus".[3] Santo Ambrósio interpreta corretamente Lucas 1,35, quando escreve: "É obra do Espírito Santo o parto da Virgem... Não podemos, pois, duvidar que seja 'criador' aquele Espírito que sabemos ser o autor da Encarnação do Senhor... O que provém de algo, provém ou de sua substância ou de sua força... Em que sentido, pois, Maria concebeu do Espírito Santo? Não de sua substância, porque então o Espírito Santo se teria mudado em carne e ossos. Se, pois, a Virgem concebeu graças à obra e à força do Espírito, quem poderia negar que o

---

[3] E. SCHWEIZER, *Pneuma,* in Th. W.N.T., VI, p. 400.

Espírito é criador?"[4] Santo Ambrósio identifica sem dúvida nenhuma o Espírito Santo de Lucas 1,35 com a pessoa do Espírito Santo, a terceira pessoa da Trindade. E esta será a leitura comum de toda a Igreja, à luz do desenvolvimento que a doutrina sobre o Espírito Santo terá em Paulo e João, ainda que Santo Agostinho precise que só por apropriação a encarnação do Verbo, como também a inspiração da Escritura, é atribuída ao Espírito, sendo por si obra de toda a Trindade.[5]

Para nos dar conta da singularidade do relacionamento de Maria com o Espírito Santo, podemos partir do relacionamento que esta intervenção cria entre Maria e o Espírito Santo, diferente e superior ao que aconteceu com todos os profetas. Sobre os profetas, até João Batista, a Palavra de Deus "vem" *(factum est verbum Domini super...)* (cf. Lc 3,2), isto é, a Palavra torna-se neles "realidade ativa". Em Maria, graças a essa intervenção do Espírito Santo, a Palavra não vem só por um instante, mas estabelece morada; não se torna apenas "realidade ativa", mas se faz carne. Não mais "factum est verbum Domini", mas "Verbum caro factum est" (Jo 1,14). Mais: o profeta é aquele que "come" o rolo que contém a Palavra de Deus, sacia-se dele (cf. Jr 15,16; Ez 3,1s.; Ap 10,8s.). Mas que é tudo isso em comparação com o que aconteceu em Maria? Ela teve as entranhas repletas pela Palavra, não só metaforicamente, mas realmente.

Os Santos Padres, às vezes, atribuíram a Maria o título de profetisa,[6] sobretudo pensando no *Magnificat*, ou devido a uma errada aplicação de Isaías 8,3.[7] Mas, propriamente falando, Maria não está na linha dos profetas. Profeta é aquele que fala em nome de Deus; Maria não falou em nome de Deus. Quase sempre ficou calada. Se ela é profetisa, é num sentido novo e sublime: no sentido de ter "proferido" silenciosamente a Palavra única de Deus, dando-a à luz.

O que o Espírito Santo operou em Maria, se não é um simples caso de inspiração profética, pode e deve ser considerado como um carisma, aliás, como o carisma mais alto jamais concedido a uma

---

[4] SANTO AMBRÓSIO, *Sobre o Espírito Santo*, II, 38-42 (CSEL 79, p. 101s.)
[5] Cf. SANTO AGOSTINHO, *Sermões* 213, 7 (PL 38, 1063).
[6] SANTO IRINEU, *Contra as heresias* III, 10, 2 (SCh 211, p. 118).
[7] Cf. EUSÉBIO DE CESAREIA, *Éclogas proféticas* 4, 5 (PG 22, 1205).

criatura humana, que supera até mesmo o dos hagiógrafos inspirados ou movidos pelo Espírito para falar em nome de Deus (cf. 2Pd 1,21). De fato, que é o carisma e qual é sua definição? São Paulo define-o: *Uma manifestação particular do Espírito para proveito comum* (1Cor 12,7). Ora, que manifestação do Espírito foi mais singular do que aquela de Maria e que manifestação do Espírito foi mais "para proveito comum" do que a maternidade divina de Maria? Isso faz pensar com tristeza que entre os ambientes cristãos mais hostis a Maria estejam exatamente alguns ambientes e grupos pentecostais. É coisa tão pouco natural que só se explica como herança de equívocos do passado.

O carisma é também definido na teologia como uma graça "grátis data",[8] diferentemente do outro tipo de ação do Espírito Santo ao qual acenei acima, que infunde o coração novo e a caridade – que é uma graça "gratum faciens", isto é, que torna agradáveis a Deus. Ora, como se viu no início, a maternidade divina é exatamente isso: graça, gratuidade absoluta, devida só à livre e soberana eleição de Deus.

Pondo Maria em tão íntimo relacionamento com o Espírito, primeiro na Encarnação e depois, de maneira diversa, também no Pentecostes, Lucas no-la apresenta, segundo a concepção geral que ele tem da ação do Espírito, como a criatura pneumática por excelência, que age sob o influxo do Espírito, como o lugar da manifestação da força criadora de Deus. Tudo isso, porém, não deve induzir-nos a imaginar entre Maria e o Espírito Santo um relacionamento quase unicamente objetivo e operativo, que não tocasse a esfera mais íntima da pessoa com suas emoções e seus sentimentos. Maria não foi só o "lugar" onde Deus agiu. Deus não trata as pessoas como lugares, mas exatamente como pessoas, isto é, como colaboradoras e interlocutoras. *Na verdade* – lê-se no *profeta* Amós – *o Senhor nada faz sem revelar seu segredo aos profetas, seus servos* (Am 3,7). E que dizer agora de Maria?

Lucas conhece bem a sóbria embriaguez que o Espírito de Deus provoca com sua ação. Destaca na vida de Jesus que um dia ele "estremeceu" de alegria sob a ação do Espírito Santo (cf. Lc 10,21);

---

[8] Cf. SANTO TOMÁS DE AQUINO, *Suma Teológica*, I – II^{ae}, q. 111, art. 1ss.

faz notar que os apóstolos, tendo recebido o Espírito, põem-se a falar em línguas e estão tão fora de si que alguns os consideram cheios de vinho doce (cf. At 2,13). Faz notar, enfim, que Maria, depois da descida do Espírito Santo, dirige-se "às pressas" até Isabel e entoa o *Magnificat*, no qual expressa toda a sua exultação. Um místico, que conhecia esses efeitos da ação do Espírito Santo, assim descreve Maria neste momento: "Sobreveio-lhe o Espírito Santo como fogo divino que inflamou sua mente e santificou sua carne, concedendo-lhe uma perfeitíssima pureza. Mas também a força do Altíssimo estendeu sobre ela sua sombra, para que pudesse manter um semelhante ardor; com sua operação e sua presença, o corpo foi formado, a alma criada, e contemporaneamente, ambos foram unidos à divindade na pessoa do Filho, para que ele fosse Deus e homem, salva a propriedade de cada natureza. Oh, se tu conseguisses sentir, de algum modo, a qualidade e o tamanho daquele incêndio descido do céu, qual o refrigério trazido, qual o alívio infundido, qual a elevação da Virgem Mãe, qual a nobilitação do gênero humano, quão grande condescendência por parte da Majestade divina! Se pudesses ouvir o canto exultante da Virgem, subir com tua Senhora em direção às alturas, ver o abraço suave da estéril e da virgem e sua saudação, na qual o servo reconheceu o Senhor, o arauto o Juiz, a voz o Verbo! Penso que então também tu te porias a cantar, com voz suave, junto com a beatíssima Virgem, aquele sagrado cântico: *A minha alma glorifica o Senhor*, e, pulando e jubilando, adorarias também tu, com o profeta menino, o maravilhoso concebimento da Virgem".[9]

Também Lutero atribui a uma operação extraordinária do Espírito Santo o cântico da Virgem. Ela provou, sentiu o Espírito, fez a viva experiência dele. O Espírito realizou nela uma de suas prerrogativas essenciais, que é a de manifestar o sentido da Palavra, de dar a inteligência profunda dos caminhos de Deus. De fato, ele escreve: "Para entender bem este santo canto de louvor, é preciso notar que a bendita Virgem Maria fala por experiência própria, tendo sido iluminada e doutrinada pelo Espírito Santo; porque

---
[9] SÃO BOAVENTURA, *Lignum vitae* 1,3 (ed. Quaracchi, 1949, p. 164).

ninguém pode entender retamente Deus, nem a Palavra de Deus, se não lhe for concedido diretamente pelo Espírito Santo. Mas receber este dom do Espírito Santo significa fazer a experiência dele, prová-lo, senti-lo; o Espírito Santo ensina pela experiência como em sua própria escola, fora da qual nada se aprende senão palavras e tagarelices. A santa Virgem, pois, tendo experimentado em si mesma que Deus opera grandes coisas nela, apesar de humilde pobre e desprezada, o Espírito Santo ensina-lhe esta rica arte e sabedoria, segundo a qual Deus é aquele Senhor que se compraz em levantar o que é humilde, e em abaixar o que está no alto".[10]

4. Maria, tipo de uma Igreja pneumática e carismática

Em poucos pontos a passagem de Maria à Igreja é tão límpida e natural como neste. Iremos esclarecer duas aplicações possíveis do que vimos sobre o relacionamento entre Maria e o Espírito Santo: uma de ordem sacramental, que diz respeito à Igreja em seu conjunto como "universal sacramento de salvação", e a outra mais pessoal, que diz respeito à dimensão carismática da Igreja e de cada batizado.

No texto sobre Nossa Senhora do Concílio Vaticano II lemos: "Crendo e obedecendo, Maria gerou na terra o próprio Filho de Deus, sem conhecer varão, mas coberta pela sombra do Espírito Santo... Por certo, a Igreja, contemplando-lhe a arcana santidade, imitando-lhe a caridade e cumprindo fielmente a vontade do Pai, mediante a Palavra de Deus recebida na fé, torna-se também ela mãe. Pois pela pregação e pelo batismo, ela gera para a vida nova e imortal os filhos concebidos do Espírito Santo e nascidos de Deus".[11]

Este texto reflete uma leitura em sentido eclesial do artigo de fé: "Encarnado do Espírito Santo e da Virgem Maria", que tem origens muito remotas. De fato, definindo o nascimento de Cristo como nascimento "espiritual", isto é, por obra do Espírito Santo, e "vir-

---

[10] LUTERO, Comentário ao Magnificat, introdução (ed. Weimar 7, p. 546) (trad. ital. in *Scritti religiosi*, citado, p. 436).
[11] *Lumen Gentium* 63-64.

ginal", isto é, da Virgem Maria, o artigo do Símbolo aparece já aos Padres da Igreja como o fundamento e o modelo do nascimento sacramental de Cristo por obra do Espírito Santo da Virgem Igreja. Um autor escreve que a piscina batismal – que aqui indica a própria Igreja – "torna-se a mãe de todos os fiéis por obra do Espírito Santo, permanecendo virgem".[12] "A santa Igreja – escreve Santo Ambrósio –, imaculada com referência ao coito, fecunda com referência ao parto, é virgem pela castidade, mãe pela prole. Ela nos dá à luz qual virgem, engravidada não por homem, mas pelo Espírito".[13]

Santo Agostinho constantemente põe em relação entre si o artigo do Credo relativo ao nascimento de Jesus do Espírito Santo e da Virgem Maria e o artigo relativo à "santa Igreja". A respeito do primeiro escreve: "Nascido por obra do Espírito Santo e da Virgem Maria: eis através de qual caminho veio, quem veio e para quem veio: através da Virgem Maria na qual agiu o Espírito Santo, não um marido humano; ele fecundou a casta, guardando-a intacta". Passando depois, no mesmo sermão, ao artigo sobre a Santa Igreja, diz: "A Santa Igreja é virgem e dá à luz. Imita Maria que deu à luz o Senhor. Por acaso Santa Maria não era virgem, e todavia não deu à luz permanecendo virgem? Assim também a Igreja: dá à luz e é virgem. E se refletires, dá à luz Cristo, porque são seus membros os que recebem o batismo... Se, pois, a Igreja gera os membros de Cristo, isto quer dizer que ela é totalmente semelhante a Maria".[14]

Até pouco tempo atrás, na teologia católica a doutrina bíblica sobre o Espírito "criador", que é dado para cumprir certas ações sobrenaturais, sobrevivia quase unicamente nesta aplicação sacramental e no exercício do Magistério, isto é, em suas formas institucionalizadas. O Espírito vem, na Eucaristia, e transforma o pão e o vinho, com uma ação que lembra aquela exercida sobre Maria, quando suscitou nela a vida de Jesus. O Espírito Santo é concedido com a ordenação a certas pessoas, dando-lhes o poder de realizar

---

[12] DÍDIMO DE ALEXANDRIA, *Sobre a Trindade* II, 13 (PG 39,692).
[13] SANTO AMBRÓSIO, *Comentário ao Evangelho de Lucas* 11,7 (CSEL 32,4, p. 45).
[14] SANTO AGOSTINHO, *Sermões* 213, 3.7 (PL 38, 1061.1064).

ações sobrenaturais, como perdoar os pecados, ou assistindo o Magistério na explicação autêntica da revelação.

Desse quadro ficava fora exatamente esse tipo de ação do Espírito Santo que vemos atuante em Maria. Ela, pois, pode ajudar-nos com seu exemplo a valorizar novamente também a ação livre e imprevisível do Espírito de Deus que se exerce na forma de dons distribuídos fora dos canais instituídos, sempre para o bem comum e para o serviço. É o que o Concílio Vaticano II devolveu à luz com o famoso texto sobre os carismas: "Não é apenas através dos sacramentos e dos ministérios que o Espírito Santo santifica e conduz o Povo de Deus e o orna de virtudes, mas, repartindo seus dons 'a cada um como lhe apraz' (1Cor 12,11), distribui entre os fiéis de qualquer classe mesmo graças especiais. Por elas torna-os aptos e prontos a tomarem sobre si os vários trabalhos e ofícios, que contribuem para renovação e maior incremento da Igreja, segundo estas palavras: 'A cada um é dada a manifestação do Espírito para utilidade comum' (1Cor 12,7). Esses carismas, quer eminentes, quer mais simples e mais amplamente difundidos, devem ser recebidos com gratidão, pois que são perfeitamente acomodados e úteis às necessidades da Igreja".[15]

Em sua infinita sabedoria, Deus estabeleceu dois caminhos distintos para santificar a Igreja, que são como que duas direções diferentes de onde sopra o mesmo Espírito. Há, por assim dizer, o Espírito que vem do alto e que se transmite através do Papa, dos bispos, dos sacerdotes, que age no Magistério da Igreja, na hierarquia, na autoridade e sobretudo nos sacramentos. Há, além dessa outra direção, em certo sentido oposta, de onde sopra o Espírito, que é a direção debaixo para cima, isto é, da base ou das células do corpo que formam a Igreja. Este é o vento que sopra onde quer (cf. Jo 3,8); é o Espírito que distribui seus dons a cada um "como quer" (cf. 1Cor 12,11). A Igreja completa, organismo vivo, irrigado e animado pelo Espírito Santo, é o conjunto desses dois canais, o resultado das duas direções da graça. Os sacramentos são o dom feito a todos para a utilidade de cada um; o carisma é o dom feito a cada um para a

---

[15] *Lumen Gentium* 12.

utilidade de todos. Os sacramentos são dons dados ao conjunto da Igreja para santificar cada um dos membros; os carismas são dons dados aos membros, considerados individualmente, para santificar o conjunto da Igreja.

Compreende-se facilmente, então, que perda haveria para a Igreja se, a certo momento, alguém pensasse poder privar-se de um desses dois canais: ou dos sacramentos ou dos carismas. Infelizmente é preciso dizer que algo de semelhante aconteceu na Igreja, pelo menos na prática, se não em linha de princípio. Depois do Concílio Vaticano II todos reconhecem que, no passado, tinha havido certa redução do organismo santificante da Igreja, às custas exatamente dos carismas. Tudo passava somente através dos assim chamados canais verticais, constituídos pela hierarquia ou confiados à hierarquia. Através deles, o povo cristão recebia a Palavra de Deus, os sacramentos e a profecia, que era entendida como o carisma, inerente ao Magistério da Igreja, de ensinar infalivelmente a verdade.

O equilíbrio e a presença simultânea de sacramentos e carismas asseguram à vida da Igreja, entre outras coisas, um sadio equilíbrio entre repetição e invenção, entre continuidade e novidade. Uma vida cristã feita, por hipótese, só de sacramentos e funções hierárquicas cairia facilmente na repetitividade e, assim, no hábito e na mecanicidade. Uma vida cristã, desprovida dessas coisas e feita só de espontaneidade carismática e de inovação, acabaria inevitavelmente na desordem e no arbítrio. A colaboração entre as duas instâncias permite, mais uma vez, usufruir da "totalidade". A invenção, neste caso, mantém viva a repetição, e a repetição preserva a invenção. Em outras palavras, os carismas vivificam a instituição e a instituição guarda os carismas, provindo ambas as coisas do mesmo Espírito. A vida cristã encontra, neste sentido, uma espécie de modelo e de símbolo na Santa Missa. De fato, ela é composta de "partes imóveis", como a prece eucarística, e de "partes móveis": leituras, orações, homilia; de repetição e de inovação.

O significado dos carismas como intervenções diretas de Deus, com as quais ele quebra situações estagnantes e põe seu povo novamente a caminho e na escuta, parece estar refletido nestas palavras que se leem em Isaías: *Já que este povo se aproximou de mim só com palavras... e o culto que me presta é apenas humano e rotineiro, continuarei a usar com este povo de maravilhas e prodígios* (Is 29,13-14). Deus, sobretudo através dos profetas, intervém com sua ação de ruptura para renovar uma tradição e um culto que se tornaram rotina e formalismo, uma sabedoria que se tornou sistematização e codificação de um saber humano e manualístico. Isto foi o que de fato operou na história a grande novidade da vinda do Messias, que o próprio Jesus compara ao aparecimento do vinho novo. Maria, com sua maternidade divina por obra do Espírito Santo, encontrou-se no centro da maior inovação de Deus e foi o instrumento para isso. Ela foi o primeiro "odre novo" que conteve em si, para todos nós, o vinho novo por excelência que é Jesus (cf. Mc 2,22).

5. "Quem dá, faça-o com simplicidade"

Mas o exercício dos carismas não está isento de perigos e dificuldades. Como o homem pode dirigir para o mal e fazer mau uso dos dons naturais da inteligência, da vontade, da capacidade de amar, usando-os até contra Deus, assim pode dirigir para o mal e fazer mau uso dos dons sobrenaturais que são os carismas. E é exatamente neste ponto que Maria, a primeira e maior carismática, vem em nossa ajuda com seu exemplo.

São Paulo, ciente mais do que qualquer outro dos perigos que o uso dos carismas pode encontrar devido à fraqueza humana, depois de ter catalogado os vários carismas, descreve também as disposições interiores com as quais devem ser exercidos: *Quem dá, faça-o com simplicidade; quem preside, faça-o com zelo; quem exerce misericórdia, faça-o com alegria* (Rm 12,8).

Detenhamo-nos sobre a primeira disposição que é fundamental para todos: a simplicidade. "Quem dá" geralmente é aquele que partilha com outros algo de sua propriedade ou de seu lucro, também quem dá esmolas e cuida dos pobres. Este, diz o Apóstolo, deve agir com simplicidade, isto é, sem segundas intenções, movido só pelo fato de ele também ter recebido. Jesus expressa esta exigência quando diz: *Recebestes de graça, dai de graça* (Mt 10,8). De graça:

não apenas sem exigir recompensa em dinheiro, mas também sem exigir nenhum tipo de recompensa, nem de gratidão, nem de glória. Sem querer ser considerado benfeitor, sem tornar pesado o que se dá. Agindo de tal forma que a esquerda não saiba o que faz a direita, diz ainda Jesus (cf. Mt 6,3).

Ora isto é o que vemos realizado, de maneira sublime, em Maria. Seu carisma foi o de dar: deu ao mundo o Messias, Jesus Cristo, e o fez com simplicidade, gratuitamente, sem segundas intenções e sem procurar recompensa. Considerando Maria durante a vida pública e no Mistério Pascal, vimos como se deixou despojar de seus direitos maternos sobre Jesus; por assim dizer, privou-se deles para dá-los aos outros. Houve um tempo em que todos podiam ter livre acesso a seu filho Jesus, exceto ela que devia até recorrer a outros para poder falar com ele.

Mas detenhamo-nos um pouco sobre a disposição interior que Paulo chama de simplicidade *(aplotes)*. Maria, através dos poucos acenos dos Evangelhos e de seu *Magnificat,* mostra-se como a simplicidade em pessoa, quase como "Nossa Senhora Simplicidade". Não se exalta pelo dom recebido, por ter sido, bem ela, o que qualquer mulher em Israel teria querido ser: mãe do Messias. Não só não exige honras e reconhecimentos por isso, mas nem acena a seu privilégio. A única vez que disso se aproxima, ela o faz de maneira a ressaltar unicamente o que Deus fez, e não ela: *Grandes coisas fez em mim o Onipotente.* Os Evangelhos relatam-nos encontros e conversações acontecidos na presença de Maria – na Visitação, no Natal, na Apresentação ao Templo –, jamais, porém, o mínimo sinal de autocomplacência por parte dela. Também em Caná, que discrição e que humildade!

Como conseguiu resistir o coração de Maria à tensão criada por tal pensamento: "Tu és a Mãe de Jesus, a Mãe do Messias?" Lúcifer não resistiu à ideia de ser a mais luminosa das criaturas; ficou cheio de si e caiu. Maria não caiu, certamente pela graça de Deus, mas pela graça de Deus que nela não foi de modo algum "vã". A simplicidade de Maria arranca de Lutero este elogio: "Um espírito assim (isto é, puro) é o que mostra aqui a Mãe de Deus, Maria, porque na superabundância de bens não se apega a eles, não procura seu próprio interesse, mas guarda seu espírito intato no amor e no louvor de Deus que age por pura bondade, pronta a se submeter se Deus quisesse tirar-lhe tudo isso e deixar-lhe um espírito pobre, nu e necessitado. Ora, é muito mais difícil moderar-se na riqueza, nas grandes honras ou no poder, do que na pobreza, na ignomínia e fraqueza, porque riqueza, honra e poder exercem uma forte sedução para o mal. Por isso, muito mais deve ser celebrado o espírito de Maria, maravilhosamente puro, porque enquanto lhe é dada uma honra tão grande não se deixa cair em tentação, mas, como se não visse, permanece no caminho certo, agarra-se somente à bondade divina, que ela não vê e não sente, deixa todos os bens sensíveis, não se gloria neles, não procura seu interesse, e por isso pode com verdade e com razão cantar: *Meu espírito se alegra em Deus, meu Salvador*".[16]

Frequentemente, quando sou enviado para anunciar em algum lugar a Palavra de Deus, maravilhado eu me lembro desta simplicidade e desta sobriedade de Maria. Se às vezes penso ter no coração uma palavra de Deus "forte" para proclamar, uma palavra que penso irá iluminar e consolar os corações, quanta luta para permanecer sóbrio, desapegado, deixando a palavra livre para agir, e que derrotas! Maria trazia ao mundo inteiro a Palavra inteira, a Palavra feita carne, e permaneceu tão humilde, tão discreta! Nisso a Mãe de Deus é verdadeiramente modelo sublime para os carismáticos da Igreja. O que ensina com seu silêncio é tão eloquente que não há necessidade de acrescentar nada.

Essa simplicidade-humildade é que ajuda o portador de um carisma a se pôr na atitude certa, de liberdade, mas também de submissão, diante da instituição e da hierarquia. Maria, pelo fato de ter consigo o Cristo, não se sentiu dispensada de cumprir todas as prescrições da lei de Moisés. Depois do Pentecostes, na Igreja onde vivia junto com o apóstolo João – talvez Éfeso ou outra cidade –, não era ela quem governava, quem presidia, mas o apóstolo João. Nenhuma fonte refere-se a prescrições emanadas de Maria ou por sua sugestão, mas numerosas fontes falam-nos da autoridade de João. Exercido seu carisma, que tinha sido o de dar a vida a Cristo

---

[16] LUTERO, Comentário ao Magnificat (ed. Weimar 7, p. 558). (trad. ital. in *Scritti religiosi*, citado, p. 451).

e acompanhá-lo fielmente até à cruz, Maria desaparece na Igreja, como o sal que se derrete na água.

O exemplo de Maria dá-nos outra lição importante sobre o lugar do carisma na vida espiritual de quem o exerce. Santo Agostinho não só afirma que "para Maria é mais importante ter sido discípula de Cristo do que mãe de Cristo", mas chega a dizer que "o parentesco materno de nada teria servido para Maria se ela não tivesse trazido Cristo mais no coração do que na carne".[17] Isto lembra muito o que São Paulo diz sobre o relacionamento entre carismas e caridade: *Ainda que eu tenha o dom da profecia... se não tiver caridade, nada sou* (1Cor 13,2).

Se esse princípio vale para o carisma da maternidade de Maria, que deveríamos dizer de nossos pequenos carismas de profecia, de doutrina, de governo, de assistência, de animação da oração? Jesus admoesta-nos que se pode acabar na Geena mesmo depois de ter exercido vários carismas, entre os quais profetizar, expulsar demônios e fazer milagres (cf. Mt 7,21-23).

A respeito de Maria procurei esclarecer o carisma da *maternidade*. Mas pelo Evangelho sabemos que nela esse carisma estava unido, de maneira única, ao da *virgindade*. O Espírito Santo tornou-a fecunda, mantendo intacta sua virgindade. Do mesmo Espírito ela recebeu essas duas coisas ao mesmo tempo, como um único carisma. Assim ela pode estar ao lado tanto das mães como das virgens, e nenhuma dessas formas de vida na Igreja está privada da honra de ter em Maria seu início e modelo.

Vamos terminar contemplando Maria exatamente enquanto Virgem e Mãe ou – como diz nosso amigo poeta – enquanto criatura carnal e pura, isto é, toda a serviço da vida e toda pureza, que ofereceu a Deus seu regaço, mas também seu coração e sua fé:

"A todas as criaturas falta algo...
Para as que são carnais

---

[17] SANTO AGOSTINHO, *Sermões* 72 A (= Denis 25), 7 *(Miscellanea Agostiniana*, I, p. 162); *Sobre a santa virgindade* 3 (PL 40, 398).

falta exatamente serem puras.
Nós o sabemos.
Mas àquelas que são puras
falta exatamente serem carnais.
A ela, pelo contrário, não falta nada...
Porque, sendo carnal, é pura.
Mas, sendo pura, é também carnal.
E é assim que não é apenas mulher única
entre todas as mulheres,
mas é criatura única entre todas as criaturas.
Literalmente a primeira depois de Deus, depois do Criador.
Logo depois".[18]

---

[18] Ch. PÉGUY, Le porche, in *Oeuvres poétiques,* citado, p. 575s.

IX. "E, INCLINANDO A CABEÇA, ENTREGOU O ESPÍRITO"

Maria no Pentecostes joanino

No Novo Testamento não há o relato de um só Pentecostes, mas de dois. Existe um Pentecostes lucano, que é o descrito nos Atos dos Apóstolos, e existe um Pentecostes joanino, que é o descrito em João 20,22, quando Jesus soprou sobre eles e disse: *Recebei o Espírito Santo*. Esse Pentecostes joanino acontece no mesmo lugar, no Cenáculo, mas não no mesmo tempo. De fato, acontece na noite mesma da Páscoa, e não cinquenta dias depois da Páscoa. Nesta nona etapa de nossa caminhada nas pegadas da Mãe de Deus, queremos procurar descobrir o lugar que Maria teve também neste Pentecostes joanino e o que, com isso, ela tem a dizer para a Igreja.

1. O pentecostes joanino

A existência de um segundo Pentecostes no Novo Testamento era um fato já bem conhecido dos Santos Padres. "Prestai atenção, meus irmãos – dizia Santo Agostinho. Alguém poderia perguntar-me: 'Por que Cristo deu duas vezes o Espírito Santo?' Não uma vez, mas duas vezes o Senhor deu aos apóstolos de maneira manifesta o dom do Espírito Santo. De fato, logo que ressuscitou dos mortos, soprou sobre eles e disse: *Recebei o Espírito Santo*. E por tê-lo dado então, por acaso não enviou também depois o Espírito Santo prometido? Ou não era o mesmo Espírito o que Cristo soprou sobre eles e depois lhes enviou do céu".[1]

O mesmo Santo Agostinho dá uma explicação simbólica deste fato: o Espírito Santo – diz – é dado duas vezes, talvez para lembrar-nos que são dois os preceitos da caridade: amar a Deus e amar

---

[1] SANTO AGOSTINHO, *Sermões* 265, 8, 9 (PL 38,1222); *Comentário ao Evangelho de João 74, 2* (CC 36, p. 513).

ao próximo. Outros Santos Padres deram outras explicações. Por exemplo: que o dom do Espírito, do qual fala João, era um dom parcial, menos intenso, restrito, seja quanto ao conteúdo, seja quanto ao número dos destinatários, em comparação com o dom mais completo e universal oferecido cinquenta dias depois.[2] Uma outra explicação é a que fala de primícias do Espírito: "O Salvador, com um sopro sensível, dá o Espírito aos santos apóstolos, a título de primícias da natureza renovada... De fato, devia ficar claro para todos que é ele quem dá o Espírito... Assim, pois, eles recebem a participação no Espírito Santo no momento em que soprou sobre eles dizendo: *Recebei o Espírito Santo*. De fato, o Cristo não podia mentir e dizer: *Recebei*, sem nada dar. Por outro lado, nos dias do santo Pentecostes, Deus deu uma expressão mais clara à graça e manifestou ainda mais o Espírito que habitava neles".[3]

A dificuldade maior que esses Santos Padres encontravam, para explicar o Pentecostes joanino, estava nas palavras de João 7,39. Como podia Jesus – eles se perguntavam – dar o Espírito antes de ter subido ao céu, se se diz que o Espírito não podia vir antes que Jesus fosse "glorificado"? Para eles a glorificação de Jesus realizava-se essencialmente na volta de Jesus para o Pai.

O progresso dos estudos bíblicos permite dar hoje uma resposta mais simples ao problema da existência de um duplo Pentecostes. Os dois Pentecostes correspondem a dois modos diferentes de conceber e apresentar o dom do Espírito, que não se excluem reciprocamente, aliás se integram, mas que não precisamos necessariamente harmonizar. Lucas e João descrevem, de duas perspectivas diferentes e com duas preocupações teológicas diferentes, o mesmo acontecimento fundamental da história da salvação: a efusão do Espírito Santo, tornada possível pelo sacrifício pascal de Cristo. Esta efusão manifestou-se em diferentes momentos e maneiras. Lucas, que vê o Espírito essencialmente como dom feito à Igreja para sua missão, realça um desses momentos, acontecido cinquenta dias depois da Páscoa, dia em que os hebreus celebravam a festa do Pentecostes.

---

[2] Cf. SÃO CIRILO DE JERUSALÉM, *Catequese* XVII, 12.14 (PG 33, 984.985).
[3] SÃO CIRILO DE ALEXANDRIA, *Comentário ao Evangelho de João XII*, 1 (PG 74. 716ss.).

Momento que teve particular ressonância e importância no início da missão da Igreja. João, que vê o Espírito essencialmente como o dom pascal feito por Cristo aos discípulos, realça as primeiríssimas manifestações dessa presença nova do Espírito, que aconteceram já no dia da Páscoa. Afinal, o próprio Lucas não pretendeu apresentar a vinda do Espírito, narrada em Atos 2, como sendo sua única manifestação, uma vez que na sequência de seu livro relata outras descidas do Espírito Santo, muito semelhantes à primeira (cf. At 4,31; 10,44ss.).

É à luz da profecia de Joel e de Gênesis 11,1-9 que Lucas interpreta o dom do Espírito, prometido para os últimos tempos, como definitiva efusão do espírito profético e como restabelecimento da unidade da linguagem humana destruída em Babel. João, por sua vez, faz sua interpretação à luz de Gênesis 2,7 (Deus que insufla um sopro de vida em Adão) e de Ezequiel 37,9 (o sopro do Espírito que faz reviver os ossos ressequidos); ou seja: interpreta o dom do Espírito como início de uma vida nova e como nova criação.

Desde o início do Evangelho de João é feita uma promessa: que haverá um batismo de Espírito Santo (cf. Jo 1,33). Essa promessa é confirmada e esclarecida no diálogo com a samaritana sobre a água viva (cf. Jo 4,14). Depois é colocada em estreita relação com a glorificação de Jesus (cf. Jo 7,39) que, como sabemos, para João não é apenas a ascensão ao céu, nem só a ressurreição, mas também sua exaltação na cruz, sua morte gloriosa. É impensável que João pudesse terminar seu Evangelho sem ter mostrado o cumprimento dessa promessa ou sem fazer referência a um outro livro – Os Atos dos Apóstolos, que ele talvez nem conhecia – no qual se narrasse esse cumprimento.

Existe, pois, um Pentecostes, um relato da vinda do Espírito Santo também no Evangelho de João. Aqui temos – como para a Páscoa – uma clara confirmação na história e na liturgia da Igreja. Sabe-se que existiram, nos primeiros séculos da Igreja, duas maneiras fundamentais de entender a festa de Pentecostes. Conforme uma delas, que depois se firmou e se tornou universal até os nossos dias, o Pentecostes era a festa da descida do Espírito Santo, acontecida no *quinquagésimo dia* depois da Páscoa. Conforme a outra maneira, que é a mais antiga, Pentecostes era a festa dos *cinquenta dias* sucessivos à Páscoa e comemorava a presença espiritual, ou "segundo o Espírito", de Jesus entre os seus a partir da ressurreição; presença essa considerada como primícias da vida nova e antecipação da vida eterna. Para Tertuliano, por exemplo, Pentecostes é "aquele tempo no qual os discípulos receberam numerosas confirmações da ressurreição do Senhor, foi inaugurada a graça do Espírito Santo e se manifestou a esperança da vinda do Senhor".[4] Santo Atanásio diz, no mesmo sentido: "A festa da Páscoa segue a festa do Pentecostes, para a qual nos apressaremos como de festa para festa, para celebrar o Espírito que já está junto de nós no Cristo Jesus".[5]

Nesta perspectiva antiquíssima, o Pentecostes começava com o fim da vigília pascal e era como que um único e longo dia de festa, como um único e ininterrupto domingo. Segundo a concepção joanina, o dom do Espírito inaugurava o Pentecostes, enquanto que, segundo a concepção lucana, o encerrava.

2. "Logo saiu sangue e água"

Desde a antiguidade, pois, percebemos na Igreja a consciência da existência de um duplo Pentecostes, ou de uma dupla maneira de apresentar a efusão escatológica do Espírito. Mas a exegese moderna avançou ainda mais. Não só reconheceu um Pentecostes joanino, mas viu esse Pentecostes iniciado já no Calvário, no momento mesmo da morte de Cristo, que é o início de sua glorificação. Pode-se dizer que hoje isso é pacífico, ainda que nem todos os exegetas tirem as devidas consequências.

Quando o evangelista João diz que Jesus, *inclinando a cabeça entregou o espírito* (Jo 19,30), com isso ele quer, como o faz frequentemente, dizer duas coisas, uma natural e histórica e outra mística: que expirou e que derramou o Espírito. A água que sai do lado transpassado de Jesus é vista, por João, como o cumprimento da

---

[4] Cf. TERTULIANO, *Sobre o batismo*, 19, 2 (CC 1, p. 293).
[5] SANTO ATANÁSIO, *Cartas heortásticas* 14, 6 (PG 26, 1422).

promessa sobre os rios de água viva que iriam jorrar de seu seio, e como sinal do Espírito que iriam receber os que nele acreditassem (cf. Jo 7,39). O que foi a pomba no batismo de Jesus (cf. Jo 1,32), é agora a água, neste batismo da Igreja: um símbolo visível da realidade invisível do Espírito. Temos uma confirmação explícita de tudo isso dada pelo próprio evangelista quando, certamente fazendo referência a este momento, fala das três coisas que dão testemunho em favor de Jesus: *o Espírito, a água e o sangue* (1Jo 5,8). A água e o sangue são os veículos sacramentais, através dos quais o Espírito irá agir na Igreja, ou simplesmente os símbolos de sua efusão sobre a Igreja. Também numa versão ecumênica da Bíblia encontramos aceita esta leitura simbólica de João 19 que, afinal – considerando o contexto e o teor soleníssimo do trecho –, se impõe por si mesma.[6]

Mesmo essa primeira e fontal efusão do Espírito, que João intui na morte de Cristo, não passou despercebida aos antigos Padres da Igreja que falam dela em conexão com o tema nupcial do nascimento da Igreja, nova Eva, do lado de Cristo, novo Adão adormecido no sono da morte: "Querendo destruir – lê-se numa homilia pascal do fim do segundo século ou do início do terceiro – as obras da mulher (Eva) e contrapor-se àquela que, no início, tinha saído do lado de Adão como portadora de morte, eis que ele abre seu sagrado lado do qual jorram o sagrado sangue e a água que introduzem nas núpcias espirituais e místicas, sinais da adoção e da regeneração. Pois *Ele vos batizará com o fogo e com o Espírito Santo* (Mt 3,11): a água indica o batismo no Espírito, e o sangue indica o batismo no fogo".[7] O autor anônimo vê uma alusão a esta efusão do Espírito também em Lucas 23,46 e no-la apresenta numa dimensão cósmica: "O universo inteiro estava a ponto de recair no caos e de desagregar-se pelo susto diante da paixão, se o grande Jesus não tivesse enviado seu Espírito divino exclamando: *Pai, em tuas mãos entrego meu Espírito* (Lc 23,46). E eis que, no momento em que todas as coisas eram sacudidas por um frêmito e transtornadas pelo medo, logo, com o reerguer-se do Espírito divino, como que reanimado, vivificado e fortalecido o universo reencontrou

---

[6] Cf. *Traduction Oecuménique de la Bible,* Paris 1985, ad loc.
[7] *Antiga homilia pascal* 53 (SCh 27, p. 181).

sua estabilidade".[8] O Espírito que Jesus envia na cruz é aqui considerado em paralelismo com o Espírito de Deus que no começo pairava sobre as águas (cf. Gn 1,2), e por isso a morte de Cristo é considerada como a nova criação.

E eis que chegamos agora ao ponto que nos interessa mais diretamente: quem estava debaixo da cruz para receber este sopro e estas primícias do Espírito? Estava Maria, com algumas mulheres e João. São eles "os que nele acreditam", que assistem ao cumprimento da promessa e recebem o Espírito. Não devemos forçar este dado, ou utilizá-lo de maneira simplista e triunfalista; mas não podemos deixar de recolher um dado que – segundo toda a probabilidade – o evangelista quis comunicar à Igreja.

Recoloquemo-nos diante do ícone da crucifixão que, falando do Mistério Pascal, aprendemos a contemplar. Todos os vários momentos e episódios, lembrados por João em conexão com aquela cena, estão estreitamente ligados entre si; todos fazem parte do cumprimento e da realização definitiva das Escrituras. Depois de ter confiado Maria a João e João a Maria – observa o evangelista – viu que "tudo estava consumado" (cf. Jo 19,28). Este cumprimento de toda a sua obra é o nascimento da Igreja, representada por Maria enquanto mãe, e por João enquanto crente. "Podemos dizer que a cena descrita em João 19,25-27 é a cena do nascimento da Igreja na pessoa de Maria e do discípulo amado... Jesus termina sua obra indicando que sua mãe é de agora em diante a 'Mulher', a Filha de Sião escatológica da qual falavam os profetas, e que por isso mesmo é também tipo da Igreja... Jesus na cruz manifestou seu amor supremo quando, na pessoa de sua Mãe e do discípulo amado, constituiu o novo povo de Deus e lhes comunicou o dom do Espírito."[9]

Por detrás de todo esse acúmulo de significados e de símbolos, há um fato concreto de cuja historicidade "não há nenhuma razão para duvidar": um pouco de água, misturada com soro sanguíneo,

---

[8] *Ibidem,* 55 (SCh 27, p. 183).
[9] DE LA POTTERIE, Le symbolisme du sang et de l'eau en Jn 19,34: in *"Didaskalia"* 14, 1984, p. 217s.

manou do lado de Jesus trespassado pela lança do soldado. E como se trata de um detalhe realmente acontecido, creio que se possa razoavelmente pensar – ainda que esta dedução não tenha o mesmo valor das precedentes – que foi a própria Mãe que se aproximou e enxugou com a mão, ou com a extremidade do manto, aquele filete que descia ao longo do corpo do filho morto. Não consigo imaginar uma mãe que, podendo finalmente se aproximar do corpo do filho, não tivesse esse gesto ou o deixasse para outros. Se assim foi, devemos dizer que Maria recolheu também o sinal tangível daquelas primícias do Espírito. Que foi ela a primeira "batizada no Espírito" ao pé da cruz, como representante de toda a Igreja.

3. O Espírito que dá a vida

Está claro que ao evangelista não interessa muito realçar o que, neste momento, diz respeito aos destinatários imediatos do dom – Maria, João, as mulheres –, mas o que diz respeito ao doador, Jesus, e ao próprio dom, o Espírito Santo. Aquele é, para o evangelista, o momento no qual o "dom de Deus" é oferecido definitivamente ao mundo, a promessa é cumprida, o frasco de alabastro é quebrado e o cheiro do perfume derramado enche a casa (cf. Jo 12,3; Mt 26,6). Com essa precaução, que nos convida a dar aos textos um significado apenas indiretamente mariano, podemos todavia procurar colher aquilo que nos dizem de novo sobre o relacionamento entre Maria e o Espírito Santo.

Temos um só caminho para explorar o significado da união entre Maria e o Espírito Santo no Pentecostes joanino, sem cair no arbitrário, e este caminho é o mesmo que seguimos para o Pentecostes lucano: procurar descobrir quem é e que faz o Espírito Santo no Evangelho de João, para depois aplicar tudo isso a Maria. Em João, como em Paulo, é levada a termo a outra linha de desenvolvimento da revelação sobre o Espírito, à qual eu acenava no capítulo precedente. Essa linha vê o Espírito Santo não tanto como força divina que vem sobre algumas pessoas, em certas situações particulares, permitindo-lhes cumprir ações extraordinárias, mas principalmente como o *princípio,* ou até mesmo como *a pessoa* divina que toma posse estável do coração do homem, transformando-o interiormente em homem novo. Mais que Espírito operador de prodígios, é o Espírito santificador.

No Antigo Testamento essa visão nova e mais profunda do Espírito Santo surge no profeta Ezequiel, no momento em que se começa a falar em Israel de uma nova aliança: *Derramarei sobre vós uma água pura e sereis purificados: eu vos purificarei de todas as manchas e de todos os pecados. Eu vos darei um coração novo e introduzirei em vós um espírito novo: arrancarei do vosso peito o coração de pedra e vos darei um coração de carne. Dentro de vós porei meu espírito, fazendo com que sigais minhas leis e obedeçais e pratiqueis meus preceitos* (Ez 36,25-27). O Espírito, aqui também unido à água, aparece como o princípio de uma renovação interior, que torna o homem finalmente capacitado para observar a lei de Deus e que, como água viva, faz brotar uma vida nova.

João retoma esses temas falando da água viva. Para ele o Espírito é fundamentalmente o princípio de um "novo nascimento" ou de um nascimento do alto (cf. Jo 1,12-13; 3,5), de uma nova vida que é exatamente a vida do Espírito: *É o Espírito* – diz Jesus – *que dá a vida* (Jo 6,63).

Em vez do "renascer do Espírito", São Paulo fala do Espírito que nos faz "filhos adotivos" de Deus (cf. Rm 8,15-16; Gl 4,6). Trata-se, porém, de uma mesma visão fundamental. Também Paulo fala do *Espírito que dá vida em Cristo Jesus* (Rm 8,2), e que cria o homem novo que "anda segundo o Espírito" (cf. Gl 5,16). O apóstolo Paulo faz também a síntese entre as duas visões do Espírito: a do Espírito que distribui os carismas e esta do Espírito que infunde o amor no coração. Ambas – ele diz – são manifestações do mesmo Espírito, mas a segunda é melhor do que a primeira tanto quanto a caridade, que fica para sempre, é melhor do que os carismas que estão destinados a desaparecer (cf. 1Cor 12-13).

Este é, pois, o Espírito que, segundo João, Jesus dá aos discípulos na cruz e na noite de Páscoa. O Espírito que é a própria vida de Jesus, "Espírito de verdade", que faz conhecer Jesus (cf. Jo 16,13), que assegura sua permanência em nós e a nossa nele (cf. 1Jo 4,13),

Espírito que irá morar no coração dos discípulos (cf. Jo 14,17). Este é o Espírito do qual Maria recebeu as primícias, estando perto da cruz de Cristo.

4. Maria, a amiga de Deus

Por acaso Maria não possuía já antes esse Espírito santificante que se identifica, em última análise, com a própria graça? É certo que o possuía, sendo "cheia de graça" por causa da eleição divina. Mas sua presença junto à cruz testifica, de maneira visível, de onde vinha aquele Espírito e aquela graça pela qual ela havia sido santificada precedentemente: essa graça vinha da redenção de Cristo; era "graça de Cristo" e "Espírito de Cristo".

Santo Agostinho escreve: "Sem o Espírito Santo não podemos nem amar a Cristo, nem observar seus mandamentos; tanto menos podemos fazê-lo quanto menos Espírito Santo temos, e tanto mais podemos fazê-lo quanto mais abundância temos dele. Não é, pois, sem razão que o Espírito Santo é prometido não só para quem não o tem, mas também para quem já o possui: a quem não o tem para que o tenha, a quem já o possui para que o possua em medida mais abundante".[10] Pode-se, pois, possuir o Espírito Santo em medida mais ou menos abundante. Se até de Jesus, enquanto homem, afirma-se que "crescia em graça" (cf. Lc 2,52), que dizer dos outros, incluída Maria? Ela era cheia de graça na Anunciação, segundo as possibilidades e as necessidades do momento; era uma plenitude relativa, não absoluta.

A Escritura diz que Deus dá o Espírito Santo "àqueles que lhe obedecem" (cf. At 5,32). A grande obediência de Maria ao pé da cruz dilatou seu coração e tornou-o apto para acolher, em medida ainda mais abundante, o Espírito Santo. Novas e sucessivas efusões do Espírito Santo na vida de uma pessoa correspondem, ao mesmo tempo como causa e efeito, a novas dilatações da alma que a tornam mais apta para acolher e possuir a Deus. A dilatação ou dilaceração máxima da cruz correspondeu, também para Maria, uma medida maior de graça, isto é, de fé, de esperança e sobretudo de caridade.

---
[10] SANTO AGOSTINHO, *Comentário ao Evangelho de João* 74, 2 (CC 36, 514).

O texto do Concílio diz que Maria foi "como que plasmada pelo Espírito Santo e feita nova criatura".[11] Isto não se refere apenas ao momento da concepção de Maria, como se ali tivesse cessado qualquer ação do Espírito Santo sobre ela, mas abrange toda a sua vida, em particular sua participação no Mistério Pascal. À luz daquilo que João e Paulo nos dizem a respeito da ação do Espírito Santo nos crentes, foi exatamente aí que Maria foi plasmada definitivamente pelo Espírito e feita nova criatura, que sabe amar a Deus com todas as suas forças. "Compadecendo com seu Filho que morria na cruz, de modo inteiramente singular, pela obediência, fé, esperança e ardente caridade, ela cooperou na obra do Salvador."[12]

E chegou o momento de falar da "ardente caridade" de Maria. Na Encarnação contemplamos a fé de Maria, no Mistério Pascal sua esperança e agora, no Pentecostes, contemplamos sua caridade. São Paulo vê no amor o fruto por excelência da vinda do Espírito Santo: *O amor de Deus* – ele escreve – *"foi derramado em nossos corações pelo Espírito Santo que nos foi concedido"* (Rm 5,5). Santo Agostinho explica bem o que é esse amor: é "o amor com o qual Deus nos ama e com o qual, ao mesmo tempo, ele age de tal maneira que nós amemos a ele e ao próximo".[13] É o amor com o qual Deus nos torna seus amigos *(dilectores sui)*.

Há muitos títulos nas ladainhas marianas, tão numerosos que quase não podem ser contados, talvez numerosos demais. Mas é preciso acrescentar um outro: Maria, amiga de Deus! O Antigo Testamento conhece um amigo de Deus por antonomásia: Abraão. "Abraão, meu amigo", chama-o o próprio Deus (Is 41,8). O povo de Israel, que sabe disso, apoia-se nessa amizade para conseguir o perdão: *Não nos retireis vossa misericórdia, em atenção a Abraão, vosso amigo* (Dn 3,35). Também no Novo Testamento Deus tem agora uma amiga, que é Maria. A liturgia aplicou a Maria as palavras do Cântico dos Cânticos: *Oh, como és formosa, minha amiga!* (Ct

---

[11] *Lumen Gentium* 56.
[12] *Lumen Gentium* 61.
[13] SANTO AGOSTINHO, *O Espírito e a letra* 32, 56 (PL 44, 237).

4,1). Com toda a certeza a Igreja não peca contra a Palavra de Deus quando atribui a Deus essa exclamação de complacência diante de Maria, uma vez que o mesmo Deus no início exclamou dizendo que suas criaturas eram "muito boas" (cf. Gn 1,31). E Maria é certamente, depois da humanidade de Cristo, a obra mais bela de Deus, a obra-prima de sua graça. Podemos apoiar-nos nesta amizade entre Deus e Maria, aliás, é o que o povo cristão fez de mil maneiras ao longo de todos os séculos.

Como eu dizia, tornar os homens amigos de Deus é, por excelência, a obra do Espírito Santo. Ele é que tira o coração de pedra e dá o coração de carne, o coração que faz com amor o que Deus manda, porque ama a Deus. Como está escrito, a sabedoria *"derrama-se, de geração em geração, pelas almas santas e forma os amigos de Deus e os profetas"* (Sb 7,27). Não *só profetas,* mas também *amigos* de Deus; não só carismáticos, mas santos e apaixonados de Deus; não só homens que falam em nome de Deus e realizam sinais e prodígios com a força do Espírito, mas homens com o coração de filhos e não mais de escravos, que amam a Deus e gritam a ele com toda liberdade: *Abbà,* Pai!

Santo Irineu diz que o Espírito Santo nos "afina" *(aptat)* com Deus.[14] A imagem faz pensar tanto no marceneiro que alisa as tábuas para adaptá-las perfeitamente uma com a outra, como no músico que harmoniza ou entoa uma voz com outra e as vozes todas no coral. Ele, em outros termos, afina nossos pensamentos com os de Deus, nossa vontade com a de Deus, nossos sentimentos com os de Cristo. É o princípio mesmo de nossa "comunhão" com Deus.[15]

Um outro grande pioneiro na descoberta da ação do Espírito Santo na Igreja, São Basílio, acrescenta algo de muito bonito. Ele enumera as várias operações do Espírito Santo: a criação não aconteceu sem ele; dele depende a organização da Igreja; dele os milagres e os prodígios. Mas no centro de todas essas ações criadoras e de tipo carismático, que passam através da pessoa sem

---

[14] SANTO IRINEU, *Contra as heresias* III, 17, 2 (SCh 211, p. 332).
[15] SANTO IRINEU, *Contra as heresias* V, 1, 1 (SCh 153, p. 20).

parar nela, ele coloca uma muito especial, diferente das outras, que, por outro lado, diz respeito exatamente à pessoa e a seu relacionamento com Deus. O Espírito Santo – diz por duas vezes – "cria a intimidade com Deus".[16] Pode-se mais intuir do que definir o que seja a "intimidade" (*oikeíosis*), porque se trata de um estado de alma, de uma sensação mais do que de uma ideia ou coisa, mesmo sendo algo muito real. A intimidade tira o medo de Deus, e em seu lugar põe no coração um grande desejo de agradá-lo e de fazê-lo contente, e esse desejo é mais útil do que o temor para nos manter longe do pecado. A intimidade é aquilo que permite ao esposo e à esposa estar em liberdade um diante do outro, sem precisar esconder nada.

Deus é "íntimo" a nós porque prometeu vir morar "dentro" (*intus*) de nós, fazer de nosso coração sua morada (cf. Jo 14,17). Aliás, ele é "mais íntimo a mim do que eu mesmo".[17] O Espírito ajuda-nos a ser íntimos a Deus, isto é, presentes ao Presente, a não ficar dissipados fora, enquanto ele está dentro de nós.

São Basílio dizia também que as almas portadoras do Espírito ou pneumatóforas difundem a seu redor a graça, como os corpos límpidos e transparentes que, "quando um raio de sol os alcança, tornam-se eles mesmos resplandecentes e devolvem a luz sobre os outros".[18] Maria foi sem dúvida nenhuma a alma pneumatófora por excelência. Isto é, a portadora do Espírito. Isto não o afirmamos como dedução *a priori* de quiçá qual princípio abstrato, mas como conclusão *a posteriori* do que vimos, constatamos e tocamos com mão ao longo de toda a história da Igreja. O próprio Lutero dizia dela: "Nenhuma imagem de mulher dá ao homem pensamentos tão puros como esta virgem".[19] Maria é a transparência mesma de Deus. Nela, em sua vida, Deus transparece.

---

[16] SÃO BASÍLIO, *Sobre o Espírito Santo* 19, 49 (PG 32. 157).
[17] SANTO AGOSTINHO, *Confissões* III, 6.
[18] SÃO BASÍLIO, *Sobre o Espírito Santo* 9, 23 (PG 32, 109).
[19] LUTERO, Kirchenpostille (ed. Weimar 10, 1, p. 68), (trad. Ital. in *Scritti religiosi*, citado, p. 542).

5. Amarás ao Senhor, teu Deus

A passagem de Maria para a Igreja vai ser, desta vez, brevíssima, porque tudo já foi dito; aliás, nem haveria necessidade de traçar uma linha entre Maria e a Igreja porque, para João, ela está debaixo da cruz para receber as primícias do Espírito, exatamente como início e imagem da Igreja. Lembro somente alguns pontos nos quais o exemplo de Maria e seu relacionamento com o Espírito santificador mostram-se instrutivos para nós neste momento da história.

Maria no Pentecostes joanino lembra-nos de que o fato de já termos sido batizados, tendo recebido a graça e o Espírito Santo, não impede que possamos e precisemos rezar para uma nova efusão do Espírito. Que também em nossa vida deve haver pelo menos dois Pentecostes. Que um desses dois Pentecostes geralmente acontece quando estamos como Maria, em submissão e amor, aos pés da cruz. Santo Agostinho disse-nos que só Jesus, tendo recebido o Espírito sem medida, não precisa recebê-lo mais vezes, enquanto que todos nós precisamos recebê-lo mais vezes para tê-lo em medida sempre mais abundante. Não porque o Espírito seja limitado no doar-se, mas porque somos limitados no recebê-lo. Afinal, também Jesus, que devido a sua união com o Verbo possuía o Espírito Santo sem medida, recebeu novamente o Espírito no Jordão para poder cumprir sua missão messiânica. De fato, precisamos de uma graça correspondente e de uma nova visita do Espírito Santo para cada nova missão que nos é confiada por Deus. Também Maria, que era cheia de graça desde a concepção, recebeu mais vezes o Espírito Santo: na Anunciação, debaixo da cruz e no Cenáculo.

Quero, porém, realçar outro ensinamento que nos vem da contemplação de Maria no Pentecostes joanino. Maria lembra-nos qual é o primeiro e o maior mandamento: *Amarás ao Senhor, teu Deus, com todo o teu coração, com toda a tua alma, com todas as tuas forças e com todo o teu entendimento, e ao teu próximo como a ti mesmo* (Lc 10,27). Lembra-nos de que só a caridade "nunca acabará" (1Cor 13,8). Tudo cessará: virtudes, carismas, fé, esperança... Só o amor nunca acabará. Que o homem vale tanto quanto ama a Deus e ao próximo, e nada mais.

Maria, dissemos desde o início, não é tipo e modelo de Igreja à maneira dos modelos humanos que ficam imóveis diante dos outros, para serem reproduzidos e, aliás, quanto mais conseguem ficar imóveis, tanto mais são considerados excelentes. Maria é modelo ativo que nos ajuda a imitá-la. Como o guia alpino, depois de ter superado uma passagem difícil, espera que aqueles que o seguem a superem por sua vez e, se perceber que não o conseguem, volta atrás para tomá-los pela mão e ajudá-los, assim age Maria conosco. Ela nos ajuda sobretudo na "passagem" decisiva que consiste em sair do amor de si mesmo para entrar no amor de Deus. Ensina-nos a grande arte de amar a Deus. Afinal, foi sempre invocada pela Igreja, com uma palavra tirada da Bíblia, como "a mãe do puro amor" (cf. Eclo 24,24 Vulgata).

Somos convidados pela Bíblia a amar a Deus com dois amores diferentes, apesar de ambos terem origem do mesmo Espírito: com amor filial e com amor esponsal. O *amor filial* é um amor feito de obediência e que se expressa na obediência. Consiste em observar os mandamentos de Deus, como Jesus amava seu Pai e, por isso, observava seus mandamentos (cf. Jo 15,10). Gostarias de amar a Deus e não sabes como fazer? Não consegues sentir nenhum transporte ou afeto para com ele? É simples: começa a observar os seus mandamentos e em particular aquele que neste momento te é dado através de sua Palavra, e sabe com certeza que o estás amando! O Espírito Santo – já dizia o profeta Ezequiel – é-nos dado para conseguirmos pôr em prática todos os mandamentos e leis de Deus (cf. Ez 36,27).

O *amor esponsal* é um amor de escolha. Não se escolhe o próprio pai, mas se escolhe o esposo ou a esposa. Amar a Deus com amor esponsal significa escolher a Deus, escolhê-lo conscientemente sempre de novo como nosso Deus, nosso tudo, renunciando se necessário também a nós mesmos para possuí-lo. "De fato, amar a Deus significa despojar-se por Deus de tudo o que não é Deus."[20]

Nosso caminho acompanhando Maria chegou, assim, àquilo que "nunca acabará": a caridade; ao ponto em que a vida presente chega aos umbrais da vida eterna, e aqui paramos. Ela, que até agora

---

[20] SÃO JOÃO DA CRUZ, *Subida do Monte Carmelo* II, 5, 7.

esteve diante de nós como o "caminho" para ir até o Senhor, está agora diante de nós como a "porta" de entrada do céu: *Ianua coeli*, porta do céu, como a chamou a piedade cristã.

Passando dos carismas para a caridade, São Paulo escreve: *Vou mostrar-vos um caminho que ultrapassa tudo* (1Cor 12,31). Há um sentido bem determinado no qual estas palavras se podem aplicar também a Maria: Vou mostrar-vos um caminho que ultrapassa tudo: Maria! Só Jesus, nós o sabemos muito bem, é o verdadeiro caminho; Maria é simplesmente "o caminho melhor" para ir até Cristo ou, antes, "o caminho melhor" pelo qual o Espírito Santo nos conduz até Cristo. Caminho melhor, no sentido que é o mais acessível, o mais perto de nossa situação, tendo ela também, como nós, caminhado na fé, na esperança e na caridade. Maria faz parte do grande caminho que é a Palavra de Deus. É uma palavra em ação, ou melhor, uma palavra em carne e osso.

Exatamente porque Maria faz parte da Palavra de Deus podemos aplicar-lhe quanto se lê no profeta Isaías, como se Deus mesmo dissesse dela: *Este é o caminho, andai por ele!* (Is 30,21). São Bernardo dizia que Maria é o "caminho real" pelo qual Deus veio até nós e pelo qual nós podemos agora ir até ele.[21] Na antiguidade, o caminho real era aquele caminho particularmente bem mantido, particularmente reto e amplo, que devia servir para a passagem do rei ou do imperador quando visitava a cidade!

Um artista pode formar seus discípulos não só os convidando a ler seus escritos e suas ideias sobre a arte, por exemplo na pintura, mas também convidando-os a observar seus quadros, principalmente aquele que julga ser sua melhor obra. Essa é a maneira pela qual o Espírito Santo nos forma através de Maria na sequela de Cristo, ainda que Maria faça parte também da palavra de Deus escrita. Nenhum artista, eu penso, ficaria ofendido vendo seus alunos amontoar-se encantados ao redor de sua obra-prima, a contemplá-la por muito tempo, procurando imitá-la, em vez de apenas ler seus escritos sobre arte. Por que, então, se deveria pensar que a contemplação de Maria tire algo a Cristo ou ao Espírito Santo? Certamente,

---

[21] Cf. SÃO BERNARDO, *Sermão I do Advento 5 (Opera,* ed. Cistercense, IV, Roma 1966, p. 174).

para que isso seja verdade, devemos contemplar e venerar Maria com o mesmo espírito e a mesma consciência que tão vivamente nela estavam presentes: que ela é apenas um instrumento nas mãos de Deus. O que honestamente devemos reconhecer, não aconteceu e não acontece sempre e em toda a parte.

Epílogo

"MEU ESPÍRITO EXULTA EM DEUS"

Maria, na glória, penhor certo de esperança para a Igreja

Vem e te mostrarei a noiva, a esposa do Cordeiro (Ap 21,9): assim fala a João um anjo do Apocalipse, transportando-o em visão para contemplar "a cidade santa, Jerusalém, que desce do céu, de junto de Deus, resplandecente da glória de Deus". Se essa cidade santa não é feita só de muros e de torres, mas de pessoas e de salvos, se não é uma abstração, mas uma realidade, dela faz parte Maria, que João nos mostrou no Evangelho como a "Mulher" que personifica a filha de Sião. Como Maria aos pés da cruz era o símbolo e quase a personificação da Igreja peregrina, assim agora no céu ela é as primícias desta Igreja glorificada, a pedra mais preciosa desta cidade santa. A cidade santa, a celeste Jerusalém – diria Santo Agostinho – é maior do que ela, é mais importante do que ela, porque é o todo e Maria é uma parte, ainda que seja a parte mais excelsa.[1]

Agora, no fim de nosso itinerário seguindo as pegadas terrenas de Maria, ouso dirigir-me a ti, que fizeste comigo este caminho, usando as palavras do anjo e dizendo: "Vem e te mostrarei a noiva, a esposa do Cordeiro!". Como irei mostrá-la a ti? Por acaso estive no céu ou posso subir até lá? Não, irei mostrá-la a ti como foi mostrada a mim e a todos nós na fé: com as palavras da Escritura, acrescentando a elas, como o comentário mais confiável, algum testemunho daqueles que como Paulo foram arrebatados uma vez até ao terceiro céu e ouviram palavras inefáveis, que não é permitido a um homem repetir. Chegamos em nossa caminhada à beira do grande mar, onde acaba o tempo e começa a eternidade. Para a frente, só andando sobre as águas. Os velhos calçados da ciência e da experiência humana já não servem para nada e devem ficar na praia. Só a fé pode andar sobre estas águas.

---

[1] SANTO AGOSTINHO, *Sermões* 72 A (= Denis 25), 7 *(Miscellanea Agostiniana,* I, p. 163).

Depois de ter contemplado Maria na terra como sinal daquilo que a Igreja *deve ser*, agora queremos contemplar um instante Maria como sinal daquilo que a Igreja *vai ser*. Na *Lumen Gentium* lemos: "A Mãe de Jesus, tal como está nos céus, já glorificada de corpo e alma, é a imagem e o começo da Igreja como deverá ser consumada no tempo futuro. Assim também brilha aqui na terra como sinal da esperança segura e do conforto para o povo de Deus em peregrinação, até que chegue o dia do Senhor".[2] Segundo a doutrina da Igreja católica que se baseia numa tradição, acolhida também pela Igreja ortodoxa (apesar de esta não a tê-la definido dogmaticamente), Maria entrou na glória não só com seu espírito, mas integralmente com toda a sua pessoa, como primícias após Cristo da ressurreição futura. O poeta Dante faz São Bernardo dizer no céu, dirigindo-se a Maria: "Aqui és para nós meridiana luz de caridade, e lá embaixo entre os mortais és de esperança fonte viva".[3]

Maria é o mais claro exemplo e demonstração da verdade da palavra da Escritura: "Se sofremos com ele, seremos também glorificados com ele" (cf. Rm 8,17). Ninguém sofreu tanto com Jesus como Maria e, por isso, ninguém é mais glorificado com Jesus do que ela.

Mas em que consiste a glória de Maria? Há uma glória de Maria que podemos ver com nossos olhos na terra. Que criatura humana foi mais amada e invocada na alegria, na dor e no pranto, que nome aflorou com maior frequência do que o seu nos lábios dos homens? E isso não é glória? A qual criatura, depois de Cristo, os homens ergueram mais orações, mais hinos, mais catedrais? Que rosto, mais do que o dela, procuraram reproduzir com sua arte? *Todas as gerações me chamarão bem-aventurada*, tinha dito Maria de si mesma ou, melhor, tinha dito dela o Espírito Santo. E vinte séculos estão aí para demonstrar que era verdadeira profecia. Não é possível que uma pobre mocinha, desconhecida do mundo inteiro, diga de si mesma uma coisa como esta, ou que outros a digam dela, sem uma intervenção de Deus. Ou se trata de um exaltado e de um louco, ou de alguém que é inspirado por aquele que conhece o futuro.

---
[2] *Lumen gentium* 68.
[3] DANTE ALIGHIERI, *Paradiso* XXXIII, 10-12.

Isto nos leva a pensar se é justo aceitar sem mais que o *Magnificat* seja um salmo preexistente atribuído a Maria. Quem mais, exceto ela, podia dizer aquela frase? Se um outro disse de si, certamente essa frase não se realizou nele, mas em Maria. Isto indica que o *Magnificat* é de Maria, ainda que não tenha sido escrito por ela, porque quem quer que o tenha escrito escreveu-o *para ela*. É dela que o Espírito Santo queria falar. O que se diz sobre os Cantos do Servo de Javé vale também deste canto da Serva do Senhor: quem quer que o tenha escrito não falava "de si mesmo, mas de outra pessoa" (cf. At 8,34). Nós temos o direito de usar o *Magnificat* para conhecer a alma e a história de Maria, como nos utilizamos de Isaías 53 para conhecer a paixão de Cristo; aliás, com maior razão, porque sua atribuição a Maria é feita abertamente pela mesma Bíblia.

Todas as gerações chamar-te-ão bem-aventurada, ó Mãe de Deus, e também esta geração quer chamar-te bem-aventurada, obedecendo à ordem que Deus deu à história com aquelas palavras. Também este livro é um pequeno sinal com o qual nossa geração – que é aquela que vive no dia seguinte ao grande dom do Concílio – quer proclamar-te bem-aventurada. Tu, Maria, cessarás de ser "bendita entre as mulheres" quando Jesus cessar de ser "o fruto de teu ventre". A nossa amiga e mestra, Ângela de Foligno, Deus prometeu um dia: "Quero que faças um pouco de bem e que isso ajude até aqueles que pensarem em ti, ou apenas ouvirem teu nome";[4] à distância de oito séculos, eu mesmo posso testemunhar que Deus manteve fielmente aquela sua promessa. Mas Deus fez isso antes e muito mais com Maria: ele abençoa até quem apenas ouve pronunciar seu nome.

Grande foi, pois, a glória de Maria na terra. Mas, por acaso, é esta toda a glória de Maria, toda a sua recompensa por aquilo que sofreu com Cristo? Nós somos prisioneiros de um conceito de glória que provém do paganismo antigo e do qual ainda não conseguimos libertar-nos. Conforme este conceito, glória, *dóxa*, é algo que diz respeito essencialmente ao conhecimento, à notícia, à opinião.

---

[4] *O livro da B. Angela,* citado, p. 256.

Glória é "um claro conhecimento misturado com louvor". Maria porém está na "glória de Deus", não na glória dos homens. A glória dos homens na terra e na Igreja é só um débil reflexo da glória de Deus. E que é a glória de Deus, o *Kabôd*, do qual fala a Bíblia? Não diz respeito só à esfera do conhecimento, mas também à do ser. A glória de Deus é Deus mesmo, enquanto seu ser é luz, beleza, esplendor e sobretudo amor. A glória é algo de tão real, que ela preenche a tenda, passa diante de Moisés (cf. Êx 33,22; 40,34), pode ser vista e contemplada na face de Cristo (cf. Jo 1,14; 2Cor 4,6). Glória é o esplendor cheio de poder que provém, como um eflúvio, do ser de Deus (cf. Hb 1,3; Sb 7,25s.). A verdadeira glória de Maria consiste na participação nesta glória de Deus, no ter sido envolvida por ela, no se ter abismado nela. No ser de agora em diante "cheia de toda a plenitude de Deus" (cf. Ef 3,19). Mais do que isso não nos é lícito saber ou dizer.

Que faz Maria nesta glória? Realiza a vocação para a qual qualquer criatura humana e toda a Igreja foi criada: Maria é, no céu, puro "louvor da glória" (cf. Ef 1,14). Maria louva, glorifica a Deus. *Louva teu Deus, Sião*, está escrito num Salmo (Sl 147,12): Maria agora é a Sião que glorifica a Deus. O "louvor da glória" é, por parte da criatura, a tomada de consciência cheia de admiração da existência de Deus e de sua glória. Maria, ela mesma, é glória de Deus enquanto se gloria em Deus seu criador, e Deus se gloria nela sua criatura. Se no Antigo Testamento vemos Deus gloriar-se de Jó e dizer a seu inimigo: *Reparaste no meu servo Jó? Não há ninguém como ele...* (Jó 1,8), que vai dizer de Maria?

Contemplamos Maria na glória, porque ela – dizíamos – é a imagem e o penhor daquilo que um dia toda a Igreja vai ser. Maria louva a Deus e, louvando, regozija-se, alegra-se e exulta. Agora sim que seu espírito "exulta em Deus". Mas o que conseguimos dizer sobre esta alegria de Maria é nada, porque está escrito: *São coisas que nem o olho viu, nem o ouvido ouviu, nem jamais passou pelo pensamento do homem, o que Deus preparou para aqueles que o amam* (1Cor 2,9). Maria entrou no gozo de seu Senhor (cf. Mt 25,21) e o gozo do Senhor entrou nela.

Eu dizia que Maria louva e, louvando, regozija-se. "Louvo a Deus – diz ela também – e, louvando, regozijo-me, alegro-me de seu louvor. Seja gratuito o fato de amar e de louvar. E o que significa gratuito? Significa amar e louvar por si mesmo, não por algo de diferente."[5] Agora se realizaram perfeitamente as palavras proféticas que Maria na terra fizera suas ao entoar o *Magnificat*:

> Com grande alegria rejubilei no Senhor
> e o meu coração exulta no meu Deus,
> porque me revestiu com a roupagem da salvação
> e me cobriu com o manto da justiça,
> como noivo que cinge a fronte com o diadema,
> *como a noiva que se adorna com as suas joias* (Is 61,10).

Nenhuma criatura poderia resistir, em meio a tanta glória e beatitude, se não fosse elevada e fortalecida pelo poder de Deus. Na terra houve santos que, experimentando algo da beatitude celeste, tiveram de exclamar como se lê a respeito de Santa Teresa d'Ávila: "Chega, Deus, de alegria: não há mais lugar em meu coração!". Trata-se da alegria da consumação do amor entre a criatura e Deus. Só da experiência dos santos podemos tirar alguma débil luz que ilumina essas realidades que estão além de nossa experiência. Um dia, durante a festa da Apresentação de Jesus ao templo, a bem-aventurada Ângela teve uma visão: viu o que acontece quando, entrando na eternidade, também nós criaturas formos "apresentadas" a Deus; quando irão cair todos os véus e acontecerá o maravilhoso manifestar-se de Deus à criatura, da criatura a Deus e da criatura a si mesma: "Então minha alma se mostrou a Deus com a maior alegria que jamais tivesse experimentado, com uma nova e superior alegria e com tão insólito milagre como jamais tinha experimentado igual. Naquele momento me encontrei com Deus, entendi e ao mesmo tempo experimentei em mim esse manifestar-se de Deus à criatura, e o insólito manifestar-se e apresentar-se da alma a Deus. Também o deleite que daí proveio foi diferente dos precedentes. Foram-me

---

[5] SANTO AGOSTINHO, *Comentário sobre os Salmos* 53, 10 (CC 38, p. 653s.).

ditas palavras altíssimas que não quero que escrevas".⁶ Também São Paulo, numa experiência semelhante, disse ter ouvido palavras arcanas que não é lícito ao homem repetir (cf. 2Cor 12,4). Julgando a partir de revelações análogas que se leem nos santos, devem ser palavras com as quais Deus proclama sua complacência com a criatura e lhe revela quanto vale e quanto é bela, com palavras que poderiam induzir o profano, o que não sabe, a pensar que a alma tenha sido visitada não por Deus, mas pelo Tentador.

Que parte temos nós agora no coração e nos pensamentos de Maria? Por acaso ela nos esqueceu em sua glória? Como Ester, introduzida no palácio do Rei, ela não se esqueceu de seu povo ameaçado, mas intercede por ele, até que tenha sido eliminado o inimigo que o quer destruir. Quem, mais do que Maria, poderia aplicar a si estas palavras de Santa Teresinha do Menino Jesus: "Sinto que minha missão está para começar: minha missão de fazer amar o Senhor como eu o amo, e de dar às almas meu pequeno caminho. Se Deus misericordioso satisfizer meus desejos, meu paraíso será na terra até o fim do mundo. Sim, quero passar meu céu fazendo o bem na terra".⁷ Também nisso Teresinha do Menino Jesus, sem o saber, descobriu e fez sua a vocação de Maria. Ela passa seu céu, fazendo o bem na terra, e todos nós somos testemunhas disso.

Maria intercede. De Jesus ressuscitado está escrito que vive "intercedendo por nós" (cf. Rm 8,34). Jesus intercede por nós junto do Pai, Maria intercede por nós junto do Filho. João Paulo II diz que "a mediação de Maria tem um caráter de intercessão".⁸ Ela é medianeira enquanto intercede. Também este título de Nossa Senhora, que suscita tantas reservas, pode tornar-se compreensível aos irmãos protestantes se recorrermos às analogias contidas na Escritura. Na Bíblia, Jeremias, falecido havia séculos, é apresentado como intercedendo por seu povo no segundo livro dos Macabeus (15,14) que, mesmo não sendo considerado por todos os cristãos como inspirado, testemunha uma crença presente na Bíblia desde o Antigo Tes-

---

⁶ *O livro da B. Angela*, citado, p. 394.
⁷ SANTA TERESINHA DO MENINO JESUS, *Novíssima verba*, 17 de julho, in *Gli scritti*, Roma 1979, p. 338.
⁸ JOÃO PAULO II, Encíclica *Redemptoris Mater* 21 (AAS, 79, 1987, p. 389).

tamento. Moisés e Samuel são apresentados pelo mesmo Jeremias como grandes intercessores (cf. Jr 15,1). O povo pede a Deus que se lembre de Abraão, de Davi e de suas provações, para socorrê-lo na necessidade presente (cf. Dn 3,35; Sl 132,1). Seria, então, estranho que a Igreja tenha atribuído este poder de intercessão à Mãe de Deus? No Antigo Testamento ouvimos Deus queixar-se por não achar na terra "intercessores" junto dele, que o ajudem a não ferir o povo (cf. Is 59,16; Ez 22,30): por acaso precisará ele fazer a mesma lamentação também entre seus santos no céu?

A crença no singular poder de intercessão da Mãe de Deus baseia-se na verdade da comunhão dos santos, que é um artigo do credo comum. E é certo que essa comunhão não exclui exatamente os santos mesmos que estão agora junto de Deus.

O poder de intercessão de Maria no céu é diferente do exercido em Caná, quando ela disse: *Eles não têm vinho* (Jo 2,3). Houve uma transformação que é muito importante entendermos. Jesus era Filho de Deus ainda durante sua vida terrena; era, porém, Filho de Deus "segundo a carne", isto é, de maneira oculta, numa condição de humildade, de sofrimento e de mortalidade. Com sua ressurreição, tornou-se "Filho de Deus em todo o seu poder" (cf. Rm 1,3-4). Algo de análogo aconteceu também com Maria. Ela era Mãe de Deus ainda na terra, mas na renúncia a si mesma e no escondimento. Uma vez associada à glorificação do Filho, tornou-se "Mãe de Deus em todo o seu poder". Deus agora pode dar pleno reconhecimento àquilo que nela fez. Este poder da Mãe de Deus não é um poder autônomo e paralelo ao de Deus ou de Cristo; é poder de intercessão.

Maria pode até "mandar" em Deus como, às vezes, disse a piedade dos fiéis? Isso não é, por acaso, uma blasfêmia? Santa Catarina de Gênova – uma santa estimada e bem-aceita também no mundo protestante por seu extraordinário sentido da transcendência de Deus e pela recusa em recorrer facilmente a indulgências ou a algo de semelhante – dizia que às vezes punha-se a rezar com a intenção de pedir algo a Deus, mas interiormente sentia a voz de seu Amor que lhe dizia: "Manda, porque o amor o pode fazer".[9] Ainda que se deva evitar qualquer exagero, num sentido verdadeiro e aceitável podemos dizer que Maria *manda* em Deus quando pede. Seu poder de intercessão baseia-se em seu amor por Deus. Se Deus prometeu dar tudo o que lhe pedimos "segundo sua vontade" (cf. 1Jo 5,14), muito mais ele faz tudo o que Maria pede, porque ela pede só aquilo que é segundo a vontade de Deus. Quando uma criatura quer tudo o que Deus faz, Deus faz tudo o que tal criatura quer.

Mas não estamos falando de deduções abstratas. O poder de intercessão de Maria demonstra-se *a posteriori*, a partir da história, *não a priori,* a partir de algum princípio. Do *ser* é lícito chegar *ao poder ser.* Que Maria obtenha as graças e a ajuda para a Igreja peregrina é uma verdade, porque aconteceu e é verificável. Quantas graças obtidas por pessoas que sabiam perfeitamente, por sinais claros, que as obtinham por meio de Maria! Se para alguém o termo "medianeira" criar dificuldade, que dê a isso outros nomes ou, se preferir, nenhum nome; mas que se acredite na realidade e na "nuvem de testemunhos", para não ofender quem quis que isso acontecesse.

A função de Maria em relação ao povo de Deus peregrino pode ser comparada à da "nuvem luminosa" que, no deserto, dava refrigério durante o dia e luz durante a noite ao povo em caminho rumo à terra prometida, de tal forma que pudesse andar também na noite (cf. Êx 13,21s.; Dt 9,16). Talvez seja por referência a essa imagem que Maria é honrada, em algumas pequenas igrejas da Itália central, com o título de "Nossa Senhora da Luz".

Neste sentido, a função de Maria pode ser ilustrada também com a imagem da lua. A lua não brilha com luz própria, mas com a luz do sol que ela recebe e reflete sobre a terra. Também Maria não brilha com luz própria, mas com a luz de Cristo. É, também neste sentido, um espelho, porque reflete sobre a Igreja a luz de Cristo. A lua ilumina durante a noite, quando o sol se pôs e antes que apareça novamente; também Maria frequentemente ilumina, se a ela recorrem, aqueles que atravessam a noite

---

[9] SANTA CATARINA DE GÊNOVA, *Vita* 32 (ed. Umile Bonzi, Turim 1962, p. 262).

da fé e da provação, ou vivem nas trevas do pecado. Quando de manhã o sol levanta, a lua não pretende certamente competir com ele; assim, quando Cristo chega a uma alma e a visita com sua presença, Maria se coloca de lado e diz como João Batista: *Essa é a minha alegria, que agora é completa: ele deve crescer e eu diminuir* (Jo 3,29s).

Os Santos Padres gostavam de usar esse simbolismo sol-lua aplicando-o ao relacionamento: Cristo-Igreja;[10] mas também nisso se vê quanto Maria e a Igreja sejam realidades que se evocam reciprocamente, uma tipo da outra.

Tudo isso é o que Maria é e faz por nós. E nós, que devemos fazer por ela? Há uma palavra do profeta Isaías que parece escrita para responder a essa pergunta. Basta substituir o nome de Jerusalém pelo de Maria, a filha de Sião, e torna-se um maravilhoso convite dirigido a todos nós:

Alegrai-vos com Maria,
gozai com ela, vós todos que a amais.
Regozijai-vos com ela
vós todos que estáveis de luto por ela.
Vos alimentareis dos seus peitos,
vos saciareis das suas consolações;
e saboreareis as delícias
de seus peitos abundantes.
Porque assim diz o Senhor:
Vou fazer correr por ela
a paz como um rio;
como uma torrente transbordante, a glória das nações;
os seus filhinhos serão levados ao colo,
e acariciados sobre o seu regaço (Is 66,10-12).

Podemos fazer também uma outra coisa além de alegrar-nos com Maria e de regozijar-nos com ela. Podemos ajudá-la a agra-

---

[10] Cf. H. RAHNER, *Symbole der Kirche,* Salzburg 1964 (trad. ital. *L'Ecclesiologia dei Padri,* Roma 1971, p. 145-287).

decer à Trindade aquilo que a fez. Um salmista dizia: *Enaltecei comigo o Senhor, em uníssono exaltemos seu nome* (Sl 34,4). O mesmo diz Maria para nós. Talvez não exista alegria maior que possamos dar-lhe do que a de fazer subir, também da terra, seu cântico de louvor e de agradecimento a Deus pelas grandes coisas que nela fez.

E depois, a imitação. Se amamos, imitamos. Não há fruto melhor do amor do que a imitação. Toda a nossa caminhada com Maria não queria ser senão uma maneira de imitá-la, de tomá-la a sério como guia experimentada na caminhada rumo à plena transformação em Cristo e à santidade. Agora, chegados ao fim e contemplando-a enquanto sobe ao céu "em alma e corpo", lembramo-nos de uma outra assunção ao céu, ainda que certamente diferente da dela: a de Elias. Antes de ver seu mestre e pai desaparecer numa carruagem de fogo, o jovem discípulo Eliseu pediu: *Sejam-me concedidas duas partes do teu espírito* (2Rs 2,9). Nós ousamos pedir ainda mais a Maria nossa mãe e mestra: Que todo o teu espírito, ó Mãe, torne-se nosso! Que tua fé, tua presença e tua caridade se tornem nossas; que tua humildade e simplicidade se tornem nossas. Que teu amor por Deus se torne nosso! "Esteja em cada um de nós a alma de Maria para glorificar o Senhor, esteja em cada um de nós o espírito de Maria para exultar em Deus."[11]

Neste livro falamos de Maria e nos "espelhamos" nela, sempre referindo tudo a Deus, vendo nela apenas um instrumento, glorificando a Deus e não a ela. Mas seria sinal de ânimo ingrato e de mesquinhez se, antes de despedir-nos, não dirigíssemos também a ela, ao humilde instrumento e ao "espelho sem mancha", um agradecimento do fundo do coração, pensando no quanto foi dura e semeada de espinhos sua caminhada, e no quanto ela nos amou.

---

[11] SANTO AMBRÓSIO, *Comentário ao Evangelho segundo Lucas* II, 26 (CSEL 32,4, p. 55).

Vamos fazê-lo com estas palavras de um dos muitos que voltaram a Deus por seu intermédio:

"Porque sempre aí estais,
simplesmente porque sois Maria,
simplesmente porque existis,
Mãe de Jesus Cristo, nós vos agradecemos!"[12]

---

[12] P. CLAUDEL, La Vierge à midi, in *Oeuvre poétique*, Gallimard, Paris 1957, p. 533.

ÍNDICE
BÍBLICO

Antigo Testamento

Gênesis
1,2 206
1,31 211
2,7 203
3,15 128
11,1-9 203
12,3 136
15,6 44
17,5 146
18,14 134
22,16s 146
32,23-33 177

Êxodo
3,14 16
12,46 101
13,21s 224
13,22 185
19,16 185
25,20 114
28,31ss 128
31,3 187
33,12 17
33,19 16,17
33,22 220
34,6 .... 15, 16, 17, 36
35,31 187
40,34 220

Números
11,29 188

Deuteronômio
8,2 146
9,16 224
22,20sv 43
30,12-14 8

Primeiro livro do Reis
8,27 60

Segundo livro do Reis
2,9 226

Judite
13,18s 147

Segundo livro do Macabeus
15,14 222

Jó
1,8 220

Salmos
2,7 70
22 99,117
23,6 36
27,10 36
31 175
34,4 226
36,8 37
37,4 36
40,1 123
42,3 156
45,3 18
45,14 30
49,8 21
49,21 114
63,2 157
63,4 37
77,10 145
84,3 157
87,4ss 129
89,3 36
127,2 176
130,5 123
131,3 123
132,1 223
147,12 220

Provérbios
5,19 18

Cântico dos Cânticos
4,1 .... 18, 210
5,2 173

Sabedoria
7,25s 220
7,27 211
8,9 144
9,9 144

Eclesiástico
24,24 214

Isaías
7,14 60
8,3 189
11,2 187
29,13-14 196
30,21 215
31,3 151
41,8 210
41,8-10 37
45,15 94
49,21 130
51,17 103
53 219
53,7 105
59,1 80
59,2 151
59,16 223
61,1 187
61,10 221
62,6-7 165
65,24 165
66,10-12 225

Jeremias
1,19 42
11,15 35
15,1 223
15,16 189
20,7 146
29,11 55

Lamentações
1,12 103
3,1-32 123

Ezequiel
3,1s 189
16,8ss 18
22,30 223
24,24 7
36,25-27 208
36,27 214
37,9 203
47,1ss 128

Daniel
3,35 .... 146, 210, 223
13,45-46 187

Oseias
2,21s 45

Joel
3,1ss 181, 187

Amós
3,7 190

Miqueias
3,8 187

Habacuc
2,4 57

Novo Testamento

Mateus
1,18 185
1,20 .... 48, 60, 128, 185, 188
3,11 205
5,16 79
5,23 163
6,3 197

6,7	165
6,21	156
7,7ss	166
7,21-23	199
10,8	196
10,33	96
11,26	45
11,28	127
12,10	164
12,28	187
12,49	74
15,21ss	165
15,28	167
16,22	93
17,19-20	58
18,22	170
21,28ss	77
22,11s	35
25,21	220
25,40	127
26,6	207
26,36ss	178
26,38	107
26,53	104
26,72	96
27,45	145
27,46	106

Marcos

2,22	196
3,20	88
3,31	74
3,33	88
3,33-35	93
8,34	95, 109
8,35	56, 95
11,24	120
14,68	96

Lucas

1,28.30	15
1,31	59
1,31-32.35	61
1,32	72
1,34	40
1,35	184,189
1,37	134
1,38	40
1,41	185
1,42	62
1,43	61
1,45	40, 134
1,46s	169, 184
1,48	136, 140
2,7	59
2,19	9, 47
2,27	185
2,35	106
2,41ss	87, 105
2,48	104
2,51	47, 93
2,52	16, 209
3,2	189
3,21-22	161
4,1.14.18	187
8,2-3	88
8,21	74
9,31	84
10,21	190
10,27	213
11,13	162
11,27	47
11,27-28	88
16,24	135
18,1	165, 170
18,7	165
22,24	164
22,42	55
22,44	177, 178
22,62	96
23,27	104
23,34	104
23,46	107, 205
24,26	115
24,49	159, 184

João

1,12-13	208

1,13	129
1,14	15, 189, 220
1,32	205
1,33	203
2,1-3	61
2,3	223
2,4	87, 106
2,5	93
2,19s	128
3,5	129, 208
3,8	194
3,13	133
3,29s	225
4,14	203
6,29	51
6,63	208
7,39	101, 151, 202, 203, 205
8,27	101
8,29	90
11,16	84
11,52	72
12,3	207
12,23.27	101, 102
12,24	92
13,1	100
14,	162
14,17	209, 212
15,3	89
15,10	214
16,7	151
16,13	208
16,21	127
16,24	120
17,1	101
19,1ss	102, 205
19,23s	128
19,25	6, 83
19,25-27	100, 124, 206
19,28	206
19,30	101, 204
19,35	100
19,37	101
20,1	102
20,9	101
20,22	201
20,29	44, 101

Atos dos Apóstolos

1,4-5	159, 180
1,6-8	159, 184
1,14	6, 83, 151, 160, 162,163
1,15-26	161
2,1ss	161,162, 203
2,2-4	161
2,4ss	170
2,11	169, 184
2,13	191
2,17-18	181, 187
2,26-27	117
2,36	102
2,42	165, 169
2,46s	169
4,23-31	163
4,31	203
5,15	188
5,32	209
8,15	161
8,18ss	161
8,34	219
9,9.11	161
9,16	42
10,44ss	203
10,46	170
11,17	182
14,3	22
14,22	115
20,32	22

Carta aos Romanos

1,3-4	223
1,16	108
1,17	57
2,4	34
3,25	116
4,16	135
4,18	117
4,19	134
4,25	116

5,2 23
5,5 210
6,1-2.15 34
6,6 .... 111, 151
8,1 22
8,2 208
8,13 91
8,15-16 208
8,17 .... 109, 218
8,24 .... 31, 121
8,26s 142, 162
8,29 126
8,34 222
10,10 52
11,5s 130
12,1 109
12,8 196
12,12 165
14,23 77
15,5-6 163
16,6 154

1ª Carta aos Coríntios
1,1-6 22
1,4 20
1,18.24 .... 108, 111
1,27 109
2,9 220
3,11 138
4,15 129
7,40 143
9,27 109
11,1 .... 6, 90, 132
12,3 .... 46, 152, 162,
12,7 .... 190, 194
12,11 194
12,31 215
12-13 208
13,2 199
13,8 213
15,10 .... 17, 35
15,17 116

15,50 91

2ª Carta aos Coríntios
1,20 45
3,2-3 5
4,6 220
4,17 111
6,1 33
9,7 44
10,4s 29
12,4 222
12,8s 168
12,9 36
12,9s 111

Carta aos Gálatas
2,19 109
2,20 142
4,4 .... 70, 72
4,6 208
4,19 129
5,11 111
5,16 208
5,17 96
5,18 142
5,24 111
6,14 111
6,17 103

Efésios
1,14 220
2,8 23
2,8s 51
2,8-10 77
2,13-18 112
2,20 138
2,22 54
3,9 114
3,19 220
4,3 164
4,26 34

5,18-20	170
5,27	19
6,18	165

Carta aos Filipenses

1,23	157
2,6-7	85
2,11	116, 177
3,10	109
3,13	90
3,18	113
4,9	143

Carta aos Colossenses

1,24	109
1,27	32
3,3	154
4,2	165

1ª Carta aos Tessalonicenses

5,16-18	170
5,17	157

1ª Carta a Timóteo

2,5	137

2ª Carta a Timóteo

1,6	36

Carta a Tito

2,11	20

Hebreus

1,3	220
1,	70
2,11s	71
4,15	49, 86, 106
5,7	178
5,8	86
6,18-19	123
9,14	45
11,4ss	49

11,11	134
11,17	134
11,17-19	117
12,2	49
13,12	99
13,13	100

Carta a Tiago

1,23	9
1,23-25	10, 76
2,14ss	110

1ª Carta a Pedro

1,6-7	110
1,7	49
1,23	129
2,5	54
3,15	119
4,10	125, 145

2ª Carta a Pedro

1,21	47, 190

1ª Carta a João

2,2	107
4,8	16
4,13	208
5,7-8	128, 205
5,14	166, 224

2ª Carta a João

1,3	22

Apocalipse

1,18	71
3,14	45
5,1	11
10,8	189
12,1s	127
12,4.13	49
21,9	217

ÍNDICE TEMÁTICO

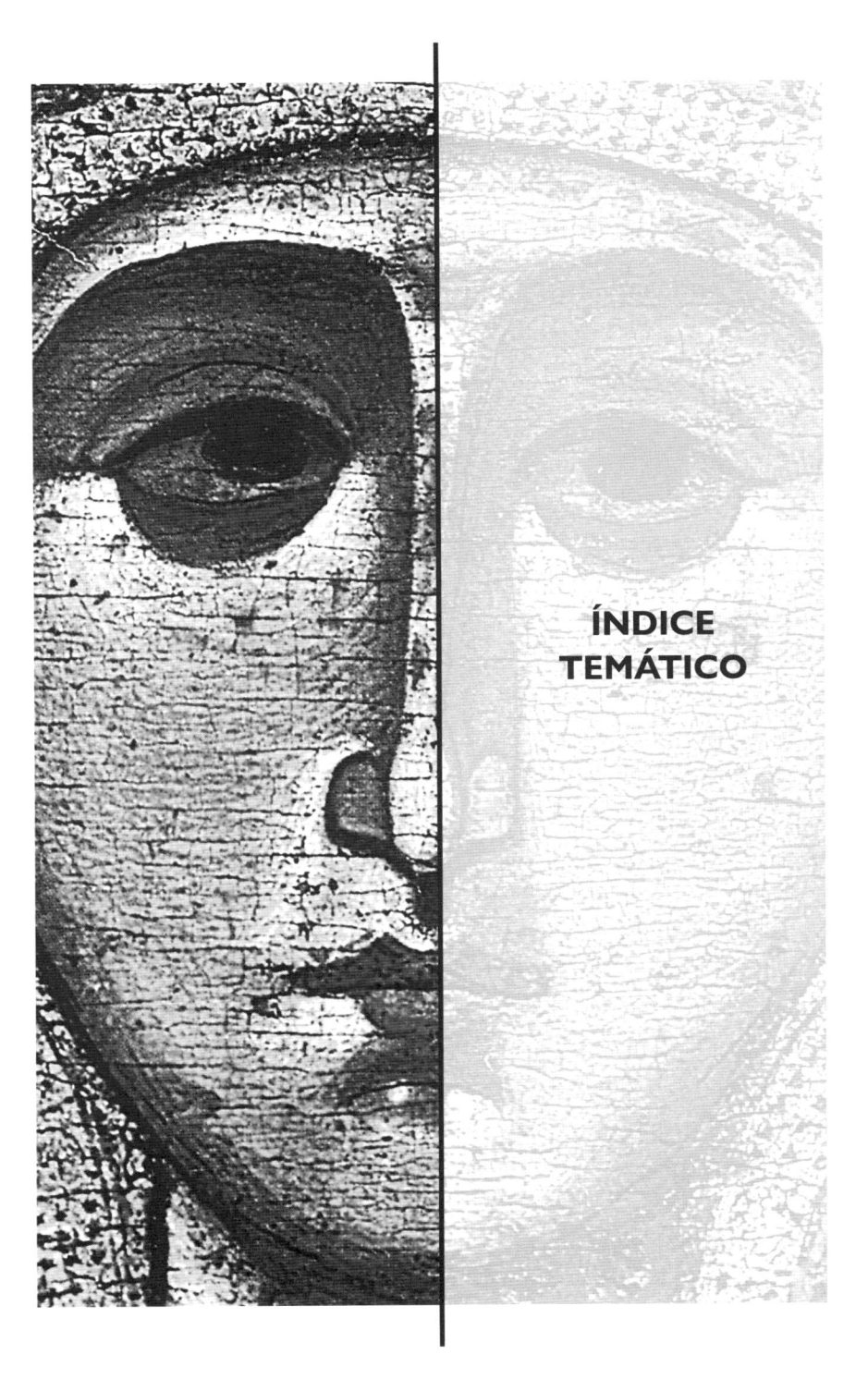

Aborto: 76
Aborto espiritual, 76,79
Abraão:
vida profética, 7
pai dos crentes, 135
amigo de Deus, 210
fé de Abraão, 44, 47, 49, 117s.
Abraão e Maria, 86, 113ss., 144s.
Ad Jesum per Mariam: 143
Alegria:
graça e alegria, 36
alegria de Maria no céu, 220ss.
da incompreensibilidade, 93ss.
Amém:
significado bíblico, 44, 45
amém cristão e amém pagão, 56
Jesus, amém personificado, 45
amém de Maria, 43s., 146
Amor:
de Deus, 210
filial e esponsal, 214
Analogia a partir de baixo: 8, 137, 143, 133, 222
Anunciação: 59, 126, 134, 146, 169, 184, 209
Apresentação no Templo: 197
Assunção: 19, 85, 157, 226
Caná (Maria nas bodas de): 87, 93, 104, 141, 197
Caridade de Maria: 210
Carisma:
que é, 189s.
e caridade, 187, 199, 208
e sacramentos, 194
e instituição, 195, 198
Casulo de seda, trasformação: 92
Católicos:
doutrina da graça, 25s.
da fé, 52s.
das obras, 77
da cruz, 109

Comunhão dos santos: 223
Contemplação: 26
Cruz:
palavra da, 104
teologia da, 110, 111, 116
a cruz que separa e une, 111
cruz cósmica, 112, 115
Destino:
amor no destino no pensamento moderno, 56
Deus:
de Maria, 52
humildade de 69
deus dos filósofos, 69
ciúme de, 138
desejo de, 155s., 171
luta com, 176
Docetismo: 106
Ecumenismo: 9, 110, 133ss., 181
Éfeso (concílio de): 72
Embriaguez espiritual: 190
Encarnado por obra do Espírito Santo, da Virgem Maria: 62, 152, 184, 185, 192
Entrega a Maria: 141s.
Escritura:
e dogma, 7
inspiração bíblica, 45, 46
e Maria, 6, 136s.
Espada (profecia de Simeão): 84, 89, 135
Esperança:
natureza da esperança cristã, 31
teologia da, 119
pecados contra a, 120
na Bíblia, 122
Maria, mãe da, 117s. 218
Espírito Santo:
"força divina" no A.T. e Sinóticos, 186ss.
"princípio de vida nova" em Paulo e João, 186ss., 207s.
cria intimidade com Deus, 212,

escreveu em Maria a Palavra de Deus, 11
suscitou seu fiat, 45s.
"celestial unguento", 33
e Maria, 72, 143, 152ss., 207, 215
despertar do, 181s.
e unidade dos cristãos, 181,
Eucaristia: 69, 139, 186, 193
Eva e Maria: 41, 65, 84, 126, 136
Igreja, nova Eva, 205
Evangelização: 26
Fé: de Maria, 39ss., 114, 133ss., 145s.
Jesus e a fé, 49
subjetiva e objetiva, 51ss.
na situação de contemporaneidade, 43
que significa crer, 43, 44
noite da fé, 84
"sola fide", 111
Fiat:
de Deus, 41
de Jesus, 41
de Maria, 41
da Igreja, 55
Gloria:
de Deus, 102, 219, 220
de Maria, 218s.
teologia da glória, 116
Graça:
Heidegger e a doutrina cristã da graça, 10
significado da graça: beleza e favor, 17ss.
graça de Cristo, 20
graça como princípio do cristianismo, 20s.
nova lei do Espírito, 23
evangelho da graça, 26
intrínseca e extrínseca, 26s.
criada e incriada, 27
na Igreja como a pérola na concha, 31ss.
início da glória, 31ss.
produz certo contato espiritual com Deus, 36

presença e experiência de Deus, 32
fonte de alegria e coragem, 36
graça e liberdade, 54
natureza e graça, 91
desperdiçar a graça, 33
Historia das realizações
(Wirkungsgeschichte): 130
Ícone:
da Mãe de Deus, 63, 11
Panaghia ou Toda Santa, 21
de Vladmir ou da Ternura, 65, 99
da Crucifixão, 99, 111s., 206
da Ascensão,154
iconografia de Nossa Senhora, 86
Igreja:
cheia de graça, 26ss.,
apresentação apologética e
Kerigmática, 29
Igreja e Sinagoga, 99, 111s.,
Imaculada: 19s., 85
Intercessão de Maria: 222
Jesus Cristo:
cheio de graça, 15
sua humanidade eleita por graça, 16
verdadeiro e real, 61
verdadeiro homem, 66
verdadeiro Deus, 67
unidade da pessoa, 62, 68
cheio de Espírito Santo, 187
Emanuel, 32, 68
obediente até a morte, 116
único mediador, 136
cristologia "a partir de baixo", 136s.
José: esposo de Maria, 26, 48, 127
Kénose:
de Cristo, 85
de Maria, 85ss., 89
Liberdade:
e graça, 46s., 54, 162
como aceitação da necessidade no pensamento moderno, 56
Lua: imagem de Maria, 224s.

Magnificat: 21, 51, 140, 189, 191, 197, 219, 221
Maria: carta de Deus, 5ss., 107s.
"tabuinha encerada", livro em que o Pai escreveu o Verbo", 5, 40s.
figura da Igreja, 5, 8, 9, 74, 108, 130s., 141, 145s., 159, 192s., 214
sinal da Igreja indivisa, 7, 109
espelho para a Igreja, 9, 224s.
Igreja nascente, 5
"tear", "laboratório", "tálamo", 6, 68, 83
Maria e a Escritura, 7,137s.
"palavra visível", 7, 137
Maria na Reforma, 137ss.
devoção e imitação, 10, 73, 226
cheia de graça, 15ss., 133, 209
fé de Maria, 39ss., 64, 107, 145
"progrediu" na fé, 49, 85
noite da fé, 85
solidão de Maria, 43s., 156s.
Maria tentada?, 49s., 104
Mãe de Deus, 59ss., 133, 223
Mãe dos crentes, 124ss.
Mãe da Igreja, 132s.
"madrinha" da Igreja, 153, 180
esposa do Espírito Santo, 185s.
pneumatófora (portadora do Espírito), 212
profetisa, 189
"causa de salvação", 136s.
santidade de Maria, 64
discípula de Cristo, 92ss., 130s.
filha de Sião, 103, 129, 206, 217
"pura cordeira", 105
"N. Sra. Pobreza", 128
Maria na vida pública de Jesus, 85ss.
no Calvário, 99ss.
no Cenáculo, 151ss.
mãe da esperança, 118ss.
"sede da sabedoria", 143
primeira "enclausurada", 153
amiga de Deus, 209ss.
"caminho real", 215
"louvor da glória de Deus", 210s.
Mariologia:
antes e depois do Concílio, 132s., 182
"a partir de baixo", 133
Maternidade:
física, metafísica, espiritual, 41, 61ss.
elementos constitutivos: conceber e dar à luz, 60, 126
dois tipos de maternidade incompleta, 75ss.
Mediação:
de Cristo, 133, 136
de Maria, 133, 222
de Abraão, 133, 135
Mistério Cristão: (momentos constitutivos): 6, 83, 100s., 152s.
Mulher:
dignidade da, 70s.
Maria, a "Mulher", 127s., 128, 206, 217
Natal: 59s., 79, 197
Niceia: 61
Obras:
fé e obras, 76s.
Oração:
Jesus no horto, 168, 178
de Maria, 155s.
de desejo, 156s.
oração de louvor, 169
oração corporal, 178s.
oração e dom do Espírito, 160ss.
perseverante, 163ss.
"oração de Jesus", 170
aridez, 174ss.
jaculatórias, 175
Ortodoxos:
doutrina da graça, 26
doutrina da fé, 52s.
Páscoa e Mistério Pascal:
Abrange morte e ressurreição, 101ss.
Pelagianismo: 24
Pentecostais: 181, 190

Pentecostes: 151ss.
em Lucas e João, 201ss., 207
Pneumatologia:
bíblica, 183
de Lucas, 183
de Paulo e João, 158, 207
Pobreza espiritual (de Maria): 89
Privilégio (mariologia baseada sobre o): 85s., 90s.
Protestantes:
doutrina da graça e da justificação, 26s., 88s.
doutrina da fé, 51s.
das obras, 77
da cruz, 109
Maria, 208ss.
Psicanálise: 24
Quietismo: 119
Racionalismo: 139
Renúncia de si mesmo: 83ss.
coração ascético do Evangelho, 95
Rosário: 179

Sacerdote:
homem de fé, 56
e a graça, 35
Silêncio de Maria: 92, 103, 198s.
Simplicidade:
de Deus, 39s., 157s.
de Maria, 197
Simul iustus et peccator: 26s.
Stabat Mater: 117
Theotókos: 60, 62ss., 72s.
Totalidade (reconstruir a):
na doutrina da graça, 25s.
da fé, 51s.
da cruz, 109s.
do Espírito Santo, 187
Trindade: 16, 71, 114, 144
Virgem-mãe:
Maria, virgem e mãe, 74, 198s.
Igreja, virgem e mãe, 21, 74, 191s.
alma fiel, virgem e mãe, 74s.
Virgindade (carisma da): 199
Visitação: 40, 59, 197

ÍNDICE

Introdução
MARIA, CARTA ESCRITA PELA MÃO DO DEUS VIVO 5

Primeira Parte
MARIA, ESPELHO PARA A IGREJA NA ENCARNAÇÃO

I. "CHEIA DE GRAÇA"
   Maria guia a Igreja à redescoberta da graça de Deus......15
1. "Pela graça de Deus, sou o que sou" 15
2. Que é a graça......17
3. "É pela graça que fostes salvos" 21
4. Precisamos da totalidade!......25
5. A beleza da filha do rei......28
6. A graça é o início da glória......31
7. Não receber em vão a graça de Deus......33
8. Santa Maria da graça......35

II. "FELIZ DAQUELA QUE ACREDITOU"
   Maria, a cheia de fé...... 39
1. "Eis aqui a serva do Senhor..." 40
2. Sozinha com Deus......42
3. Um sim nupcial 45
4. Na esteira de Maria 49
5. Creiamos também nós!......54
6. "O meu justo viverá da fé" 57

III. "CONCEBERÁS E DARÁS À LUZ UM FILHO"
   Maria, Mãe de Deus 59
1. "Se alguém não acreditar que Maria é a Mãe de Deus...":
uma visão histórica à formação do dogma 61
2. "Filha do teu Filho!": uma contemplação da Mãe de Deus 65
3. Mães de Cristo: a imitação da Mãe de Deus 73
4. Como conceber e dar à luz novamente o Cristo 75
5. As duas festas do Menino Jesus 78

Segunda Parte
MARIA, ESPELHO PARA A IGREJA NO MINISTÉRIO PASCAL

IV. "QUE TEMOS NÓS COM ISSO, MULHER?"
Maria ensina-nos a renúncia a si mesmo 83
1. Sofrendo, aprendeu a obedecer 84
2. Maria durante a vida pública de Jesus 87
3. "Se o grão de trigo não morrer" 90
4. Maria, discípula de Cristo 92
5. "Se alguém quiser vir após mim..." 95

V. "JUNTO DA CRUZ DE JESUS ESTAVA MARIA SUA MÃE"
Maria, mãe da esperança 99
1. Maria no Mistério Pascal 100
2. Maria, a "pura cordeira" 102
3. Estar junto da cruz de Jesus 107
4. A cruz que separa e une 111
5. "Esperou contra toda a esperança" 115
6. Cúmplices da menina Esperança 118

VI. "MULHER, EIS AÍ TEU FILHO"
Maria, mãe dos crentes 124
1. "Cada um viva segundo a graça recebida" 124
2. "Ali todos nascemos" 126
3. A síntese mariana do Concílio Vaticano II 130
4. Maria, mãe dos crentes, numa perspectiva ecumênica 133
5. "E desde aquela hora o discípulo recebeu-a em sua casa" 141
6. "A coragem que tiveste..." 145

Terceira Parte
MARIA, ESPELHO PARA IGREJA NO PENTECOSTES

VII. "PERSEVERANTES NA ORAÇÃO COM MARIA, A MÃE DE JESUS"
Com Maria no Cenáculo, à espera do Espírito Santo 151
1. Maria durante e depois do Pentecostes 152
2. Rezar para obter o Espírito Santo 159
3. Perseverantes na oração 163
4. A oração contínua 169
5. Quando a oração se torna cansaço e agonia 173
6. A oração violenta 178

VIII. "O ESPÍRITO SANTO VIRÁ SOBRE TI"
Maria, a primeira pentecostal e carismática da Igreja 181
1. O despertar do Espírito 181
2. Maria e o Espírito Santo no Evangelho de Lucas 184
3. Maria, a primeira carismática da Igreja 188
4. Maria, tipo de uma Igreja pneumática e carismática 192
5. "Quem dá, faça-o com simplicidade" 196

IX. "E, INCLINANDO A CABEÇA, ENTREGOU O ESPÍRITO"
Maria no Pentecostes joanino 201
1. O pentecostes joanino 201
2. "Logo saiu sangue e água" 204
3. O Espírito que dá a vida 207
4. Maria, a amiga de Deus 209
5. Amarás ao Senhor, teu Deus 213

Epílogo
"MEU ESPÍRITO EM DEUS"
Maria, na glória, penhor certo de esperança para a Igreja 217

Índice bíblico 229

Índice temático 237

Este livro foi composto com as famílias tipográficas Calibri, Gill Sans e Minion Pro e impresso em papel Offset 63g/m² pela **Gráfica Santuário.**